추천사

대부분의 리츠(REITs) 저서는 이론적 틀에 집착하여 독자들의 흥미를 끌지 못하고 있다. 그런데 고병기 기자의 책은 실용적인 국내외 사례를 광범위하게 제시함으로써 리츠를 모르는 사람들도 리츠를 충분히 이해할 기회를 제공한다. 저자는 물류, 리테일, 호텔 등 리츠의 자산유형별 국내외 투자의 현황, 특징 및 교훈 등의 실례를 들어 독자들에게 현재 투자의 선택과 미래 투자의 방향을 제시해주고 있다. 저자는 안정성과 수익성을 분석하여 리츠를 노령인구의 생계형 투자상품으로 추천한다. 정부는 가계부채 감소, 노인 생활안정, 공모 리츠 활성화와 자본시장의 연계발전 등을 위해 보다 적극적인 정책을 개발해야 한다. 저자가 정리한 선진국 리츠 시장의 발전과정은 앞으로 리츠 활성화를 위한 정부의 과제선정에 유익한 자료가 될 것이다. 저자의 지적대로 부동산펀드 투자는 실물자산과 금융이 결합한 투자상품이다. 정부도 지금과 같은 정책 기조가 바람직한지 다시 검토하고, 명백한 정책 비전을 가지고, 세제지원 등을 명확히 제시할 필요가 있다.

― 김대영, 이지스자산운용 이사회 의장

고병기 기자는 오피스, 리테일, 창고 등 임대수익을 목적으로 투자하는 상업용 부동산시장의 동향과 추세를 그 누구보다도 면밀하게 오랫동안 파악해 왔던 대한민국 최고의 부동산 전문기자다. 이 책은 지식, 경험 내공 등이 총망라된 책이자 지금 노후 은퇴 생활자금을 마련하고자 하는 우리 모두에게 가장 필요한 책이다. 이 책은 미국, 일본 유럽 각국은 물론이고 호주, 싱가포르, 홍콩 등 아시아권에서도 노후 은퇴자들에게 정기적으로 안정적인 배당을 해주기 때문에 가장 인기 있는 리츠라는 부동산 간접투자상품에 대한 소개와 분석을 통해 현재 가격상승만을 목적으로 하는 한국 부동산 투자관행의 단점을 지적한다. 그리고 안정적인 임대수익을 가져다주는 대형 알짜 부동산에의 간접투자 방식을 쉽게 설명해주고 있다. 투자전문가에 의한 간접투자야말로 지금의 은퇴세대에게 가장 안정적인 은퇴 생활자금을 제공하는 길임을 알리는 지침서라고 볼 수 있다. 연금만으로 부족하다고 느끼는 모든 은퇴준비세대에게 반드시 정독할 것을 권한다.

― 김관영. 제이알투자운용 대표

리츠 업계에 종사하면서 알게 된 서울경제 고병기 기자는 평소 소박한 모습과 달리 취재원이 되어 만날 때에는 매우 긴장하며 만나야 하는 어려운 사이다. 부지런히 현장을 누비며 쌓은 뛰어난 정보력과 분석력, 거기에 탁월한 식견과 통찰력까지 갖추고 있기 때문이다. 그런 고병기 기자가 이번에 《리츠로 은퇴월급 만들기》라는 책을 냈다. 이 책은 저금리 고령화 시대를 사는 우리들의 노후 준비에 좋은 길잡이가 될 것이다.

— 정용선, 코람코자산신탁 대표

최근 은퇴자 증가, 고령화, 100세 시대의 환경 속에서 개인 자산관리의 중요성이 부각되고 있다. 7,000조 원에 달하는 부동산이 투기가 아닌 투자수단으로서의 자리 잡기 위해서는 유동성, 투명성이 확보되어야 한다. 이 때문에 합리적 투자가 가능한 리츠가 활성화되어 누구나 손쉽게 부동산에 투자할 수 있어야 한다. 저자인 고병기 기자는 발로 뛰는 남다른 열정과 몰입으로 가장 짧은 시간에 부동산전문가의 반열에 오른 자타가 인정하는 부동산전문가다. 이 책은 저자가 리츠에 대한 국내외 다양한 정보 및 사례 분석을 통해 전문적 식견을 담아낸 책으로 리츠 업계에 종사하는 자산운용사, 기관투자가, 정책입안자들은 물론 개인투자가에게도 좋은 투자지침서가 될 것이다.

— 이형, 딜로이트안진 부대표

고병기 기자는 지면을 통해 부동산업계의 뉴스만을 전달하는 데 그치지 않고, 국제 부동산 콘퍼런스에서 토론회 좌장을 할 정도로 해박한 지식과 경험을 가지고 있다. 이 책은 그러한 바탕 위에 기자 특유의 수많은 현장 취재 결과가 생생히 녹아있는 역저다.

— 이학구, KTB자산운용 부사장

수명 100세 시대를 바라보는 지금 안정적인 노후자금의 투자 및 관리는 그 어느 때보다도 중요한 관심사다. 국내 대표적인 부동산 전문기자인 고병기 기자가 오랜 기간 국내외 부동산 부문별 전문가와의 만남을 통해 검증하고 쌓아온 노하우를 집약한 이 책은 적은 금액으로 안정적인 부동산 투자를 희망하는 사람들에게 매우 가치 있는 지침서가 될 것이다.

— 김창현, ADF자산운용 대표

그간 기자의 성실함과 끈기를 바탕으로 부지런히 현장을 누비면서 리츠와 부동산금융 시장을 취재한 경험이 생생하게 녹아 있는 책이다. 한국 자본시장의 중심으로 떠오르고 있는 리츠, 이를 알고자 하는 모든 독자에게 추천한다.

— 김근수, 미래에셋자산운용 주택도시기금운용부문 대체투자본부장

현장 취재경험을 바탕으로 한 생동감 넘치는 전문가적인 식견에다 사례분석이 가미된 내용으로 꽉 들어차 있다. 이 책은 글로벌 리츠 시장에서 존재감이 없는 국내 리츠 시장이 한 단계 도약하는 계기가 될 수 있는 수많은 지식이 담겨 있다.

— 박응한, 행정공제회 개발사업본부장

한국 국민의 부동산 투자에 대한 관심은 매우 높다. 하지만 대부분 주거용이나 토지에 국한되어 있다. 이번에 고병기 기자가 쓴 책은 연기금이나 대형보험사의 주요 부동산 투자대상인 부동산 리츠에 대해 실제 투자사례와 투자방법, 해외 사례를 알기 쉽게 설명함으로써 국민들이 리츠를 친숙하게 받아들이고 투자를 고려할 수 있도록 했다. 어느덧 부동산은 투기가 아닌 금융투자의 중요한 부분이 되었다. 이 책이 국민들의 부동산금융 투자를 다양하고 풍요롭게 하는 데 큰 도움이 될 것으로 기대한다.

— 황태웅, 페블스톤자산운용 대표(전 도이치자산운용 CEO)

한국인들의 재테크 중 가장 큰 비중을 차지하는 부동산, 개인들은 대부분 아파트, 오피스텔, 상가 등에 직접 투자하고 있다. 그러나 이제는 직접 투자하지 않아도 얼마든지 원하는 수익률을 올릴 수 있는 부동산 간접투자 상품이 늘어나고 있다. 저자는 미국, 호주, 싱가포르의 현지인들이 어떻게 리츠를 활용해 보다 안전한 대형부동산에 투자하는지 이 책을 통해 노하우를 알려주고 있다. 부동산투자에 관심을 갖는 모든 사람에게 큰 기쁨을 줄 것이다.

— 박병태, 한국리츠협회 사무국장

기관투자자들의 전유물처럼 시작한 한국 리츠를 날카로운 기자의 눈으로 재해석한 책이다. 리츠라는 새로운 투자 기회를 일반인에게 알려주는 리츠의 기본서인 동시에 모든 관련자에게 리츠의 중요성을 다시금 생각하게 하는 책이다.

— 전경돈, NPI 투자자문 대표이사(전 세빌스코리아 대표)

고병기 기자는 부동산 기자 중에서 리츠에 대한 실무적 이해가 가장 깊고, 한국적 리츠의 특성과 그 발전 방향에 대해 실무자들도 수긍하는 논리를 갖추었다. 그렇기에 그간 고병기 기자와 리츠의 미래와 발전 방향에 대해 논하는 대화는 항상 즐겁고 유익했다. 독자들도 이 책을 통해 그러한 즐거운 경험을 하기 바란다.

— 김우진, 서울투자운용 대표

이 책에서 저자는 수년에 걸친 정부, 학계, 기업과의 인터뷰를 바탕으로 현실과 이론을 정확하게 이해하고 문제점과 해결책을 사례와 함께 제시한다. 국내 부동산 전문가 또는 주식 시장 전문가들은 리츠에 대한 선입견을 품을 수 있으나, 기자는 국내는 물론 해외 리츠 시장을 폭넓게 취재하면서 리츠의 본질을 바라보고 있다. 리츠에 투자하고자 하는 사람들뿐만 아니라 재테크에 관심 있는 모든 분에게 권할만한 책이다.

— 박우철, 신한리츠운용 이사

**리츠로
은퇴월급
만들기**

리츠로
은퇴월급
만들기

고병기 지음

한스미디어

임채욱
㈜젠스타 마케팅부문장/전무

대형 서점의 경제, 경영분야 또는 신간 분야에서 쉽게 눈에 띄는 책 중에는 부동산 재테크와 관련된 것들이 많다. 부동산에 관심이 많은 일반 독자를 위해 전문적이고 복잡한 이론을 잘 정리하여 올바른 투자로 이끄는 책도 있지만, 자극적인 제목으로 부동산을 투기 대상으로 왜곡하는 서적이 눈에 더 잘 띄는 게 부정할 수 없는 현실이다.

그래서 나처럼 부동산을 학문으로 공부하고, 이 분야에서 전문적으로 오래 종사해 온 입장에서는 이런 서적을 볼 때마다 안타깝고, 때로는 눈살이 찌푸려진다. 솔직히 많은 서적들이 매우 자극적인 제목으로 독자들을 유혹하며, 일반인을 부동산 투기판으로 끌어들이는 듯한 표현도 서슴지 않는다. 어떤 면에서 보면, 주택시장을 진정 안정시키려면 정부는 대출을 옥죄고, 재산세를 올리고, 주택청약 기준을 강화하기보다는 투기를 조장하는 책과 그런 정보가 유통되는 것을 막는 것이 더 나을지도 모른다는 생각도 든다.

　의학에도 내과, 외과, 흉부외과, 소아과, 안과 등 수많은 분야가 있지만, "침 하나만 잘 맞아도 평생 건강하다"라는 책을 쓰거나 주장을 하는 사람이 있다면 그를 신뢰할 수 있겠는가? 그런데 부동산 분야는 유독 개인의 특별한 경험을 가지고 이를 성공 스토리로 만들어 책을 유통시키는 저자와 출판사가 많다. 부동산은 어느 한 사람만의 노력과 창의적인 아이디어로만 성공과 실패하는 것이 아니다. 국토 및 주택정책, 거시경제, 인구변화, 도시개발, 금융시장의 변화, 주택 공급량, 금리의 변화 등 수없이 많은 변수가 작용하여 부동산 투자의 결과가 나타난다. 따라서 특정 소수가 부동산에서 성공했다면, 본인의 노력만큼 또는 그 이상 내가 어쩌지 못하는 외부 변수의 도움을 많이 받았다는 것, 한마디로 '운'이 좋았다는 것을 인정하지 않으면 안 된다.

　그런 면에서 이번에 서울경제신문 고병기 기자가 그동안의 경험과 정보를 토대로 부동산에 대한 새로운 서적을 내놓게 된 것은 매우 다행스럽고 감사한 일이다. 개인적으로는 3년 전쯤 업무와 관련하여 취재원과 기자로 알게 되었고, 그 기간 부동산 시장에서 벌어지는 다양한 일에 대해 함께 고민하고 토론할 일이 많았다. 기자로서 한 건 터뜨리는 데 관심을 두기보다는, 부동산 시장의 변화와 흐름을 읽어내려 애쓰는 모습을 항상 보여 주었다.

부동산 시장에서 일어나는 다양한 현상을 꾸준히 궁금해하고, 주요 부동산 전문가들의 생각을 읽고자 노력을 아끼지 않은 열정은 박수를 받아 마땅하다. 특히 한국 리츠가 부진한 것을 안타깝게 생각하고, 미국, 일본, 싱가포르 등 해외 사례 연구를 위해 시간과 돈을 아끼지 않고 기획 취재함으로써 전문가조차 궁금해하는 리츠 활성화 방안을 기사로 연재한 것은 매우 인상적이었다. 고병기 기자의 서적을 통해 전문가의 영역에 있는 기관투자시장이 좀 더 쉽게 일반인에게 다가가고, 주택이나 경매 등에 한정된 기존의 서적에서 벗어나 오피스, 물류, 상업시설뿐만 아니라 해외부동산, 리츠, 펀드 등에 이르기까지 일반인이 부동산 시장에 참여하여 건전한 투자와 시장 활성화에 도움이 되는 계기가 되길 바란다.

얼마 전 서울경제신문이 아닌 다른 언론사의 부동산 담당 기자를 만난 적이 있다. 새롭게 부동산 분야를 맡게 되었다며 인사차 만났는데, 내가 그 젊은 기자에게 부동산 기자로서 포부를 묻자 "서울경제 고병기 선배처럼 잘하고 싶습니다"라는 답변을 들었다. 기자로서의 활동이 다른 기자 누군가에게 좋은 귀감이 되었으니, 이 책이

또 다른 사람에게 선한 영향을 끼치기를 기대한다.

한국은 '아파트 투자 공화국'이다. 아파트는 부동산 시장에서 공급과 수요가 가장 많고 그만큼 거래가 활발하다. 정부의 정책과 개발 호재 등 여러 변수가 작용하면서 가격 변동성도 크다. 여기에 한국은 전세라는 독특한 형태의 주택임대차 시장이 형성되어 있다. 소위 말하는 갭투자(전세를 끼고 아파트를 사는 것)를 활용해 그렇게 많지 않은 돈으로 수억 원에 달하는 아파트를 살 수도 있다. 그만큼 아파트에 투자할 수 있는 기회가 많다. 특히 수십 년간의 경험을 통해 아파트를 사두면 돈이 된다는 인식이 강해 대부분의 사람이 기회만 되면 너도나도 아파트를 통해 자산을 증식하려는 욕망을 숨기지 않고 드러낸다.

　대부분의 언론도 이러한 사람들의 욕망에 기대 부동산 시장을 바라보고 있다. 주류 언론들이 전하는 부동산 기사는 아파트 분양,

아파트 가격과 거래 동향, 아파트 투자 유망 지역, 아파트 가격에 영향을 미치는 정부의 정책 등에 관한 기사가 절대다수를 차지한다. 특히 전 국민의 관심이 쏠려 있는 강남구, 서초구, 송파구 등 강남 3구 아파트 시장은 매일매일 실시간으로 중계되듯이 보도된다. 심지어는 언론이 직접 나서서 아파트 가격으로 내가 사는 동네의 순위를 매기는 수고를 하기도 한다. 그것도 일 년에 수차례나. 이러한 현상을 정상적이라고 볼 수 있을까. 독자들의 관심사라는 그럴싸한 핑계를 대고 있지만 늘 마음 한쪽이 불편했다. 아파트를 통해 자산을 불리려는 사람들의 자연스러운 욕망 자체를 비판하고 싶은 생각은 없다. 하지만 언론이 이를 부추기고 있는 듯한 모습은 불편하게 느껴졌다.

이러한 기사들이 독자들에게 어떤 효용을 가져다주는지도 의문이다. 아파트 분양 기사는 독자들에게 필요한 정보를 정확하게 전달하고 있을까. 아파트 가격으로 동네 순위를 매긴 기사가 왜 필요할까. 그 기사를 보고 아파트 가격이 비싼 동네에 사는 사람들은 기분이 좋을까. 또 그 반대인 사람들은 무슨 생각을 할까. 부동산 시장을 취재하는 동안 이러한 질문들이 머릿속을 떠나지 않았다.

아파트 투자를 부추기는 것은 언론뿐만이 아니다. 현재 한국에선 민간기관은 물론이고 공공기관인 한국감정원까지 나서서 일주일

간격으로 아파트 가격을 조사해 발표하고 있다. 심지어 이들 조사기관이 발표하는 아파트 가격은 실거래가도 아니다. 집주인이 부르는 호가를 바탕으로 시황 자료가 작성되기 때문에 아파트 가격은 부풀려지기 마련이다. 이 또한 아파트 시장을 자극하는 요인이 된다고 생각한다. 언론이 이를 비중 있게 보도하고, 정부는 언론의 보도에 민감하게 반응하면서 주택 시장이 왜곡된 방향으로 굴절되기도 한다.

솔직히 고백하면 부동산부에 있었던 3년 동안 필자도 이 같은 거대한 흐름에서 크게 벗어나지는 못했다. 그러던 2018년 초 어느 날 출판사에서 이메일 한 통이 날아왔다. 제2의 강남이 될 수 있는 부동산 유망지역 투자전략에 관한 책을 써보자는 제안이었다. 때마침 그간 취재 경험을 살린 책을 쓰기 위해 출판사를 알아보려던 찰나였다. 먼저 연락이 와 반가운 마음이 들었지만, 솔직히 제2의 강남을 찾고자 하는 부동산 투자자들의 기대를 100% 충족시킬 자신이 없었다.

대신 필자는 '리츠REITs'에 관한 책을 써보자고 제안했다. 리츠는 다수의 투자자를 모아 오피스나 상업시설, 물류센터, 호텔 등 대형 부동산에 투자하는 부동산금융 상품이다. 1960년대 미국에서 제일 먼저 리츠가 도입됐으며, 한국도 2000년대 초반 개인투자자들이 소액으로 대형 부동산에 투자할 기회를 제공하기 위해 도입했다. 필자는 이 책의 제목이기도 한 '리츠로 은퇴월급 만들기'라는 기획 기사를 위해 2016년 2월부터 3월까지 리츠가 발달한 호주와 싱가포르를 취재하고 왔다. 또 2016년 7월에는 일본, 2017년 5월에는 미국 뉴욕을 찾아 리츠를 취재했다. 이러한 과정을 통해 필자는 한 가지 확신이 생겼다. 리츠를 잘 활용하면 한국 부동산 시장이 가진 여러 가지 문제 해결에 도움을 주는 동시에 한국인들에게 새로운 투자 기회를 제공할 수 있겠다는 믿음을 가지게 된 것이다.

마침 리츠 활성화를 위한 여러 가지 여건도 갖춰졌다. 1990년대 말 아시아 외환위기 이후 시작된 한국 부동산간접투자 시장은 리츠와 부동산펀드를 합쳐 약 100조 원 규모로 성장했다. 이 과정에서 부동산금융 시장의 전문가들이 국내외에서 활약하면서 풍부한 경험을 쌓았다. 그들의 경험이 리츠 공모 시장 활성화에 큰 도움이 될 것으로 믿는다. 실제 아직 사모 시장이 절대적인 비중을 차지하고 있지만 최근 들어 공모 시장의 문이 조금씩 열리고 있다. 저성장·저금리 기조와 부동산자산운용 업계의 경쟁 심화 등으로 부동산운용사들이 공모 상품 출시의 필요성을 느끼고 있고, 개인투자자들도 최근 출시된 공모형 부동산간접투자 상품에 뜨거운 관심을 보이고 있다. 정부도 앞서 언급했던 아파트 투자 공화국의 문제점을 해결하기 위해 부동산간접투자 상품 활성화에 나서고 있다.

부동산 투자의 패러다임이 변하고 있다. 아파트에 투자해 단기 시세차익 _capital gain_ 을 노리던 시대에서 장기적으로 안정적인 임대수익 _income gain_ 을 추구하는 시대로 전환되고 있다. 이러한 변화가 부동산 시장뿐만 아니라 한국 사회 전체에 긍정적인 영향을 줄 것이라고 믿는다. 투기를 조장하는 세태가 사라지고 건전한 투자 문화가 자리 잡는 계기가 될 것이다. 리츠는 투자처에 목마른 투자자들의 든든한 버팀목이 될 것이다. 또한 리츠가 자산을 장기간 운용하면 부동산 가격 안정에도 기여할 수 있으며, 리츠가 발달하면 새로운 일자리 창출에도 도움이 될 것이다.

변화는 생각보다 빠를 수도 있고, 기대했던 것보다 느릴 수도 있다. 어쩌면 아직은 거대한 흐름을 바꾸기엔 역부족일지도 모른다. 시간이 더 걸릴지도 모른다. 실제 최근 상장된 'E리츠코크렙'의 주가가 기대에 미치지 못하면서 벌써 성급한 비판의 목소리가 나오고 있다. 하지만 아직 실망하기엔 이르다. 리츠는 단순히 새로운 금융상품이 아니다. 리츠는 투자의 패러다임을 바꾸는 부동산금융 상품이다. 기존의 주식이나 부동산 투자 기준으로 리츠를 평가하는 것은 적절치 않다. 장기투자 상품이라고 하면서 하루 이틀 주가가 하락했다고 비판하는 것도 옳지 않다. 한 가지 확실한 점은 작은 발걸음이지만 이미 변화가 시작됐다는 점이다. 이 책이 부동산 투자 패러다임 변화에 아주 작은 힘이라도 보탰으면 하는 바람이다.

책을 쓰기 전에 독자가 누구일지 상상을 해봤다. 이 책을 읽는 독자들은 크게 두 가지 범주일 것으로 생각한다. '리츠REITs'를 아주 잘 아는 사람과 전혀 모르는 사람. 필자는 전자보다 후자가 더 많이 이 책을 읽기를 바라는 마음으로 글을 썼다. 부동산금융 업계에 있는 전문가들이 이 책을 읽고 무엇인가를 얻어 갈 수 있다면 그 또한 영광스러운 일이 되겠지만 리츠라는 용어가 생소한 독자들이, 혹은 리츠를 알고 싶은 독자들이 이 책을 읽고 아주 조금이라도 리츠에 관심을 가지게 된다면 그것만큼 보람된 일은 없을 것 같다. 이것이 이 책을 쓰는 가장 큰 이유다. 그렇기에 필자는 이 책을 집어 든 리츠 문외한이 처음부터 끝까지 이 책을 손에서 놓지 않고 읽게 만드는 것에 주안점을 두고 글을 썼다. 지금, 이 시점에 굳이 왜 리츠를 알아야 하는지 의문을 가지는 독자가 있을 수도 있다. 이 책이 그러한 독자들의 궁금증을 조금이나마 풀어 주었으면 하는 바람이다.

이 책은 부동산 투자에 대한 이야기이며, 부동산간접투자 시장에 대한 이야기이다. 필자가 경험하거나 알고 있는 지식을 바탕으로 리츠에 대한 이야기를 최대한 쉽게, 유익하게 풀어내고자 노력했다. 책을 읽는 도중 미흡하거나 부족한 점이 발견된다면 그건 전적으로 필자의 잘못이다. 의문이 생기거나 궁금한 점이 발견되면 언제든지 이메일(staytomorrow@sedaily.com)로 연락을 주기 바란다.

마지막으로 이 책이 나오기까지 각종 자료 요청에 선뜻 응해주시고 따뜻한 조언과 격려로 힘을 실어준 부동산금융 업계 관계자들에게 감사의 인사를 전하고 싶다. 또 마감을 지키지 못한 필자를 질책하기보다 따뜻한 격려로 힘을 실어주시고 이렇게 글을 돋보이게 편집해준 편집자 김광현 씨에게도 고맙다는 말을 전하고 싶다.

무엇보다 글을 쓰는 동안 육아의 짐을 덜어주지 못한 남편을 타박하지 않고 기다리며 응원해준 아내 경현이와, 이제 세상에 나온 지 100일 된 아들 윤우에게도 특별한 고마움 전한다. 그리고, 사랑한다는 말을 꼭 전하고 싶다.

2018년 6월 어느 날 서울에서
고병기

차례

대표 추천사   9
프롤로그   13

1장
한국인들은
어디에 투자하는가

- '재테크=부동산'이라는 오래된 공식   29
- 대한민국을 강타한 '로또 아파트' 현상   32
- 초등학생부터 70대 노인까지 뛰어든 '가상화폐' 광풍   39
- 한국인들의 로망, '중소형 빌딩'   42
- '강남불패' 신화에 투자하는 사람들   49
- '부동산 대박은 끝났다'고 외치는 문재인 정부의 부동산 정책   53
- 대졸 신입사원 연봉보다 높은 강남 아파트 한 평 가격   57
- 가장 대중적인 수익형 부동산 '오피스텔'   59
- 저금리에 인기 높아진 '점포겸용 단독주택용지'와 '단지 내 상가'   62
- 단기 시세차익 노리는 '분양권 투자'와 '갭투자'   64
- 20~30대도 몰려드는 '경매'   68
- 소액으로 투자할 수 있는 '부동산 P2P 투자'   71
- 사상 최고로 불어난 유동자금은 어디로 갈까   77

2장
리츠로 큰손들의
부동산 투자 따라잡기

- 급격히 성장하는 부동산 대체투자　84
- 부동산 시장으로 몰려드는 글로벌 큰손들　86
- '개인–기관' 돈의 경계가 사라진다　92
- 부동산펀드와 리츠의 차이　95
- 6년 만에 돌아온 공모형 부동산펀드의 화려한 부활　102
- 업계 1위 이지스자산운용이 개인투자자를 찾는 까닭은　107
- 해외 공모형 부동산펀드의 등장　112
- 미국을 넘어 호주, 일본, 유럽으로 투자 영토 넓히는 부동산펀드　115
- 상장 리츠의 부활과 높아지는 기대감　118
- 리츠에 투자해야 하는 이유　123
- 리츠에 투자하는 방법　127

3장
리츠를 활용해
대형 부동산에 투자하기

- 오피스, 물류센터, 리테일, 호텔 등 다양한 자산에 투자하는 리츠　133
- 국내 리츠 시장의 기형적 성장. 주택 리츠 쏠림 현상　135

앞으로 가장 대중적인 상품이 될 투자자산: 오피스　138
- 대기업 사옥이 투자대상으로　138
- 큰손들은 어디에 투자할까: 서울 3대 업무 지역 오피스 빌딩　142
- 공실률 리스크를 따져라　148
- 공실률 10%를 웃도는 서울 3대 오피스 권역　153
- 오피스 빌딩의 가치를 높여주는 PM과 FM　157
- 공급 증가와 신규 오피스 빌딩에 대한 풍부한 수요　161

● 사상 최고가를 경신하고 있는 서울 우량 오피스와 커지는 리스크   164
● 서울 3대 업무지구 벗어나 외곽으로 눈 길 돌리는 큰손들   166
● 밸류애드, 오퍼튜니티 등 큰손들의 다양한 투자 전략   167
● 임차인 리스크: 싱글 테넌트 vs 멀티 테넌트   176
● 판교의 부상과 오피스 시장의 패러다임 변화   178
● 오피스에 투자하는 리츠의 역사   183

높은 수익률을 자랑하는, 물류센터   184
● 아마존, 알리바바의 등장과 물류 시장의 변화   184
● 큰손들의 물류센터 투자   189
● 기관끼리 사고파는 시장으로 진화, 다음은 '개인'   196
● '아마존 물류센터'에 투자하는 국내 큰손들   198
● 물류센터 투자에서 챙겨야 할 것   201
● 리츠의 물류센터 투자   204

우리에게 가장 친숙한 부동산, 리테일   206
● 스타필드에 투자한 '국민연금'   207
● 내가 장보는 마트에 투자할 수 있는 기회가 열린다   213
● 리테일의 어두운 미래, 뒷걸음질치는 할인점 실적과 유통규제   215
● 리테일의 위기와 콘텐츠의 중요성   218
● 코엑스로 간 '별마당도서관': 새롭게 부각되는 서점의 가치   221
● 인스타그램이 리테일 부동산의 지형을 바꾼다   225
● 분양에서 운영으로 변화하는 상업시설   228
● 개인들이 친숙한 리테일에 투자하는 해외 리츠   230

난이도 높지만 매력적인 투자처: 호텔   234
● 연 10% 이상의 고수익으로 유혹하는 분양형 호텔 투자의 그늘   234
● 기관들도 꺼려하는 호텔 투자   238
● 변동성 큰 수요…… 공급 폭탄의 역풍   240
● 호텔 투자 시 명심해야 할 사항   242
● 호텔에 투자하는 부동산간접투자 상품   244
● 미래에셋의 호텔 리츠 상장 도전   246

큰손들도 주목하는 투자처: 임대주택   248
- 실패한 정책 '뉴스테이'   249
- 1인 가구의 증가와 세분화되는 주택 수요   251
- 대기업의 진출   254
- 일본 업체들의 한국 진출   256
- 분양이 아닌 임대주택에 관심 나타내는 주택사업자들   257
- 임대주택 리츠의 등장   259
- 기관들의 임대주택 참여   260
- 일본 임대주택 리츠의 교훈   260

좋은 입지의 힘, 영화관   266
- 떠오르는 틈새시장, 영화관에 투자하기   266

리츠의 다음 단계: 인프라   268
- 인프라에 투자할 수 있는 기회가 열린다   268

4장
리츠에 투자하기 위해 알아야 할 지식들

- 리츠의 종류: 자기관리리츠와 위탁관리리츠, CR리츠   273
- 리츠는 누가 만들고 누가 운용하나   277
- 국내 1호 리츠자산관리회사 '코람코자산신탁'   280
- 개발에 강점을 가진 '마스턴투자운용'   282
- 업계 최초로 해외에 투자하는 리츠를 선보인 '제이알투자운용'   283
- 국내 유일의 싱가포르계 리츠 자산관리회사 'ARA코리아'   285
- 부동산신탁사 계열의 리츠 자산관리회사   286
- 건설사·디벨로퍼가 설립한 리츠 자산관리회사   287
- 신한리츠운용와 NH농협리츠운용   289
- 부동산펀드 1·2위를 다투는 '이지스자산운용'과 '미래에셋자산운용'   290
- 다시 돌아오는 리츠시장 개척자들   291
- 국내 최대 규모의 리츠자산관리회사 'LH'   292

5장
미국, 호주, 싱가포르에서 리츠에 투자하는 이유

리츠의 시작: 미국   300
- 미국 리츠의 시작   300
- 주식시장 상장한 활발한 미국 리츠   304
- 은퇴자들을 위한 노후상품으로 각광 받는 미국 리츠   306
- 미국 경제에 긍정적인 영향을 미치는 리츠   308
- 다양한 자산에 투자하는 리츠   309
- 도시를 바꾸는 리츠   314
- 지속 가능성을 추구하는 미국 리츠   317

리츠 장기투자의 매력: 호주   318
- 꾸준히 배당을 주는 상품으로 인식되는 리츠   319
- 친숙한 자산에 투자하는 호주 리츠   321
- 호주 리츠 시장의 성공 요인: 대형 상장사들   322

리츠 브랜드 파워의 힘: 싱가포르   324
- 브랜드 파워 갖춘 '스폰서드 리츠(Sponsored REITs)'가 성장 동력   324
- 쇼핑몰에 투자하는 싱가포르 리츠   326
- 싱가포르 증시의 새로운 성장 동력   327
- 해외투자 기회 주는 싱가포르 리츠   329

6장
한국 리츠 시장의
현재와 미래는

- 개인투자자 외면하는 사모 리츠 쏠림 현상   333
- 장기투자자 끌어들이지 못하는 '1물 1사 리츠'   334
- 불신 자초한 리츠의 어두운 과거   337
- 허술한 공모 규정, 하루만 하고 "모집 끝"   340
- 수명 다 한 '기업구조조정리츠'   341
- 리츠에 대한 대중들의 낮은 인지도   344
- 국토부와 금융당국 간의 소모적인 갈등   347
- 위기의 리츠 업계, 해법은 '공모 상장 리츠'   350
- 대형 금융기관의 참여가 가져올 긍정적인 변화   353
- 공모 리츠 활성화에 힘 싣는 정부   356
- 삼성, 네이버, 스타벅스가 임대료 내는 부동산에 투자할 수 있는 기회가 생긴다   358

1장

한국인들은
어디에
투자하는가

'재테크=부동산'이라는 오래된 공식

한국인들에게 가장 친숙한 재테크 수단은 무엇일까. 대부분의 사람들은 '부동산'을 가장 먼저 떠올릴 것이다. 한국인들의 유별난 부동산 사랑을 확인하는 방법은 간단하다. 하루에도 수백 개 이상 쏟아지는 경제 및 재테크 관련 기사들 중에서 부동산 기사가 얼마나 높은 조회수를 기록하고 있는지 보면 된다.

　　매일 수백 개의 기사가 포털 사이트에 올라오지만 가장 많이 읽은 경제 기사 리스트에 부동산 기사는 한 두 개 이상씩 꼭 포함되어 있다. 댓글도 가장 많이 달리는 편이다. 주식 종목 관련 기사와 비교해보면 그 차이를 뚜렷이 알 수 있다. 사람들의 반응도 가장 예민하고 날카롭다. 아무래도 대부분의 사람들에게 부동산이 전체 자산에서 차지하는 규모가 워낙 크기 때문일 것이다. 가끔은 댓글 내용들이 너무 살벌해서 위협을 느낄 때도 있다.

필자 역시 기사에 달린 댓글을 보고 충격을 받은 적이 한 두 번이 아니다. 건설부동산부에서 근무했던 3년간은 기자 생활을 하는 동안 독자들의 항의 전화나 문의 전화, 또는 제보 전화를 가장 많이 받은 시기이기도 하다. 이해는 간다. 부동산 기사에 따라 본인의 집값이 오를 수도 있고 내릴 수도 있다고 생각하니 그럴 수밖에. 그런가 하면 오래 전 연락이 끊겼던 지인들이 갑작스럽게 연락을 해 부동산 시장 전망을 묻거나, 어느 지역에 집을 사야 하는지, 지금 집을 사도 되는지 묻는 경우도 많았다. 모임을 나가도 부동산부 기자라는 명함을 내밀면 사람들이 쉽게 흥미를 느끼고 말을 걸어왔다.

부동산이 한국인의 재테크에서 차지하는 비중이 어느 정도길래 사람들이 이토록 예민하게 반응하고 관심이 큰 것일까. 실제 한국인들의 전체 금융자산 중에서 부동산이 차지하는 비중은 상당히 높은 편이다. 최근 하나금융경영연구소가 금융자산 10억 원 이상을 보유한 프라이빗뱅킹PB고객 808명을 대상으로 설문조사를 실시해 〈2018년 한국 부자보고서〉를 발간한 적이 있다.

보고서에 따르면 한국 부자들의 부동산 자산 비중은 절반이 넘는 50.6%로 나타났다. 부자들의 자산 중 부동산 비중은 지난 2009년 49%에서 2013년 44%까지 떨어졌다가 2014년 47%로 올라섰으며, 이후 매년 상승하는 추세다. 또 전체 응답자의 14%가량은 올해 부동산 비중을 더 확대하겠다고 답했다. 부자들의 거주 지역

부자들의 부동산 자산 비중

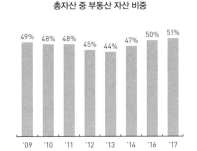

총자산 중 부동산 자산 비중

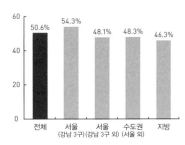

거주지역별 부동산 자산 비중

출처: 하나금융연구소

별로 살펴봐도 흥미로운 사실이 발견된다. 서울 강남 3구(서초구, 강남구, 송파구)에 사는 부자들의 부동산 비중은 54.3%로 다른 서울 지역에 사는 부자들의 부동산 비중 48.1%보다 6%포인트 가까이 높게 나타났다. 사람들이 부자 동네라고 생각하는 지역에 사는 사람들이 부동산을 더 많이 소유하고 있는 것이다. 참고로 지방 부자들의 부동산 비중은 46.3%로 조사됐다.

이 같은 부동산 사랑은 부자들에게만 해당하는 이야기는 아니다. 한국은행이 발표한 지난 2017년 국민대차대조표를 보면 부동산 등 비금융자산이 가계 순자산에서 차지하는 비중은 75.4%에 달했다. 이는 미국 34.8%, 일본 43.3%, 캐나다 57.0%, 영국 57.5%, 이탈리아 66.3%, 독일 67.4%, 프랑스 68.5%, 호주 74.3% 등 주요국과 비교할 때 상당히 높은 수준이다.

특히 최근 들어 저성장·저금리 기조가 길어지면서 부동산 투

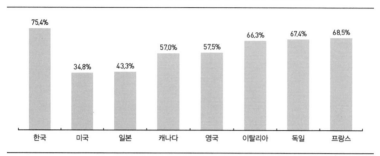

부동산 등 비금융자산이 가계 순자산에서 차지하는 비중(단위: %)

*2016년 국민대차대조표

출처: 한국은행

자에 대한 사람들의 관심이 더 높아지고 있다. 금융 상품 중에서 마땅한 투자처를 찾기가 어렵기 때문이다. 이 같은 사실을 보여주는 한 가지 재밌는 통계가 있다.

온라인 서점 예스24에 따르면 2016년 재테크 관련 책 중 부동산, 경매 관련 책의 점유율은 32.7%에 달했다. 판매 성장률도 66.6%로 높게 나타났다. 부동산 투자에 대한 관심이 갈수록 커지고 있다는 점을 보여주는 단적인 사례다. 또 과거에는 어느 정도 자산을 축적한 중장년층들이 부동산에 투자하는 경우가 많았으나 최근에는 20~30대의 젊은 층도 부동산 투자에 적극 나서고 있다.

대한민국을 강타한 '로또 아파트' 현상

최근 부동산 시장에서 '로또 아파트'라는 말이 유행처럼 번지고 있다. 로또 아파트는 정부가 주택 시장 안정을 위해 신규 아파트의 분양가를 통제하기 시작하면서 등장한 용어다. 분양가가 낮아지면서 강남을 비롯한 서울 인기 지역에서 주변 시세보다 싼 아파트들이 공급됐기 때문이다. 당첨만 되면 수억 원의 차익을 남길 수 있다는 얘기가 나오면서 로또 아파트라는 말이 붙었다.

실제 로또 아파트를 잡기 위한 청약 시장의 열기는 뜨거웠다. 로또 복권이야 일주일에 한 번씩 당첨 기회가 돌아오지만 로또 아파트를 살 수 있는 기회는 흔치 않기 때문이다. 로또 복권을 사는 것보다 로또 아파트에 청약했을 때 당첨 확률도 더 높다. 로또 복권의 1등 당첨 확률은 몇 백만 분의 1에 불과하지만, 로또 아파트의 경쟁률은 수백 대 1수준이다.

로또 아파트의 인기가 어느 정도였는지 실제 사례를 통해 살펴보자. 2017년 9월 청약을 진행한 '신반포 센트럴자이'의 평균 경쟁률은 무려 168대 1에 달했다. 정부의 부동산 규제 정책이 만들어 낸 청약 광풍이라는 말까지 나올 정도였다. 한 평(3.3㎡)당 분양가가 웬만한 직장인들의 연봉과 맞먹는 4,250만 원에 달하고, 전용 84㎡의 분양가가 14억 1,840만 원~15억 5,660만 원에 책정됐지만 청약 인파가 몰려들었다. 당시 같은 크기의 인근 반포 래미안퍼스티지, 신반포자이(분양권) 시세가 18억 5000만 원~19억 원에 형성된 것을 고려하면 시세차익만 4억 원 정도로 예상됐기 때문이다.

이 같은 로또 아파트 현상에 대해 정부는 강남이라고 해도 아파트 가격이 계속해서 오를 수는 없다며 로또 아파트 열기가 일시적

로또 아파트 사례

단지명	위치	분양 시기	평균 분양가 (3.3㎡당)	청약 경쟁률
신반포자이	서울 서초구 잠원동	2017년 9월	4,250만 원	최고 510대 1 평균 168대 1
디에이치자이 개포	서울 강남구 개포동	2018년 3월	4,160만 원	최고 90대 1 평균 37대 1
마포 프레스티지 자이	서울 마포구 염리동	2018년 5월	2,600만 원	최고 292대 1 평균 49대 1
하남 포웰시티	경기 하남시 감일지구	2018년 5월	1,680만 원	최고 92대 1 평균 26대 1

출처: 업계 취합

인 현상에 그칠 것이라고 내다봤다. 하지만 사람들은 정부의 말보다 부동산 시장을 믿었다. 정부가 아무리 규제를 하더라도 결국 오를 곳은 오를 것이라는 부동산 시장의 오래된 진리에 대한 믿음은 이번에도 쉽게 흔들리지 않았다.

최근 들어서도 로또 아파트 현상은 계속되고 있다. 2018년 3월 청약을 실시한 '디에이치자이 개포'는 평균 25.22대 1을 기록했다. 특히 최근 인기가 높은 소형 면적인 전용면적 63㎡(판상형)의 경우 16가구 모집에 1,451명이 청약해 90.69대 1의 최고 경쟁률을 기록하기도 했다. 디에이치자이 개포 청약을 앞두고 일부 언론사들은 '10만 청약설'[1]이라는 제목의 기사를 내보내면서 뜨거운 열기를 전하

---

1 실제로는 1,246가구 모집에 3만 1,423명이 몰렸다. 뜨거운 청약 열기를 전하기 위해 언론사들이 다소 과장된 표현을 쓴 것으로 보인다.

기도 했다. 최근 들어서는 강남뿐만 아니라 서울 전역, 서울과 가까운 수도권 지역으로까지 로또 아파트 현상이 확산되고 있다.

특히 이 같은 로또 아파트 현상은 서민들로 하여금 상대적인 박탈감을 느끼게 하면서 사회적인 문제가 되기도 했다. 시세보다 수억 원 낮은 가격에 분양하는 강남 아파트가 몇 년 후에 큰 수익을 가져다 줄 것이라는 사실은 누구나 안다. 하지만 고가의 아파트를 살 수 있는 사람들은 상당한 규모의 자산을 가진 일부 부자들뿐이다. 실제 디에이치자이 개포 특별공급 청약에서는 만 19세를 넘긴 1999년생을 포함해 만 30세 미만 당첨자가 14명에 달해 '금수저 당첨' 논란이 일기도 했다.

디에이치자이 개포의 분양가격은 최소 9억 8,010만 원(전용 63㎡)에서 최대 30억 6,500만 원(전용 176㎡) 사이로 분양가격이 9억 원 이상이기 때문에 은행으로부터 중도금 대출을 받을 수 없는 아파트다. 디에이치자이 개포를 분양받기 위해서는 최소 10억 원 상당의 자금을 동원해야 하는데 평범한 직장인들로서는 쉽지 않은 일이다. 이 때문에 정부의 집값 규제가 부자들의 배만 불리고 있다는 비판의 목소리가 나오기도 했다. 이와 관련해서는 정부도 뚜렷한 대책이 없어 보인다. 지난 2018년 3월 김현미 국토교통부 장관은 "로또 아파트 어떻게 할 건가"라는 기자들의 질문에 "아무 말 않겠다"며 손사래 쳤다고 한다.

서울 용산구 한남동 옛 외국인아파트 부지에 들어서는 고급아파트 '나인원한남'은 2017년 말부터 2018년 상반기까지 부동산 시장을 뜨겁게 달궜다. 대신증권 계열의 대신 F&I가 시행하는 이 사업은 최고급 주거 단지를 표방하면서 2017년 12월 주택도시보증공사에 분양보증을 신청했는데 HUG가 고분양가에 대한 우려를 나타내며 분양 승인을 미루다가 결국 거절했다. HUG는 나인원한남의 분양가격이 주변 아파트 시세에 비해 지나치게 높다며 난색을 보였다.[2]

기준이 되는 비교 대상 아파트와 관련해 대신 측과 HUG의 입장차가 뚜렷했다. 대신 측에서는 고급 아파트라는 점을 감안해 인근 한남더힐을 비교 대상으로 삼아야 한다고 주장했다. 대신은 한남더힐 매매가가 3.3㎡당 6,410만 원 수준이고 새 아파트라는 점을 감안해 분양가를 제시했다. 반면 HUG는 인근의 용산한남아이파크·한남

---

[2] 주택법에 따라 현재 30가구 이상의 공동주택을 선 분양할 시에는 의무적으로 분양보증을 가입해야 한다. 시행사나 건설사가 사업 도중 부도가 날 경우 수분양자들을 구제하기 위해서다. 정부는 1996년부터 분양보증 가입을 의무화하고 있으며, 지난 1993년에 설립된 HUG가 유일한 분양보증 기관이다. HUG는 해당 지역 아파트 분양가 상한선을 인근 아파트의 평균 분양가 또는 평균 매매가격의 110%로 정해두고 있으며 한남동은 최근 1년간 신규 분양이 없었기 때문에 주변 아파트들이 기준이 됐다.

나인원한남 조감도

리첸시아·현대하이페리온·한남힐스테이트 4개 아파트의 평균 거래 가격과 비슷한 고급아파트인 한남더힐의 평균 거래가격을 합쳐 다시 평균을 낸 가격을 기준으로 제시했다. 국토교통부 실거래가시스템에 올라온 지난 2016년 거래사례를 기준으로 계산해보면 인근 아파트의 시세는 3.3㎡당 평균 4,600만 원 수준으로 나인원한남이 제시한 3.3㎡당 6,437만 원의 70% 수준이다. 아울러 HUG는 지난 2016년 성수동 뚝섬에서 분양한 역대 최고가 아파트, 아크로 서울포레스트(3.3㎡당 4,750만 원)를 넘지 않는 수준을 원했던 것으로 알려졌다.

당시 대다수의 시장 전문가들은 HUG가 주택 시장 과열을 막기 위해 무리한 기준을 제시했다고 지적했다. 또 HUG의 요구대로 대신이 분양가를 낮춰 나인원한남의 분양 가격이 내려갈수록 결국 부자들에게만 혜택이 돌아가는 '부자만을 위한 로또'가 될 것이라는 비판도 나왔다. 실제 HUG 측에서 제시한 기준(3.3㎡당 5,000만 원 수준)으로 주력 평형대인 206㎡(170가구)와 244㎡(83가구)의 총분양가를 추정해보면 31억~37억 원 수준이다. 지난 2017년 한남더힐 208.48㎡는 35억~39억 원 선에서 거래됐으며 244㎡는 75억 원이 넘는 가격에 매매가 이뤄졌다. 이를 감안하면 나인원한남을 분양받을 경우 적게는 수억 원에서 많게는 수십억 원의 시세 차익을 거둘 수 있다.

다만 대신은 결국 HUG의 분양가 인하 요구를 수용하지 않았다. 분양가 규제로 사업이 9개월간 지체됐던 나인원한남은 2018년 6월 결국 선분양을 포기하고 임대 후 분양으로 선회해 입주자를 모집했다. 4년 후 분양전환시기에 인근 시세에 맞춰 분양가를 책정하면 수익성을 높일 수 있기 때문이다. 인근 한남더힐이 임대 후 분양으로 전환한 것과 같은 이유다. 2019년 말 준공 예정이며, 민간임대주택은 준공 후 4년 이후부터 분양전환이 가능하기 때문에 2023년 말께 분양할 것으로 예상한다.

앞으로 나인원한남과 같은 경우가 또 나올 가능성도 있다. 지난 2017년 6월 일레븐건설이 서울 용산구 이태원동 옛 유엔사부지를 1조 552억 원(감정가 8,000억 원대)에 사들였는데 고급 주택을 지어 분양해야만 사업성이 나올 것으로 전망되기 때문이다. 정부가 지금과 같은 기조를 유지한다면 고분양가를 두고 다시 한 번 갈등을 빚을 가능성이 크다.

초등학생부터 70대 노인까지 뛰어든
'가상화폐' 광풍

로또 아파트 열기가 들불처럼 확산되는 동안 다른 한편에서는 '가상화폐' 열풍이 불었다. 가상화폐 열풍은 로또 아파트보다 더한 광풍 수준이었다. 일일 거래대금이 수조 원에 달해 코스닥 시장을 능가할 정도였다. 가상화폐 광풍이 불면서 역사상 최악의 버블로 기록된 수백 년 전 17세기에 있었던 '튤립 버블'까지 언급 됐다.

가상화폐는 가격 변동 폭도 컸다. 365일 24시간 온라인에서 거래되다 보니 가격이 거의 롤러코스터를 방불케 하는 수준으로 폭등했다가 급락하는 일이 자주 발생했다. 한 예로 2018년 4월 12일 오후 6시 국내 대형 가상화폐 거래소인 '빗썸'에 상장된 가상화폐 '미스릴Mithril'은 상장가인 250원에 거래가 시작된 후 30분 만에 2만 8,812원까지 급등해 무려 115배나 치솟았다. 하지만 이후 10분 만에 최고가의 4분의 1수준인 7,498원까지 떨어졌다.

수억 원 상당의 자금을 동원할 수 있어야만 청약이 가능한 로또 아파트와 달리 초창기 가상화폐는 초기투자금에 대한 부담이 크지 않았다. 그 때문에 초등학생부터 정보기술에 익숙하지 않은

---

3 튤립 버블은 400여 년 전 네덜란드에서 튤립 알뿌리에 대한 투기 열풍이 불어 알뿌리 가격이 집값을 뛰어넘을 정도로 폭등했다가 결국 거품이 꺼져 국가 경제가 휘청일 정도로 충격을 받았던 사건이다.

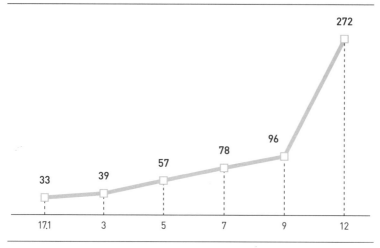

빗썸 거래소 가입 추이(단위: 만 명)

272

96

78

57

39

33

17.1   3   5   7   9   12

출처: 빗썸

70대 노인까지 남녀노소를 가리지 않고 일확천금의 꿈을 꾸며 불나방처럼 가상화폐 투자에 뛰어들었다. 한국금융투자자보호재단에 따르면 2017년 12월 서울과 6대 광역시 및 경기지역 신도시 등에 거주하는 25~64세 2,530명을 대상으로 한 조사 결과 가상화폐를 실제로 구매한 경험이 있다고 응답한 비율은 13.9%였으며, 20대가 22.7%로 가장 높았다. 이어 30대가 19.3%, 40대가 12.0%, 60대가 10.5%였다. 50대가 8.2%로 가장 낮았다.

특히 한국의 가상화폐 투기 광풍은 다른 어떤 나라보다 거셌다. 이 때문에 2018년 초에는 가상화폐 국제시세 산출 때 한국 거래소에서 형성되는 가상화폐 가격이 제외되는 초유의 사태를 맞기도 했다. 한국의 가상화폐 투기 광풍이 버블을 만들어 국제시세보다

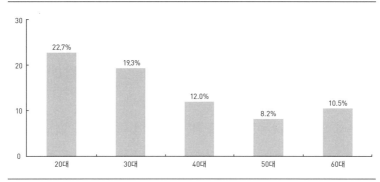

가상화폐 구매 연령대(단위: %)

*2017년 12월 서울과 6대 광역시 및 경기지역 신도시 등에 거주하는
25~64세 2,530명을 대상으로 한 조사 결과

출처: 한국금융투자보호재단

30~40% 이상 높게 형성되는 '코리아 프리미엄'이 글로벌 시장에서 신뢰를 받지 못했기 때문이다.

그런가 하면 가상화폐 거래소의 취약한 보안도 계속해서 문제가 되고 있다. 2018년 6월 20일 국내 최대 암호화폐 거래소인 빗썸에서 350억 원에 규모의 암호화폐 해킹 도난 사고가 발생했다. 최근엔 세계 90위권의 거래소인 코인레일이 해킹을 당해 400억 원 상당의 코인이 유출됐다. 코인레일은 한국블록체인협회에 가입하지 않았으며, 공인 정보보호관리체계ISMS 인증도 받지 않았다. 또한 사고가 나기 열흘 전에 손해배상 약관을 삭제해 논란이 되기도 했다. 코인레일에 앞서 유빗(172억 원), 야피존(55억 원), 빗썸(약 40억 원으로 추정), 코인이즈(21억 원) 등도 해킹으로 피해를 본 적이 있다. 해킹사고가 발생할 경우 투자자들이 보상을 받을 수 있을지도 확실치 않다.

유빗의 경우 파산 신청을 한 뒤 보험금을 받아 피해를 보상하겠다고 했지만 보험사가 해킹 위험을 미리 알리지 않았다며 보험금 지급을 거절했다. 이처럼 가상화폐 거래소에서 계속해서 사고가 발생하는 것은 운이 나빴기 때문이거나 우연이 아니다. 많은 가상화폐 거래소들이 투자자 보호는 뒷전으로 한 채 수수료 장사에만 열을 올리고 있기 때문이다. 실제 최근 문을 연 대다수의 가상화폐 거래소는 정보보호관리체계조차 인증을 받지 않고 있다.

2017년과 2018년 한국을 뜨겁게 달군 로또 아파트와 가상화폐 열풍. 정부는 이를 투기 현상이라고 진단했다. 바람직한 현상은 아니라는 말이다. 수차례 경고도 날렸다. 가상화폐 광풍이 한창이던 지난 2017년 말 당시 이낙연 국무총리는 "가상화폐 거래는 투기화되고 있고 가만히 두면 사회병리 현상이 될 수 있다"며 공개적으로 경고하기도 했다. 하지만 정부의 경고에도 불구하고 로또 아파트와 가상화폐 열풍은 좀처럼 사그라지지 않고 있다. 이는 저성장, 저금리의 굴레에 빠진 지금 대한민국에서 매력적인 투자 상품을 찾기가 얼마나 어려운지를 보여주는 현상이다. 사람들의 투자에 대한 갈증이 커져만 가는 시대다.

한국인들의 로망, '중소형 빌딩'

부동산 관련 뉴스에서 가장 많이 읽히는 기사 중에 하나가 바로 연

중소형빌딩이 많은 강남 일대 전경

예인이나 스포츠 스타의 빌딩 투자 소식이다. 'OOO가 얼마에 무슨 빌딩을 샀다', 'OOO가 어느 지역에 무슨 빌딩을 샀다'라는 뉴스는 많은 사람의 시선을 잡아끈다. 이러한 이유 때문인지 그간 한국을 대표하는 톱스타들의 중소형 빌딩 매입 뉴스가 셀 수도 없을 만큼 쏟아져 나왔다. 최근 들어서는 아이돌 가수의 중소형 빌딩 투자 뉴스가 늘어나고 있는 점이 눈에 띈다. 일부 언론은 여기서 한 발 더 나아가 특정 연예인의 빌딩 매수 및 매도 사례를 분석하면서 유망한 투자처를 전망하기도 한다.

　　대다수의 사람에게 수십억 원에서 수백 억 원에 달하는 중소형 빌딩을 산다는 것은 꿈같은 이야기다. 일반 직장인들이 월급으로 돈을 모아 중소형 빌딩을 사는 것은 거의 불가능에 가깝다. 그럼

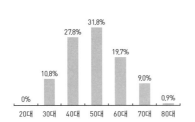

중소형 빌딩 매수자 연령대 (2018년 1분기)

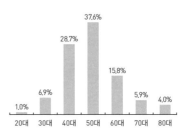

중소형 빌딩 매수자 연령대 (2016년 1분기)

에도 불구하고 사람들은 중소형 빌딩에 대한 꿈을 쉽게 버리지 못한다. 서점에서는 《나도 중소형 빌딩주가 될 수 있다》, 《10년 안에 건물주 되기》와 같은 제목을 붙인 책들이 날개 돋친 듯이 팔려나가고, 너도나도 중소형 빌딩 투자 비법을 공부한다.

특히 그간 중소형 빌딩 투자는 어느 정도 자산을 형성한 장년층들이 하는 것이라는 인식이 강했다. 그러나 최근 들어서는 20~30대 젊은 층들이 중소형 빌딩에 투자하는 사례가 늘고 있다. 중소형빌딩중개 전문업체인 리얼티코리아에 따르면 2018년 1·4분기 기준으로 중소형 빌딩 매수자 연령대를 살펴보면 50대가 31.8%로 가장 많고, 40대가 27.8%, 60대가 19.7% 순으로 높게 나타났다.

아무래도 자금의 여유가 있는 중장년층들이 중소형 빌딩에 많이 투자하고 있다. 흥미로운 점은 30대의 비중이 10.8%로 과거에 비해 높아졌다는 점이다. 2년 전인 지난 2016년 1·4분기에 연령대별 중소형 빌딩 매수자 비중은 50대가 37.6%, 40대가 28.7%, 60대가

15.8%를 차지했으며, 30대는 6.9%에 그쳤다.

남녀노소를 가리지 않고 이처럼 중소형 빌딩 투자에 뛰어드는 것은 한 채에 수십억 원에 달하는 중소형 빌딩을 매입하는 것이 한국 사회에서 곧 성공의 척도 중 하나로 여겨지기 때문이다. 또한 대다수의 사람들에게 강남과 같은 목 좋은 곳에 위치한 중소형 빌딩의 자산 가치는 쉽게 떨어지지 않는 안전자산이라는 인식이 강하게 박혀 있기 때문이기도 하다.

실제 웬만큼 돈을 벌었다 하는 사람들은 너도나도 중소형 빌딩에 관심을 가진다. 중소형 빌딩은 한국인들에겐 일종의 로망이다. 최근 가상화폐로 돈을 많이 번 사람들이나 강남에서 스타 학원 강사로 잘나가는 사람들이 중소형 빌딩을 사들여 건물주 대열에 합류했다는 기사가 종종 눈에 띄는 것도 그런 이유 때문이다. 특정 직업을 가진 사람이 중소형 빌딩을 매입했다는 기사는 사람들에게 해당 직업이 그만큼 돈을 잘 버는 직업이라는 메시지를 던진다.

이처럼 중소형 빌딩에 대한 사람들의 식지 않은 관심 때문에 중소형 빌딩 거래 규모는 꾸준히 증가하고 있다. 리얼티코리아에 따르면 2017년 서울에서 거래된 중소형 빌딩은 1,054건(거래규모가 1,000억 원 미만인 빌딩 대상)이다. 이는 2016년의 988건에 비해 6.6% 늘어난 수준이며, 역대 가장 많은 거래 규모다. 거래 금액도 신기록을 썼다. 2017년 중소형 빌딩 거래금액은 6조 4,500억 원을 기록해 사상 처음으로 6조 원을 돌파했다. 3년 전인 2014년의 3조 2,400억 원에 비해 두 배 가까이 커진 규모다. 또한 지난해 중소형 빌딩 투자

연도별 중소형빌딩 거래 추이(단위: 건)

연도별 중소형빌딩 거래 추이(단위: 건)

2014년	2015년	2016년	2017년
719	1,036	988	1,054

연도별 중소형빌딩 거래 규모(단위: 억 원)

2014년	2015년	2016년	2017년
32,400	55,300	54,100	64,500

2017년 중소형빌딩 거래 주체별 현황

개인	법인
779건 (약 73.9%)	267건 (약 25.3%)

출처: 리얼티코리아

자의 70% 이상이 개인이고, 법인 비중은 25% 정도에 그쳤다. 자산가들의 중소형 빌딩 투자가 그만큼 활발하게 이뤄지고 있다는 뜻이다.[4] 특히 최근 정부의 주택 시장 규제가 강화되면서 중소형 빌딩 투자에 사람들의 관심이 더 늘어나고 있다.

2018년 1·4분기 기준 중소형 빌딩의 평균 수익률은 3% 중반대 수준이다. 금액대별로 약간의 차이는 있다. 50억 원 이하의 경우 3.80%, 50~100억 원은 3.03%, 100~200억 원은 3.76%, 200억 원

---

4 지난 2017년 8월 시중은행 중 일부는 한 해가 절반 정도 지난 시점에서 부동산임대업 대출한도를 축소하는 내용을 담은 업무지침을 지점에 전달한 바 있다. 오피스텔, 중소형빌딩 등 임대용 부동산에 대한 투자가 늘면서 부동산임대업 대출한도가 빠르게 소진되자 관리방안을 내놓은 것이다.

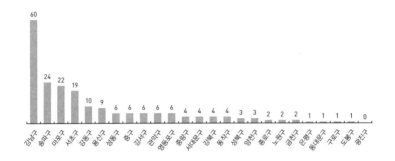

서울 구별 중소형 빌딩 거래량(단위: 건)

이상은 3.52%로 나타났다.

전통적으로 중소형 빌딩 투자자들은 주로 강남을 선호한다.
2018년 1·4분기 거래량 상위 지역을 살펴보면 강남구가 60건으로
1위를 차지했으며, 송파구 24건, 마포구 22건, 서초구 19건, 강동구
10건, 용산구 9건, 성동구 6건 순으로 나타났다. 서울시 전체 25개
구에서 총 206건의 중소형 빌딩이 거래됐으며, 이중 강남구가 차지
하는 비중은 29.1%다. 강남구 내에서도 거래가 가장 많은 곳은 역삼
동이다. 역삼동은 지난 2017년 98건이 거래되는 등 매년 거래량 1위
를 기록하고 있다. 이어 논현동 83건, 신사동 57건, 청담동 42건 순
으로 거래량이 많았다.

삼성동의 경우 최근 현대차글로벌비즈니스센터GBC, 영동대로 지
하공간 복합개발 등 각종 개발 호재로 기대감이 높아지면서 중소형
빌딩 투자자들의 관심이 크게 늘어나고 있다. 삼성동은 2016년 17건
의 중소형빌딩이 거래됐으나 2017년에는 31건으로 두 배 가까이 늘

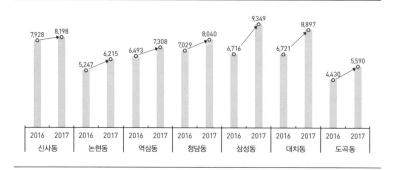

강남구 내 동별 가격 상승폭(단위: 만 원/3.3㎡)

었다. 가격 상승폭도 가장 컸다. 2017년 삼성동에서 거래된 중소형 빌딩의 3.3㎡당 평균 매매가격은 9,349만 원으로 강남구 내에서 1위를 차지했으며, 전년(3.3㎡당 6,716만 원) 대비 39.2%나 올랐다. 다만 최근 강남구 내 중소형 빌딩을 매입하기 위한 경쟁이 치열해지면서 수익률은 갈수록 하락하고 있다. 2015년 강남구 중소형 빌딩의 거래수익률[5]은 4.12%를 기록했으나 2016년에는 3.38%로 떨어진 데 이어 2017년에는 3.04%로 하락했다.

이처럼 중소형 빌딩의 인기가 날로 높아지고 있지만 무턱대고 중소형 빌딩 투자에 뛰어들었다가는 중소형 빌딩이 보물이 아니라 애물단지가 될 수도 있다. 최근 경기가 좋지 않은데다 부동산 시장에 전반적으로 수요에 비해 공급이 늘어나면서 공실 리스크가 갈수

---

5 거래수익률은 어떤 특정 건물이 매각된 당시의 시점을 기준으로 해당 자산으로부터 발생한 연 수익률을 뜻한다.

리츠로 은퇴월급 만들기

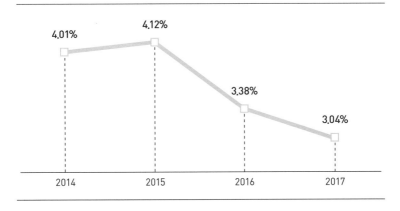

강남구 중소형 빌딩 거래 수익률

4.01%

4.12%

3.38%

3.04%

2014　　　　2015　　　　2016　　　　2017

록 커지고 있기 때문이다. 실제 테헤란로나 종로 등 서울 핵심 권역을 걷다 보면 목 좋은 곳에 위치한 일층에도 텅 빈 상가나 임차인을 구한다는 표지판이 붙어 있는 것을 어렵지 않게 찾을 수 있다.

아울러 중소형 빌딩을 매입하게 되면 임대와 시설 관리 등을 직접 해야 하는데 자산관리에 익숙하지 않은 일반인들에게는 상당히 부담스럽고 번거로운 일이다. 중소형 빌딩에 투자하는 사람들 중에는 은퇴 후 여유로운 노후 생활을 원하는 베이비부머 세대들이 많은데 그런 점에서 은퇴자들이 투자하기에는 부담스러운 측면이 있다.

'강남불패' 신화에 투자하는 사람들

서울의 한강 이남을 뜻하는 강남은 지명이지만 지명 이상의 상징적인 의미를 담고 있다. 강남이라는 단어 자체가 하나의 고유명사로 통한다. 서울 25개 자치구 가운데 11곳이 한강 이남에 자리 잡고 있지만 우리는 이중에서도 특별히 '강남구, 서초구, 송파구' 단 세 곳만을 '강남'이라고 부른다.

강남이라는 단어는 부동산 시장과도 떼래야 뗄 수 없는 관계다. 부동산 시장의 오래된 신화이자 진리로 통하는 '강남불패'라는 말의 의미는 따로 부연설명이 필요 없을 정도다. 특히 강남 아파트는 예나 지금이나 부와 성공의 상징으로 통한다. 유력 정치인부터 연예인, 재벌 등 돈 많은 사람들이 죄다 강남에 몰려 살고 있다.

지난 2016년 한 일간지가 2010~2016년 정부공직자윤리위원회가 공개한 재산공개 현황을 토대로 검사장급 이상 법무부·검찰 재산공개 대상 98명의 건물 보유현황을 전수 조사한 적이 있다. 결과는 모두의 예상을 크게 빗나가지 않았다. 전체의 82.7%인 81명이 강남 3구(강남구·서초구·송파구)에 거주하거나 주택을 보유하고 있는 것으로 확인됐다. 특히 강남에서도 최고급 아파트로 꼽히는 타워팰리스나 아크로비스타, 삼성동 아이파크, 압구정 현대아파트, 강남·서초·방배 고급빌라에 사는 사람이 50%를 웃돌았다.

심지어 한국 사회의 강남 선호현상은 이념적으로 서로 다른 좌우도 가리지 않는다. 한때 '강남좌파'라는 말이 한국 사회를 뜨겁게 달군 적이 있다. 강준만 전북대학교 교수가 처음으로 사용한 강남좌파는 진보적인 의식을 가졌지만 생활은 보수와 비슷하게 하는 좌파를 비판하는 용어다. 강남좌파가 가장 많은 비판을 받는 부분 중 하나가 바로 자녀 교육과 관련된 문제다. 자기 자식은 좋은 학교에 보내면서 말로만 교육의 공공성을 강조한다는 지적이다. 이와 관련해 최근 장하성 청와대 정책실장은 한 라디오 인터뷰에서 "모든 국민이 강남에 살 이유는 없다. 저도 강남에 살기에 드리는 말씀"이라고 말해 공분을 산 바 있다. 이 같은 강남좌파의 허물이 가장 적나라하게 발가벗겨지는 때가 바로 총리나 장관 등 정부 고위공직자들의 인사청문회다. 인사청문회 때마다 위장전입이라는 단어가 단골 메뉴로 등장한다. 그리고 이 위장전입이라는 단어와 가장 많이 연관되어 언급되는 것이 '강남 8학군'과 '부동산 투기'다.

겉으로 보기에는 이질적으로 느껴지는 이 두 단어는 서로 밀접하게 연결돼 있다. 위장전입의 목적이 주로 자녀 교육과 자산 증식이기 때문이다. 실제 위장전입이 사회적인 이슈로 부각된 시점이 고교 평준화가 본격화되고 부동산 개발 붐이 일면서 땅값이 상승하기 시작한 1980년대부터다. 당시 고교 배정 기준이 거주지 중심으로 바뀌게 되면서 자녀들을 교육환경이 좋은 강남 8학군에 입학시키기 위해 강남 지역으로 위장 전입자가 몰려들었다.

부동산 호황도 한 몫 했다. 해당 지역 거주자가 아파트 분양과 임대주택을 1순위 청약 받도록 규정하면서 위장전입이 많아졌다. 2000년에 인사청문회 제도가 도입된 이후 진보정권이나 보수정권 모두 이 위장전입 문제에서 자유롭지 못했다. 돈 좀 있는 고액자산가들이나 권력을 가진 고위공직자들만이 아니다. 평범한 직장인들도 기회가 있을 때 마다 강남 입성의 기회를 노리고 있다.

그렇다면 강남 아파트가 한국인들의 욕망으로 자리 잡은 것은 언제부터일까. 지금 우리가 알고 있는 강남의 기원은 1970년대로 거슬러 올라간다. 서울 인구의 폭발적인 증가와 남북 갈등, 수출주도형 경제개발계획에 따른 영남권 공업단지 조성 등 여러 가지 이유로 강남 개발의 필요성이 높아지던 시기였다. 당시 박정희 대통령은 강남 개발을 위해 모든 정책 지원을 집중했다.

특히 지금의 강남을 만드는 데 결정적인 역할을 한 것은 '강남 8학군'이다. 현재 서울고, 경기고, 현대고, 휘문고, 상문고, 단대부고, 은광여고, 숙명여고 등 매년 서울대 합격생들을 많이 배출하는 학교들이 모두 강남 8학군에 속해 있다. 이들 명문고들이 처음부터 강남에 있었던 것은 아니다. 애초 이들 명문고들은 강북에 자리 잡고 있었으나 정부의 압박으로 강남으로 터를 옮겼다.

강남으로 이전한 첫 명문고는 경기고였다. 지금의 강남이 형성되기 훨씬 이전인 1900년에 개교한 경기고는 종로구 화동에 위치하고 있었으나 1976년 정부의 강남 개발 시책의 일환으로 강남구 삼성동으로 이전했다. 이어 종로구 원서동에 있던 휘문고가 강남구 대치동으로, 종로구 신문로에 있던 서울고가 서초구 서초동으로 옮겨가면서 강남 8학군이 조금씩 틀을 잡아갔다. 이후 대부분의 명문고들이 강남으로 자리를 옮기면서, '맹모삼천지교'라는 말에 빗대 '맹모강남지교'라는 말이 생기기도 했다.

권상우가 주연으로 나온 영화 〈말죽거리 잔혹사〉에는 그 시절 강남의 분위기를 잘 보여주는 장면이 나온다. 권상우는 영화 속에서 이런 독백을 한다. "사는 동안, 누구나 인생에서 제일 기억에 남는 시절이 있을 것이다. 내겐 1978년이 그런 해였다. 그 해 봄 우리 집은 강남으로 이사를 왔다. 강남의 땅값이 앞으로 엄청나게 오를 것을 예견한 어머니가 서둘러 결정한 일이었다." 예언은 정확하게 맞아떨어졌다. 명문 고등학교뿐만 아니라 편리한 교통, 편의시설, 문화시설 등 생활에 편리한 모든 인프라가 강남에 집중되고 사람들이 몰려들면서 부동산 가격이 천정부지로 치솟았다. 강남불패 신화의 탄생이다.

'부동산 대박은 끝났다'고 외치는 문재인 정부의 부동산 정책

물론, 강남 부동산 가격이 늘 오르기만 했던 것은 아니다. 정부의 부동산 정책에 따라 부침을 겪는 시기도 있었다. 문재인 정부 들어서도 집값 과열을 막기 위해 고강도 부동산 정책을 대거 쏟아내면서 집값 상승세가 잠시 주춤하기도 했다.

특히 문재인 정부의 첫 국토교통부 장관인 김현미 장관은 취임식에서 강남발 집값 상승을 투기 세력 때문이라고 지적하며 이에 대해 강력한 경고의 메시지를 날리기도 했다. 김 장관의 경고가 단순히 말로만 그친 것은 아니다. 실제 문재인 정부는 집값을 잡기 위해 고강도 부동산 대책들을 쏟아냈다. 2017년 5월 출범한 문재인 정부는 출범 40여일 만인 6월 19일 '주택시장의 안정적 관리를 위한 선별적·맞춤형 대응방안'을 시작으로, 8월 2일 '주택시장 안정화 방안', 9월 5일 '8·2 부동산대책 후속 조치', 10월 24일 '가계부채 종합 대책', 11월 29일 '주거 복지 로드맵', 12월 13일 '임대주택 등록 활성화 방안' 등 굵직굵직한 정책들을 발표하면서 집값 안정에 대한 강한 의지를 내비쳤다.

2018년 들어서도 7월 5일 '행복한 결혼과 육아를 위한 신혼부부, 청년 주거지원방안', 8월 27일 서울 종로구, 중구, 동작구, 동대문구를 투기지역으로 추가 지정하는 등 집값 안정을 위한 정책들을 쏟아냈다. 문재인 정부 들어서는 부동산 규제책이 잇따라 발표됐을 뿐만 아니라 구두 경고를 비롯해 주택 가격 상승을 억제하기 위한 정부의 강력한 메시지도 계속해서 쏟아져 나왔다. 2018년 1월 18일에는 김현미 국토부 장관이 주거복지협의체에 참석해 기자들이 재건축 연한을 연장할 것이냐고 묻자 "구조 안전성의 문제가 없음에도 사업 이익을 얻기 위해 사회적 자원을 낭비한다는 문제 제기가 있는 것도 사실"이라며 "건축물 구조적 안정성이나 내구연한 등의 문제를 종합적으로 검토해볼 필요가 있지 않나 생각한다."고 답했다.

---

6 정부는 '주택시장 안정화 방안'을 통해 6년여 만에 투기과열지구와 투기지역 지정을 부활시켰다. 투기과열지구는 지난 2011년 12월 서울 강남 3구(서초·강남·송파)를 마지막으로, 투기지역은 2012년 5월 강남 3구를 마지막으로 해제됐다. 특히 기존 투기과열지구에 적용되던 규제를 대폭 강화했다. 역대 가장 강한 대책 중 하나로 꼽히는 참여정부 시절의 종합부동산세를 제외한 모든 대책이 부활했다는 평가가 나오기도 했다.

시장은 이 같은 김 장관의 발언을 재건축 연한을 기존 30년에서 40년으로 연장한다는 뜻으로 받아들였다.[7] 또 2018년 1월 말에는 서울 주요 재건축 아파트 20곳이 재건축 초과이익환수금 부담금을 시뮬레이션 한 결과 가구당 평균 4억 4,000만 원, 최대 8억 4,000만 원에 달한다는 조사 결과를 갑작스럽게 발표하면서 시장을 충격에 빠뜨리기도 했다. 여기에 정부는 2018년 4월부터 대통령 직속 재정개혁특별위원회를 통해 부동산 보유세 개편 방안을 논의 중이며, 6월 22일 공정시장가액 비율을 올리는 '간접 증세안'부터 종합부동산세 세율을 올리는 '직접 증세안'까지 네 가지 시나리오를 공개했다. 이제 부동산에 투자해 과도한 시세차익을 거두는 것이 점점 어려워질 것으로 예상된다.

다만 정부의 계속된 규제에도 불구하고 강남 부동산 시장에 대한 사람들의 믿음은 쉽게 사라지지 않고 있다. 정부가 각종 규제를 통해 강남 집값 상승을 막고 있지만 장기적으로 상승 추세를 이어갈 것이라는 전망이 여전히 대다수 사람들의 머릿속을 지배하고 있다. 여전히 강남에 집을 사려는 수요가 많고, 투자처를 찾아 헤매는 돈도 넘쳐나고 있기 때문이다.

아이러니하게도 강남 집값을 잡겠다는 문재인 정부도 강남 집

---

7 물론 이에 대해 김 장관은 2월 6일 국회 국토교통위원회 전체회의에 출석해 "재건축 연한에 대해 30년이나 40년을 언급한 적이 없는데 마치 그런 말을 한 것처럼 나와서 의아하고 당혹스럽다"고 해명한 바 있다. 다만 당시 대다수의 사람들은 김 장관의 해명을 곧이곧대로 받아들이지 않았다.

발표 시기	부동산 대책	주요 내용
2017년 6월 19일	주택시장의 안정적 관리를 위한 선별적·맞춤형 대응방안	·서울 전 지역 분양권 전매 입주시까지 금지 ·재건축 조합원 주택 공급 1채로 제한 ·조정 대상지역 LTV, DTI 규제비율 10%포인트씩 강화 ·경기 광명시, 부산 기장군, 부산진구 등 3곳 조정대상 지역 추가
2017년 8월 2일	주택시장 안정화 방안	·서울 전역, 과천, 세종 등 투기과열지구 지정 ·서울 11개구, 세종 투기지역 지정 ·다주택자 양도세 중과 ·청약 1순위 요건 강화 및 가점제 확대
2017년 9월 5일	8·2 부동산대책 후속 조치	·서울 12개구 분양가상한제 요건 완화 ·성남 분당구, 대구 수성구 등 투기과열지구 추가지정 ·인천 연수구·부평구, 안양 만안구·동안구, 성남 수정구·중원구, 고양 일산 동구·서구, 부산 전역 등 집중 모니터링 지역 지정
2017년 10월 24일	가계부채 종합 대책	·수도권·광역시·세종시 분양 아파트 중도금 대출 보증 한도 축소 ·부동산임대업자 대출 규제

출처: 국토교통부

값 상승을 부추긴 측면이 있다. 국토부는 강남 집값을 잡기 위해 부단히 노력하고 있지만 교육부의 교육 정책은 그 반대로 움직이면서 강남 주택 시장의 공급 부족 문제를 심화시키고 있기 때문이다.[8] 실제 교육부의 특목고 폐지 정책 등은 강남 8학군의 위상을 더 강화시켜주면서 강남 주택의 가치와 희소성이 더 부각되고 있다. 이와 관련해서는 정부 내에서도 부처 간에 의사소통이 부족했다며 아쉬

---

8 김현미 국토부 장관은 강남 집값 과열은 공급 부족이 아닌 투기 세력 때문이라고 진단했지만, 대부분의 전문가들은 공급 부족과 투기 세력 모두 문제라고 보고 있다.

움을 나타낸 바 있다.

특히 강남 주택 시장은 전국구 시장이다. 서울뿐만 아니라 대한민국 전체에서 강남을 대신할 수 있는 대체재를 찾기가 어렵기 때문이다. 실제 강남에 위치한 공인중개사무소 얘기를 들어보면 지방에서 강남에 집을 구하기 위해 방문하는 경우가 많다고 한다. 이 때문에 강남 집값을 끌어올리는 요인 중의 하나로 지방에서 올라온 부자들의 원정 투자가 거론되기도 한다. 얼마 전 포항과 경주에 지진이 났을 때는 불안감을 느낀 포항과 경주 부자들이 서울 강남에 아파트를 사기 위해 몰려들고 있다는 얘기가 나돌기도 했다.

뿐만 아니라 강남 지역은 앞으로도 부동산 시장의 신화(강남불패)로 남을 가능성이 크다. 영동대로 지하개발, 현대차글로벌비즈니스센터 준공 등 굵직굵직한 개발 호재들이 많아 부동산 가격 상승에 영향을 미칠 것으로 예상되기 때문이다. 다만 이 같이 눈에 뻔히 보이는 가격 상승 호재에도 불구하고 강남에서 한 채에 수십억에 달하는 아파트를 마련할 수 있는 이들은 일부 소수다. 시간이 갈수록 강남이라는 부의 바벨탑이 점점 높아지고 있다.

대졸 신입사원 연봉보다 높은 강남 아파트 한 평 가격

강남 아파트가 더 특별한 이유 중 하나는 아무나 가질 수 없기 때문

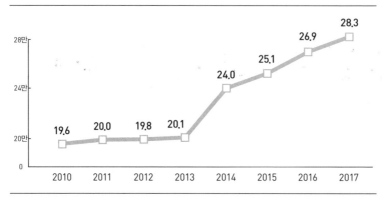

부동산 증여 거래 추이(단위: 만 건)

출처: 국토교통부

이다. 흔히 강남 아파트 시장을 '그들만의 리그'로 부른다. 애초부터 강남에 살면서 부모로부터 집을 물려받은 사람이나 일부 부자들을 제외하고는 강남에 집을 마련하는 일이 만만치 않기 때문이다.

실제 일반 직장인들이 월급을 모아서 강남에 아파트를 마련하는 것은 사실상 불가능에 가깝다. 한국경영자총협회에 따르면 2016년 대기업(300명 이상) 대졸 신입사원의 평균 초임연봉은 상여금을 포함해 4,350만 원 수준이었다. 최근 서울 강남에서 분양하는 아파트의 3.3㎡(1평) 당 평균 분양가는 웬만한 대기업 대졸 신입 연봉 수준보다 높다. 평범한 직장인들이 강남의 30평짜리 아파트 하나를 산다고 하면 최소 20~30년은 한 푼도 쓰지 않고 저축을 해야 한다는 뜻이다. 강남뿐만이 아니다. 서울 아파트 평균 분양가가 3.3㎡당 최소 2,000만 원 이상[9]이라는 점을 감안하면 서울에서 20~30대 직장인들이 부모 도움 없이 집을 구하는 것은 만만치 않다.

참고로 국토부에 따르면 지난 2017년 전국 부동산 증여 건수는 28만 2,680건으로 전년 대비 4.9% 증가해 역대 최고치를 기록했다. 서울의 주택 증여 건수는 총 1만 4,860건으로 전년보다 10.2% 늘었으며, 서울 중에서도 강남권의 증여가 많았다. 고가 주택이 많은 강남구와 서초구의 경우 2017년 전체 주택 거래량에서 증여가 차지하는 비중이 각각 8.4%, 9.5%에 달해 서울 전체 평균(5.3%)보다 크게 높게 나타났다. 특히 강남의 고가 아파트를 자녀에게 증여하는 과정에서 고위 공직자, 전문직 종사자, 기업 오너 등이 세금을 제대로 내지 않고 변칙적으로 증여하는 사례가 끊이지 않으면서 사회 문제가 되고 있다.

가장 대중적인 수익형 부동산 '오피스텔'

오피스텔은 가장 대중적인 수익형 부동산으로 꼽힌다. 투자자들의 자금 부담이 크지 않고 연평균 최소 5% 정도의 수익률은 나온다는 인식이 강하기 때문이다. 특히 최근 저금리 기조가 이어지면서 지

---

9 주택도시보증공사HUG에 따르면 2017년 12월 서울 민간아파트 분양가격은 3.3㎡당 평균 2,212만 원으로 집계됐다. HUG가 발표하는 월별 분양가는 최근 1년간 분양보증서가 발급된 민간 분양사업장의 평균 분양가격이다.

난 몇 년간 '오피스텔' 청약 열기가 뜨겁게 달아올랐다. 청약 현장에 수만 명의 인파가 몰리는 일이 예사였다. 한 예로 현대엔지니어링이 2017년 6월 경기도 하남 미사지구에서 공급한 오피스텔 '힐스테이트 미사역' 청약에는 총 2,011실 분양에 무려 9만 1,771건이 접수돼 평균 45.63대 1의 높은 경쟁률을 기록했다. 투자자들이 한꺼번에 대거 몰리면서 급기야 당첨자 발표가 하루 연기되고 청약금 환불이 지연되는 사태까지 빚어졌다. 특히 2017년까지만 하더라도 오피스텔 청약의 경우 대부분 현장 접수로 청약을 받았기 때문에 오피스텔 청약을 위해 밤새 줄을 서거나 10시간 이상 기다리는 일도 다반사였다.[10]

이처럼 오피스텔의 인기는 여전하지만 수익률은 갈수록 떨어지고 있다. KB국민은행에 따르면 2017년 7월 서울 오피스텔 수익률은 4.98%를 기록해 2010년 7월 조사를 시작한 후 최저치로 떨어졌다. 그동안 심리적 마지노선으로 여겨졌던 5%선이 붕괴된 것이다. 서울 오피스텔 수익률은 2년 전인 2015년 6월만 하더라도 5% 중반대를 기록했으나 이후 계속해서 하락해 5% 아래로 떨어졌다. 서울을 제외한 나머지 지역에서도 오피스텔 수익률이 계속해서 하락하고 있다.

공급 과잉에 대한 우려도 높은 상황이다. 부동산114에 따르면 2013년부터 2017년까지 5년 동안 매년 1만 5,000실에 가까운 입주

---

10 정부는 이 같은 오피스텔 청약 줄세우기를 막기 위해 일정 규모 이상의 오피스텔 공급 시 인터넷 청약을 하도록 의무화했다. 국토교통부는 '건축물의 분양에 관한 법률 시행령·시행규칙'을 개정해 올해부터는 300실 이상 오피스텔의 인터넷 청약을 의무화했다.

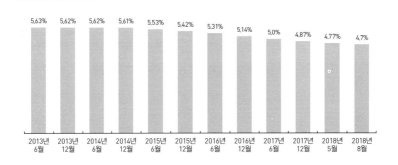

서울 오피스텔 투자 수익률(단위 : %)

5.63% 5.62% 5.62% 5.61% 5.53% 5.42% 5.31% 5.14% 5.0% 4.87% 4.77% 4.7%

| 2013년 6월 | 2013년 12월 | 2014년 6월 | 2014년 12월 | 2015년 6월 | 2015년 12월 | 2016년 6월 | 2016년 12월 | 2017년 6월 | 2017년 12월 | 2018년 5월 | 2018년 8월 |

출처: KB국민은행

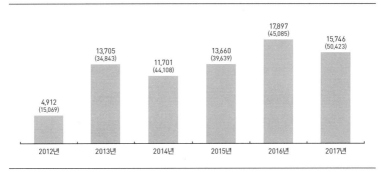

서울 및 전국 오피스텔 연간 입주 물량(단위: 실)

4,912 (15,069) — 2012년
13,705 (34,843) — 2013년
11,701 (44,108) — 2014년
13,660 (39,639) — 2015년
17,897 (45,085) — 2016년
15,746 (50,423) — 2017년

*괄호 안은 전국

출처: 부동산114

물량이 쏟아졌다. 2012년 입주 물량이 4,912실에 불과했다는 점을 감안하면 크게 늘어난 수치다. 이는 향후 오피스텔 수익률에 부담으로 작용할 것으로 예상된다. 갈수록 떨어지는 오피스텔 수익률과 공급 과잉은 오피스텔 투자의 가장 큰 리스크로 꼽힌다. 오피스텔 투자자의 목적은 임대수익을 올리는 것이며, 매각 차익은 크게 기대하기 어렵기 때문이다.

정부가 오피스텔 투자에 대한 규제를 강화하고 있다는 점도 부담스럽다. 정부는 2017년 8월 2일 '주택시장 안정화 방안'을 발표하면서 오피스텔 투자 규제를 강화했다. 서울을 비롯해 투기과열지구로 지정된 지역의 경우 오피스텔 분양권을 소유권 이전 등기 시까지 팔 수 없게 됐다.

저금리에 인기 높아진 '점포겸용 단독주택용지'와 '단지 내 상가'

점포겸용 단독주택용지, 단지 내 상가 등에 대한 투자 열기도 뜨거웠다. 2017년 9월 강원도 원주기업도시에서 공급된 점포겸용 단독주택용지는 48개 필지에 13만 9,977명이 몰려 평균 2,916대 1의 경쟁률을 기록했으며, 최고 인기 필지의 청약경쟁률은 1만 9,341대 1을 기록해 역대 최고 기록을 썼다. 이는 한국토지주택공사LH가 2016년 9월 인천 중구 영종하늘도시 내에서 공급한 점포겸용 단독주택용지 청약에서 나온 최고 경쟁률 9,204대 1을 가볍게 뛰어넘는 기록이었다.

점포겸용 단독주택용지에 대한 인기가 이처럼 높은 것은 분양받은 땅에 상가주택을 지으면, 주거와 임대수익을 동시에 얻을 수 있기 때문이다. 또 점포겸용 단독주택용지의 인기가 높아 분양받기

점포겸용 단독주택용지 경쟁률

대상지	최고 경쟁률	시기
인천 중구 영종하늘도시	9,204대 1	2016년 9월
원주기업도시	9,395대 1	2017년 3월
원주기업도시	19,341대 1	2017년 9월
원주기업도시	7,035대 1	2017년 11월

만 하면 웃돈을 받고 쉽게 팔 수 있다는 점도 투자자들의 관심이 높은 이유다.

정부는 이 같이 점포겸용 단독주택 용지에 대한 투자자들의 쏠림 현상이 심화되자 택지개발지구 내 단독주택용지와 공공주택지구 내 단독주택용지에 대한 전매제한 규제를 강화했다. 공공택지 내 단독주택용지는 소유권이전등기 때까지 원칙적으로 전매가 금지되지만 공급 받은 가격 이하로 전매가 허용되고 있었다. 이 같은 제도의 허점을 틈타 공급 받은 가격 이하로 판 것처럼 다운계약서를 작성하고 실제로는 높은 가격에 팔아 전매 차익을 챙기는 경우가 적지 않았기 때문이다. 이에 정부는 제도를 개선해 공급 받은 가격 이하로도 단독주택용지를 전매할 수 없도록 했다. 다만 원주기업도시와 같이 민간에서 조성되는 단독주택 용지는 전매제한 규제를 적용받지 않는다는 점이 한계다.

단지 내 상가도 큰 인기를 끌었다. 특히 LH가 공급하는 단지 내 상가는 민간 건설사가 공급하는 상가에 비해 가격이 저렴하고, 대부분 택지지구에 조성되기 때문에 배후수요가 풍부해 경쟁이 치

위례신도시 점포겸용 단독주택용지 전경(사진제공: LH)

열했다. LH에 따르면 지난 2015년 LH 단지 내 상가 낙찰가율은 195%를 기록했으며, 2016년에는 186%, 2017년에는 170%를 기록할 정도로 인기를 끌었다.

단기 시세차익 노리는
'분양권 투자'와 '갭투자'

지난 몇 년간 분양권 거래와 갭투자가 기승을 부렸다. 분양권 거래의 경우 지난 2016~2017년 정점을 찍었다. 서울부동산정보광장에 따르면 2017년 5월 서울 분양권(입주권 포함) 거래량은 1,513건을 기록해 서울시가 분양권 거래를 집계하기 시작한 2007년 이후 역대 최대치를 기록했으며, 기존 최고치인 2016년 6월의 1,264건을 가볍게 뛰어넘었다. 시중 부동자금이 단기투자 성격이 강한 분양권 시장에 꾸준히 유입됐기 때문이다.

앞서 정부는 2016년 11월 3일 서울 강남4구(강남·송파·서초·강동구)와 경기도 과천시는 공공·민간택지 구분 없이 아파트분양권 전매를 '소유권이전등기(입주)' 시점까지 금지하고 강남4구를 제외한 서울 21개 구와 경기 성남·하남·고양·남양주·화성(동탄 2신도시), 세종 등의 공공택지에서 건립되는 아파트도 준공 때까지 분양권 거래를 할 수 없게 규제를 강화했다.[11] 하지만 큰 소용이 없었다. 이에 정부는 2017년 8월 2일 서울 전 지역을 투기과열지구로 지정하고 분양권 거래를 전면 금지했다. 정부의 규제 강화로 분양권 거래는 급감했다. 2018년 5월 서울 분양권 거래량은 149건에 그쳐 2017년 5월의 10분의 1 수준으로 떨어졌다.

갭gap투자란 전세가율(매매가 대비 전세가 비율)이 높은 지역에서 전세를 끼고 집을 사는 것을 말한다. 갭투자는 통상적으로 전세가율이 70% 수준을 넘을 경우 많이 일어나는데 지난 2016~2017년 서울 아파트 평균 전세가율은 70%를 웃돌았다. 특히 갭투자가 활발했던 서울 노원구, 성북구, 동대문구 등 일부 지역은 전세가율이 90%를 웃도는 아파트도 많았다.

---

11 '주택시장의 안정적 관리 방안' 도입

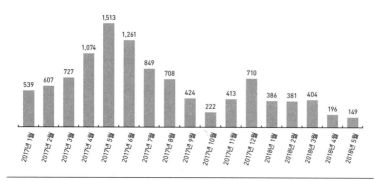

서울 분양권 거래 추이(단위: 건)

				1,513	1,261						710					
539	607	727	1,074			849	708	424	222	413		386	381	404	196	149

*입주권 포함

출처: 서울부동산정보광장

갭투자자들은 적게는 1,000만 원부터 많게는 1억 원을 가지고 서울 시내 아파트를 살 수 있었다. 다만 최근 들어 서울 집값이 크게 오른 반면 전세 가격이 주춤하면서 갭투자가 갈수록 어려워지고 있다. 부동산114에 따르면 최근 서울 아파트 전셋값이 계속해서 하락하면서 2018년 5월 기준 서울 아파트 전세가율이 59.83%로 60% 이하로 하락했다. 서울 아파트 전세가율이 50%로 내려온 것은 지난 2013년 11월(59.81%) 이후 4년 4개월 만이다. 또 2018년 4월 기준 서울 아파트 갭투자 평균 비용은 2억 3,199만 원으로 2017년 (1억 9,250만 원) 대비 1억 원(20.5%) 가까이 증가했다. 지난 2011년 2억 5,243만 원을 기록한 이후 6년 만에 가장 높은 수준이다.

서울 아파트 갭투자에 드는 비용은 지난 2008년 매매가격 급등으로 3억 2,253만 원까지 벌어진 뒤 하락하기 시작해 지난 2015년에

리츠로 은퇴월급 만들기

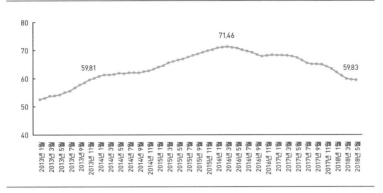

서울 아파트 전세가율 추이(단위: 건)

출처: 부동산114

는 매매 약세, 전세 강세 영향으로 1억 2,715만 원으로 축소됐다가 최근 들어 다시 차이가 커지고 있다. 이런 가운데 최근 입주 물량 증가로 집주인이 전세 세입자를 구하지 못해 계약이 끝나가는 세입자에게 전세금을 제때 돌려주지 못하는 역전세난 현상까지 발생하면서 갭투자자들이 설 자리가 갈수록 좁아지고 있다. 실제 그간 전세가율이 높아 갭투자자들의 성지聖地로 불렸던 길음뉴타운과 답십리동 일대의 역전세난이 심화되고 있다.

분양권 거래와 갭투자는 단기 시세 차익을 노리는 투자자들이 주로 관심을 보이는 투자 방식으로 주택 시장에 여러 부작용을 일으키기도 한다. 우선 분양권 거래가 활발하게 일어나면 인기 있는 청약 단지의 경우 투기 세력이 몰려 청약경쟁률이 높아지고 실수요자들의 내 집 마련 기회가 줄어든다. 또 청약 열기가 뜨거워질수록 건설사나 시행사 등 주택공급자들은 분양 가격을 올리기 마련이고 이로 인해 실수요자들의 부담이 커진다. 또한 갭투자자의 경우 시세차익을 노리고 투자를 하기 때문에 일반적으로 전세 세입자들의 편의를 잘 신경 쓰지 않는다.

이를테면 집에 문제가 있어 세입자가 수리를 요청할 경우 갭투자자 입장에서는 수리비로 비용이 나가게 되면 수익률에 영향을 주기 때문에 세입자의 요청을 잘 받아들이지 않는다. 이 과정에서 세입자와 집주인 간에 갈등이 빚어지는 경우도 빈번하게 발생한다. 또 집값이 전셋값과 비슷하거나 더 빠져 보증금을 빼주지 못하는 '깡통전세'가 발생할 가능성도 커진다. 최근 경기도 동탄에서는 갭투자로 아파트 수십 채를 가진 집주인이 집값이 내려가자 전세금을 반환하지 않고 아파트를 팔고 털어버리기 위해 '고의경매'를 신청하는 일까지 벌어졌다.

정부가 각종 규제를 통해 분양권 투자와 갭투자를 막으려는 것도 이러한 이유 때문이다. 특히 최근 부동산 시장에 대한 규제를 강화하고 있는 현 정부의 기조를 감안하면 앞으로도 분양권 투자와 갭투자는 쉽지 않아 보인다.

20~30대도 몰려드는 '경매'

경매의 가장 큰 장점은 일반 매매보다 싼 값에 물건을 살 수 있다

서울과 강남 전체 아파트 낙찰가율 추이(단위: 실)

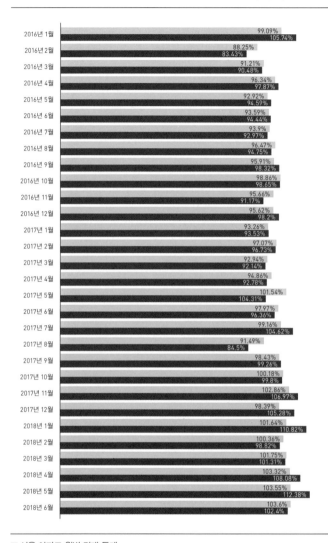

	서울 아파트 월별 경매 통계	강남 3구 아파트 월별 경매 통계
2016년 1월	99.09%	105.74%
2016년 2월	88.25%	83.43%
2016년 3월	91.21%	90.48%
2016년 4월	96.34%	97.87%
2016년 5월	92.92%	94.59%
2016년 6월	93.59%	94.44%
2016년 7월	93.9%	92.97%
2016년 8월	96.47%	94.75%
2016년 9월	95.91%	98.32%
2016년 10월	98.86%	98.65%
2016년 11월	95.66%	91.17%
2016년 12월	95.62%	98.2%
2017년 1월	93.26%	93.53%
2017년 2월	97.07%	96.73%
2017년 3월	92.94%	92.14%
2017년 4월	94.86%	92.78%
2017년 5월	101.54%	104.31%
2017년 6월	97.97%	96.36%
2017년 7월	99.16%	104.62%
2017년 8월	91.49%	84.5%
2017년 9월	98.43%	99.26%
2017년 10월	100.18%	99.8%
2017년 11월	102.86%	106.97%
2017년 12월	98.39%	105.28%
2018년 1월	101.64%	110.82%
2018년 2월	100.36%	98.82%
2018년 3월	101.75%	101.31%
2018년 4월	103.32%	108.08%
2018년 5월	103.55%	112.38%
2018년 6월	103.6%	102.4%

■ 서울 아파트 월별 경매 통계
■ 강남 3구 아파트 월별 경매 통계

기간: 2016.01.01~2018.06.20
용도: 아파트(주상복합)

는 점이다. 통상적으로 법원경매 시 최저 매각가는 감정가로 정한다. 경매 물건의 감정가는 물건마다 차이는 있지만 대체로 매매가의 80~90% 선이다. 경매에서 몇 차례 유찰하게 되면 최초 입찰가격이 실제 매매가의 절반까지 떨어지는 경우도 적지 않다. 아울러 경매는 국가가 법률적 절차를 통해 소유권을 넘겨주는 행위이기 때문에 사기의 위험도 없다. 또한 경매는 토지거래허가를 받지 않아도 되며, 매수자 우위의 시장 형성이 가능하다. 대출도 유리하다. 경매로 주택 취득 시에는 경락잔금(경매 낙찰잔금)의 최대 80%까지 대출이 가능하다. 반면 일반적으로 아파트 구입 시에는 보통 매매가의 60% 정도 대출을 받을 수 있다.

이 같은 장점들이 알려지면서 경매에 대한 사람들의 관심이 크게 높아졌다. 특히 최근 들어서는 20~30대 젊은 직장인들도 일찌감치 경매에 눈을 뜨는 경우가 많다. 주중 저녁이나 주말에 강남역이나 종로 등 스터디룸에서 젊은 직장인들이 삼삼오오 모여 경매 관련 공부를 하거나 정보를 공유하는 모습을 쉽게 볼 수 있다.

또한 투자 목적이 아닌 실수요를 위해 경매에 관심을 갖는 사람들이 늘고 있다. 치솟는 주택가격과 전세가격의 부담을 못 이긴 사람들이 경매로 내 집 마련에 나서는 경우가 늘고 있기 때문이다. 실제 부동산 경매 정보 제공업체인 지지옥션에 따르면 지난 2018년 5월 강남 3구의 아파트 평균 낙찰가율은 112.4%를 기록해 지난 2001년 통계 작성 이후 역대 최대치를 기록했다. 다만 최근 들어 경매 물건에 대한 관심이 높아지면서 낙찰가격이 높아지고 있는 점은 주의해야 한다.

소액으로 투자할 수 있는
'부동산 P2P 투자'

20~30대가 부동산 투자로 수익을 올리는 것은 쉽지 않다. 우선 투자 자체가 만만치 않다. 부동산은 주식이나 채권 등에 비해 자산규모가 크기 때문에 투자하려면 어느 정도 목돈이 필요한 까닭이다. 물론 최근 몇 년간 부동산 시장이 활황을 겪으면서 무리하게 대출을 받아 부동산 투자에 나서는 젊은 층도 있지만 잘못하다가는 부메랑이 되어 돌아오기 십상이다. 대출에 미래를 저당 잡히지 않으려면 신중하게 판단하는 것이 좋다.

그런 젊은 층에게 부동산 P2P_{Peer To Peer · 개인 간} 상품은 매력적으로 다가온다. 큰돈을 들이지 않고도, 손쉽게 투자할 수 있기 때문이다. 부동산 P2P 상품의 최소 가입금액은 업체마다 다르지만 대부분 최소 10만 원만 있으면 투자가 가능하다. 이처럼 소액으로도 투자할 수 있다는 점 때문에 실제 부동산 P2P 투자에서 젊은 층이 차지하는 비중은 상대적으로 높게 나타난다.

국내 1위 부동산 P2P 업체인 테라펀딩에 따르면 2018년 4월 말 기준 전체 투자자 수에서 20대가 차지하는 비중은 31.6%, 30대는 41.1%로 나타났다. 20~30대가 전체 투자자들 중 72.7%를 차지하고 있다. 반면 40대 이상은 27.3%로 나타났다. 다만 투자 금액을 기준으로 하면 20대가 10.9%, 30대가 37.6%로 20~30대가 차지하는 비중은 48.5%에 그친 반면, 40대 이상이 51.5%를 차지했다. 이는 부동산 P2P 상품에 투자할 때도 젊은 층의 투자 금액이 상대적으로 적다는 사실을 말해준다.

부동산 P2P 상품이 젊은 투자자에게 인기를 끄는 것은 단순히 쉽게 투자할 수 있기 때문만은 아니다. 부동산 P2P 상품의 수익률이 매력적이기 때문이다. 부동산 P2P 상품들의 수익률은 10~20% 수준이다. 시중은행 예금 금리에 비해 10배 가까이 높다. 참고로 1위 업체 테라펀딩이 홈페이지에 소개한 자료에 따르면 테라펀딩 부동산 P2P 상품의 평균 수익률은 연 12.50% 수준이다. 테라펀딩을 통해 100만 원을 12개월 동안 투자하면 세후 총 8만 8,500원가량의 수익을 올릴 수 있다는 뜻이다. 부동산 상품을 전문으로 만드는 P2P 업체 중 1위는 테라펀딩이다. 테라펀딩도 부동산 P2P 상품의 인기에 힘입어 빠르게 성장하고 있다. 테라펀딩의 누적 대출액은 3,560억 원(2018년 4월 말 기준)으로 1년 전인 2017년 4월 말의 1,234억 원에 비해 3배 가까이 증가했다.

투자 기간이 짧은 것도 장점이다. 부동산 P2P 상품은 짧게는 3개월에서 길게는 12개월 정도로 다른 부동산 투자 상품에 비해 상대적으로 투자 기간이 짧다. 일반적으로 부동산 투자는 환금성이 떨어진다는 단점이 있는데 부동산 P2P 투자는 투자 기간이 짧아 환금성이 뛰어나다는 게 장점이다. 여기에 어려운 부동산 권리관계

부동산 P2P 상품 예시

등을 P2P 회사가 대신 분석해주고, 온라인, 모바일 등으로 쉽게 투자가 가능한 점도 2030 세대로부터 인기를 끄는 이유다.

소액으로도 높은 수익을 거둘 수 있다는 매력 때문에 P2P 투자 시장의 규모도 급격하게 커지고 있다. 한국P2P금융협회에 따르면 2018년 4월 P2P 대출 취급액 규모는 2조 3,930억 원으로 2016년 말의 4,680억 원에 비해 5배 이상 커졌다. 이 중에서도 부동산 P2P 대출 규모가 약 60% 정도를 차지할 정도로 비중이 크다. 부동산 P2P 투자는 이제 명실상부 새로운 재테크 수단으로 자리 잡았다.

그렇다면 부동산 P2P 상품의 투자처는 어디일까. 대표적인 부동산 P2P 상품은 다세대주택이나 오피스텔, 호텔 등의 신축을 위한 건축자금 대출이다. 일명 프로젝트파이낸싱PF 대출이다. 건축자금 대출에서 파생된 상품으로 PF 전 초기 사업비를 위한 브리지자금대출과 공사 마무리 단계에 부족한 자금을 충당하기 위한 준공자금대출도 있다. 최근엔 아파트나 빌라 등을 매매할 때 은행의 선순위 대출 뒤로 근저당 설정을 하는 후순위 주택담보대출도 있다. 또 경매 낙찰 후 잔금을 치르기 위한 경락 잔금대출과 분양대금, 공사대금 등의 수익권을 담보로 하는 자산유동화대출ABL 상품도 등장해 틈새 시장을 형성하고 있다. 주로 저축은행, 자산운용사, 캐피탈사 등 제도권 금융회사에서 취급하지 않던 소규모(50억 원 미만) 대출이 대상이다.

부동산 P2P 대출 투자는 각 업체 홈페이지에서 이뤄진다. 투자를 하기 위해서는 미리 홈페이지에 회원 가입을 해야 한다. 업체는 대개 하루나 이틀 전에 미리 상품에 대한 정보를 제공하고 투자 오픈 시각을 예고하는데 투자자들은 그 시각에 맞춰 홈페이지에 접속해 원하는 투자액만큼 참여한다. 투자 금액은 투자자가 정하기 나름이지만 업체들마다 투자액 하한선을 정해두고 있다. 이를테면 부동산 P2P 1위 업체인 테라펀딩의 최소 투자 금액은 10만 원이다. 부동산 P2P 상품을 취급하는 업체로는 테라펀딩 외에도 위펀딩, 루프펀딩, 빌리, 8퍼센트 등이 있다.

지금까지는 부동산 P2P 투자의 장점과 방법 등에 대해서 주로 소개했다. 여기까지만 읽으면 지금 당장 P2P 업체에 가입해 투자를 해야만 할 것 같다. 하지만 세상에 공짜는 없다. 부동산 P2P 상품은 기본적으로 담보를 설정하기 때문에 투자 원금을 전부 까먹을 가능성은 낮지만 원금을 보장해주는 상품이 아니라는 점을 반드시 명심해야 한다.

부동산 P2P 투자 시에는 우선 상품을 만드는 업체가 신뢰할만한지를 따져봐야 한다. 금융감독원의 등록 통합조회 시스템을 이용해 등록 업체인지 확인한 뒤 투자를 결정해야 한다. 또 한국P2P금융협회에 정식으로 가입한 업체인지도 확인해야 한다. 협회에 가입하기 위해서는 P2P 업체 내부 사안 및 사업 방향 등의 심사를 통과해야 하고, 협회 가입 후에도 주기적으로 업체의 대출 누적액과 부실률 등 자사 정보를 공개해야 하기 때문에 어느 정도 신뢰할 수 있다. 수익률이 과도하게 높거나 장밋빛 투자 전망을 제시하는 상품도 조심해야 한다. 하이 리스크, 하이 리턴high risk, high return이라는 말이 있다. 높은 수익률은 그만큼 큰 위험을 수반한다.

부동산 P2P 상품의 기초자산인 부동산 사업에 대해 꼼꼼히 확인하는 것도 필수다. 해당 사업장이 건축허가를 받은 상태인지, 대출 연체나 부실 상황에서도 상환 가능한 담보가 있는지 등을 반드시 확인하고 투자해야 한다. 부동산 PF의 경우 정상적으로 건축과 분양이 돼야 담보가 생성되기 때문에 투자 결정시 담보권 정도, 선·후순위 여부, 건축물 대상지역 등을 확인하고 P2P업체가 공사 진행 상황을 홈페이지에 공시하는 업체인지 알아봐야 한다. 제대로 공사가 진행됐더라도 부동산 경기 하락 시 담보물의 가치가 감소할 수도 있다. 그밖에 과도한 보상 제공 및 이벤트 업체는 피하는 게 좋다.

특히 최근 대출 상환일이 도래하면서 일부 업체의 연체율과 부실률이 높아지고 있어 우려를 낳고 있다. 금융감독원은 최근 P2P업체의 부동산 대출 연체율과 부실률을 합치면 17.3%로 매우 높게 나타났다며 투자자들에 P2P 부동산 대출에 대한 주의를 당부했다. 연체율은 30일 이상, 90일 이하 연체된 비율을 말하며 부실률은 90일 이상 연체된 비율을 말한다. 특히 P2P업체 10곳 중 1곳은 연체율과 부실률을 공개하지 않는 것으로 나타나 투자에 유의해야 한다. 또 P2P업체를 결정할 때는 누적 대출액보다 누적 상환액과 상환율을 살펴봐야 한다. 아직 대출 만기가 도래하지 않아 연체·부실률이 잡히지 않은 곳도 많기 때문이다.

대부분의 업체가 홍보와 투자자 모집 광고에는 적극적이지만 연체 발생 공지 등에는 소극적인 행태를 보인다는 점도 감안해야 한다. 최근에는 실제 P2P 회사의 부도로 투자자들이 손해를 보는 일이 빈번하게 발생하고 있다. 최근 헤라펀딩이 135억 원 상당의 대출 잔액을 남겨두고 부도가 났으며, 2017년 말에는 연체율이 90%에 육박했던 펀듀의 사업장이 폐쇄된 뒤 대표가 잠적했다. 사고가 잇따르면서 P2P 업체에 대한 신뢰도도 크게 추락하고 있다. 사고를 일으킨 업체들뿐만 아니라 P2P 업계 전체에 대한 이미지가 나빠지면서 P2P 업계가 존립마저 위태로운 상황이다.

사상 최고로 불어난 유동자금은 어디로 갈까

앞서 언급한 로또 아파트, 가상화폐, 중소형 빌딩, 강남 아파트, 오피스텔, 분양권, 갭투자, 부동산 P2P는 최근 몇 년간 투자자들의 마음을 홀린 대표적인 투자처다. 이들 투자 상품들은 조금 과장하면 하루도 빠짐없이 언론에 보도됐다. 그만큼 사람들의 관심이 높았다는 뜻이다.

저금리 시대가 장기화되면서 갈 곳 없는 자금들은 높은 수익률이 기대되는 투자처로 불나방처럼 몰려들었다. 한국은행에 따르면 2017년 2월 단기부동자금(6개월 미만 정기예금, 수시입출식 저축성예금, MMF, CMA, 요구불예금, 양도성예금증서, 환매조건부 채권 등의 합계)은 사상 처음으로 1,000조 원을 돌파하는 등 역대 최대 수준을 기록하고 있다. 역대 최고로 불어난 자금들이 투자처를 찾아 몰려들 때 마다 어김없이 과열 현상이 나타났다. 정부도 가만있지 않았다. 부동산 시장에서 과열 현상이 나타날 때마다 투기 세력들이 시장을 어지럽히고 실수요자들에게 피해를 입히는 것을 막기 위해 고강도 규제 카드를 계속해서 꺼내 들었다.

다만 정부의 규제 카드가 늘 효과적으로 작동하진 않았다. 특히 강남 부동산 시장의 경우 정부가 규제를 강화할수록 오히려 가격이 치솟는 현상이 나타났다. 정부의 규제가 시장에 강남 주택 공급 부족이라는 신호를 주면서 오히려 강남 아파트의 가치를 끌어올렸기 때문이다. 정부의 규제가 제대로 작동하기에는 유동성이 너무 많은 것도 문제였다. 문재인 정부가 다주택자에 대한 규제를 강화하자 오히려 돈이 되는 강남 지역에 위치한 아파트에 돈이 몰리면서 강남 아파트값이 급등했기 때문이다. 이 과정에서 '똘똘한 한 채'라는 신조어도 등장했다.

한쪽을 막으면 다른 한 쪽으로 투자자들이 몰리는 풍선효과도 문제였다. 정부가 서울 주택 시장을 규제하면 부산이나 대구 등 지방 주택 시장이 과열되고, 아파트 시장에 대한 규제를 강화하면 오피스텔로 투자자들이 몰리고, 강남 재건축 시장을 규제하면 강북 재개발 시장이 들썩이는 식이었다.

사실 투자자들이 높은 수익률을 쫓는 것은 자연스러운 현상이다. 지금의 로또 아파트, 가상화폐 열풍 이전에는 주가연계증권ELS, 파생결합증권DLS과 같은 금융상품들이 '국민 재테크'라 불리며 각광을 받던 시기도 있었다. 또 최근 몇 년간 국내 주식 수익률이 저조하면서 해외 주식 투자에 대한 관심이 높아지기도 했다. 최근 투자자들이 부동산 시장에 몰려드는 것도 마땅한 투자처를 찾기 어려운 가운데 부동산 투자 기대수익률이 높기 때문이다.

리츠도 이 같은 투자자들의 투자 수요를 충족시켜줄 수 있는 투자 상품 중에 하나다. 다만 아직까지 대부분의 사람들에게는 리츠라는 단어조차 생소하게 들릴 것이다. 이는 한국에서 리츠라는 금융 상품이 아직까지 대중화되어 있지 않기 때문이다. 아마도 이 글을 읽고 있는 독자들 대부분은 아직까지 리츠 투자 경험이 없을 것이다. 그럼에도 불구하고 필자가 지금 이 시점에 리츠를 소개하고자 하는 것은 앞으로 개인들이 투자할 수 있는 리츠 상품이 늘어나고, 새로운 투자처로 각광 받을 것으로 예상하기 때문이다. 특히 최근 저성장 기조가 심화되면서 과도한 시세 차익이 아닌 임대수익의 중요성이 갈수록 높아지고 있다. 리츠는 이 같은 새로운 시대에 알맞은 투자상품이 될 것으로 예상한다.

2장

리츠로
큰손들의
부동산 투자
따라잡기

'리츠REITs'는 간단히 말해 개인투자자들이 소액으로 대형 부동산에 투자할 수 있도록 만든 금융 상품이다. 투자자들이 직접 투자대상을 사는 것이 아니라 리츠 자산관리회사AMC·Asset Management Company들이 만든 상품에 투자하기 때문에 부동산간접투자 상품이라고 부른다.

주식을 예로 들면 이해하기 쉽다. 삼성전자 주식을 산다고 할 때 홈트레이딩시스템HTS을 통해 직접 살 수도 있지만 삼성전자를 편입하고 있는 펀드에 가입하는 방법도 있다. 리츠는 후자의 방식으로 부동산에 투자하는 것을 말한다.

사실 지금까지 개인투자자들에게 부동산간접투자 시장은 불모지나 마찬가지였다. 개인들이 투자할 수 있는 상품이 극히 드물었기 때문이다. 하지만 최근 들어 그간 큰손들의 전유물이나 다름없던 리츠와 부동산펀드를 통한 부동산간접투자 기회가 개인들에게도 조금씩 열리고 있다.

최근 국민연금, 교직원공제회, 공무원연금 등 자산규모가 수십조 원에서 수백조 원에 달하는 국내 기관투자자들이 국내외 대형 부동산에 투자한다는 기사가 셀 수도 없이 많이 쏟아지고 있다. 저성장, 저금리 기조가 길어지면서 큰손들이 주식이나 채권과 같은 전통적인 투자 상품뿐만 아니라 대체투자Alternative investment [12]를 확대하고 있기 때문이다.

대체투자란 부동산이나 인프라(사회간접자본), 원자재, 항공기 등에 투자하는 것을 말한다. 투자대상과 전략에 따라 다르지만 통상 연 5% 이상의 수익을 추구한다. 주식보다는 안정적이며 채권보다는 높은 수익을 거둘 수 있어 투자자들의 관심이 높아지고 있다.

참고로 2018년 2월 말 기준 623조 원 규모의 자금을 굴리는 국민연금의 지난 2015~2017년 연 수익률은 5.61% 수준이며, 자산 별로 보면 국내 주식은 11.58%, 국내 채권은 2.17%, 대체투자는 8.51%를 기록했다. 또 2017년 말 기준 국민연금 전체 자산운용 규모에서 대체투자가 차지하는 비중은 11.9%이며, 부동산은 4.6%를

---

[12] 국내를 대표하는 큰손인 국민연금이 대체투자를 시작한 건 2000년대 초반이다. 2002년부터 국내 대체투자를 시작했으며, 2005년부터 해외 대체투자를 시작했다. 최근에는 국민연금뿐만 아니라 교직원공제회, 사학연금, 공무원연금, 군인공제회, 지방행정공제회, 주택도시기금 등 대부분의 기관들이 대체투자를 크게 확대하고 있다. 특히 대체투자 중에서도 부동산 투자가 빠르게 늘어나고 있다.

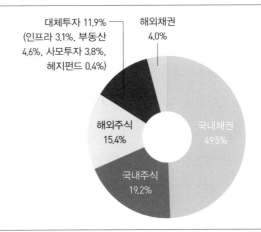

국민연금의 자산 배분 현황

대체투자 11.9%
(인프라 3.1%, 부동산
4.6%, 사모투자 3.8%,
헤지펀드 0.4%)

해외채권
4.0%

해외주식
15.4%

국내채권
49.5%

국내주식
19.2%

*2017년 말 기준

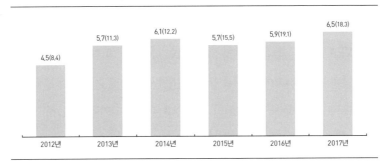

국민연금의 부동산 투자 증가 추이(단위: 조 원)

4.5(8.4) 5.7(11.3) 6.1(12.2) 5.7(15.5) 5.9(19.1) 6.5(18.3)

2012년 2013년 2014년 2015년 2016년 2017년

*괄호 안은 해외 부동산 투자 규모

차지하고 있다. 2012년 국민연금의 부동산 투자는 국내 4.5조 원과 해외 8.4조 원을 합쳐 12.9조 원 규모였으나 2017년에는 국내 6.5조 원과 해외 18.3조 원을 합쳐 24.8조 원 규모로 성장했다.

특히 최근에는 국민연금을 비롯한 국내 기관들의 해외 부동산 투자 규모가 빠른 속도로 증가하고 있다. 국내에는 투자대상이 많지 않아 해외로 눈길을 돌리고 있는 것이다. 국내 기관들이 미국, 영국, 독일, 호주 등 전 세계 부동산 시장으로 투자처를 확대하면서 해외 시장에서의 영향력이 빠르게 커지고 있다. 뉴욕, 워싱턴, 런던, 파리, 프랑크푸르트 등 각 나라를 대표하는 도심 한복판에 한국 투자자들이 투자한 건물들이 셀 수 없을 정도로 많아졌다.

미국 경제지 월스트리트저널WSJ에서 최근 국내 기관투자가들을 미국 상업용 부동산 시장의 큰손으로 조명하는 기사를 냈을 정도다. 이 같은 해외투자 증가세는 숫자로도 뚜렷하게 확인된다. 금융투자협회에 따르면 2017년 말 기준 해외 사모 부동산펀드 자산규모는 28조 4,953억 원(설정원본 기준)으로 5년 전인 2012년 말의 3조 3,385억 원에 비해 8배 이상 이상 커졌으며, 현재도 이 같은 추세가 계속되고 있다. 국내 투자자들의 해외 부동산 투자가 증가하면서 금융기관들이 현지에 사무소를 마련하는 사례도 늘고 있다. 한 예로 대신증권은 최근 미국 현지 법인 '대신 아메리카'를 설립하고, 부동산을 비롯해 실물자산 발굴에 나선다고 밝혔다.

부동산 시장으로 몰려드는 글로벌 큰손들

이 같은 현상이 우리나라에서만 나타나는 것은 아니다. 부동산 투자를 늘리는 것은 해외 큰손들도 마찬가지다. 싱가포르투자청GIC을 비롯해 캘리포니아 공무원 퇴직연금CalPERS, 네덜란드연기금APG, 노르웨이국부펀드GPFG, 중국투자공사CIC 등 전 세계 주요 연기금과 국부펀드들이 부동산을 비롯한 대체투자 규모를 크게 늘려가고 있다. 그간 부동산 투자를 하지 않았던 일본 연기금들도 최근 투자를 시작했다.

자산규모가 1,500조 원이 넘는 세계 최대의 연기금인 일본 공적연금펀드GPIF는 2017년 미국·영국 등 선진국을 중심으로 부동산 투자를 시작하면서, 전체 자산 중 약 5%를 부동산을 비롯한 대체투자에 배분하겠다고 밝혔다. 또 GPIF에 앞서 일본 우정국 산하 자회사인 일본 우체국은행Japan Post Bank도 부동산 투자를 시작한다고 발표했다.

여기에 블랙스톤, 모건스탠리, 브룩필드, 콜버그크래비스로버츠KKR 등의 글로벌 자산운용사들도 최근 부동산을 비롯한 대체투자를 확대하고 있다. 시장조사업체 프리킨Preqin에 따르면 2018년 초 자금을 모집하고 있는 부동산 사모펀드PEF는 573개로 2010년 (394개)에 비해 45.4% 증가했으며, 같은 기간 동안 총자금 모집규모도 1,760억 달러에서 1,910억 달러로 8.5% 늘었다.

특히 최근 글로벌 투자자들은 한국 부동산 시장에 대한 투자 비중도 높여가고 있는 추세다. 실제 도심이나 여의도, 강남 등 주요 업무지구에 위치한 대형 빌딩 중에는 국내와 해외 기관투자자들이 소유한 건물이 많다. 싱가포르계 투자자인 알파인베스트먼트가 투

외국계 투자자들의 국내 부동산 투자 사례

외국계 투자자	투자 대상
싱가포르투자청	서울파이낸스센터, 강남파이낸스센터, 광화문 금호아시아나 사옥, 디큐브시티 백화점 등
알파인베스트먼트	종로타워, 서울스퀘어, 센터플레이스 등
블랙스톤	아크플레이스(옛 캐피탈타워), 안성(코어로지스)·용인(에이블로지스) 물류센터
브룩필드	여의도 국제금융센터(IFC)
모건스탠리	수송스퀘어(옛 수송타워), 청휘빌딩, TJ물류센터 등
KKR	광화문 더케이트윈타워, 평택 물류센터 개발사업 등
안젤로고든	KB국민은행 명동 사옥(향후 리테일, 호텔 등으로 개발), 엘루이호텔(고급 주거시설로 개발), 메트로빌딩 등
SC PE(현 액티스캐피털)	문래동 영시티 개발사업, 인천 아라뱃길 스카이박스 물류센터 개발사업, 서울 관훈동 호텔·리테일 개발사업 등

자한 '종로타워'와 '서울스퀘어', 싱가포르투자청이 투자한 '서울파이낸스센터SFC'와 '강남파이낸스센터GFC', 브룩필드자산운용이 투자한 '여의도 국제금융센터IFC'등 이름만 들어도 알 법한 대형 오피스 빌딩들이 해외 큰손들의 소유다.

특히 글로벌 1, 2위를 다투는 브룩필드와 블랙스톤은 최근 한국 투자를 더 확대할 움직임을 보이고 있다. 블랙스톤은 최근 70억 달러(약 7조4,500억 원) 규모의 '블랙스톤리얼 에스테이트파트너스BREP 아시아 II' 자금 모집을 마쳤다.[13] 또 캐나다의 대체투자 운용사 브룩필드도 한국에서 보폭을 넓히고 있다. 브룩필드 한국사무소는 그간 한국 기관투자들의 해외투자를 주선하는 역할을 해왔으나 최근 한국 부동산에 투자하는 책임자를 선임했다.

상업용 부동산 정보제공 업체인 리얼캐피털애널리틱스(RCA)에 따르면 지난 2017년 한국의 상업용 부동산 거래 규모는 전년 대비 7% 증가한 143억 달러로 아시아태평양 지역 국가 중에서 중국, 일본, 호주, 홍콩, 싱가포르에 이어 5위를 기록했다. 특히 전통적으로 기관들이 선호했던 지역인 중국(-6%), 호주(-10%)의 거래 규모가 줄고 일본(3%)의 증가세가 주춤한 반면 한국은 상대적으로 거래가 크게 늘었다. 이 같은 흐름은 지난 2~3년간 계속되고 있으며, 글로벌 큰손들이 아시아 지역에서 중국이나 일본, 호주를 대체할 수 있는 시장으로 한국을 눈여겨 보고 있기 때문으로 풀이된다.

또한 국내 기관들이 해외에서 오피스뿐만 아니라 물류센터 등 투자처를 다변화하고 있는 것과 마찬가지로 해외 기관들도 최근 들어 서울 주요 업무지구의 오피스 빌딩뿐만 아니라 물류센터 등으로 투자처를 확대하고 있다.

앞으로 이 같은 대형 빌딩들을 국내외 기관들이 소유하는 사례는 더 늘어날 것으로 보인다. 지금까지 부동산에 투자를 하지 않았던 큰손들도 부동산 투자에 뛰어들고 있는 데다 새로운 외국계 투

---

13 BREP 아시아 II는 연 20% 이상의 고수익을 추구하는 오퍼튜니티 펀드로, 아시아 부동산에 투자하는 펀드 중 최대 규모. 블랙스톤은 지난 2016년부터 한국 상업용 부동산에 대한 투자 기회를 적극적으로 노리고 있다. 서울 강남구 역삼동 캐피탈타워(현 아크플레이스)를 4,500억 원에 인수하며 국내 투자에 나섰고 경기 안성과 용인의 물류센터 2개를 사들였다. 여의도 IFC나 청계천 시그니처타워, 싱가포르투자청(GIC)의 물류센터 포트폴리오, 종각역 인근 센트로폴리스 입찰에도 참여했다.

자자들이 계속해서 한국에 관심을 나타내고 있기 때문이다. 한 예로 국토교통부가 운용하는 주택도시기금도 지난 2016년부터 부동산 투자를 시작한 이후 청계천변에 위치한 시그니처타워, 광화문에 위치한 센터포인트, 여의도 국제금융센터에 투자하는 등 빠르게 투자를 늘려가고 있다. 또 그간 선진국 부동산 시장 위주로 투자를 했던 말레이시아 근로자공제기금EPF-Employees Provident Fund도 지난 2017년부터 국내 부동산에 투자하기 시작했다.

이처럼 하루가 멀다 하고 큰손들의 대형 부동산 투자 관련 기사가 쏟아지다 보니 독자들로부터 관련 내용을 문의하는 이메일을 많이 받는다. 국민연금이나 싱가포르투자청이 하는 것처럼 본인들도 대형 부동산에 투자하고 싶다며 방법을 알려달라는 내용이 주를 이룬다. 안타깝게도 그 동안은 개인이 대형 부동산에 투자할 수 있는 방법이 많지 않았다. 기관들을 제외하고는 수천억 원에서 수조 원에 달하는 대형 오피스 빌딩을 혼자서 살 수 있는 사람은 많지 않다. 따라서 개인들이 대형 부동산에 투자하기 위해서는 여러 사람이 돈을 모아서 투자할 수 있는 간접투자 상품이 발달해야 하는데 아직까지 한국에는 그러한 상품들이 흔치 않았기 때문이다.

다시 돌아온 외국계 큰손들: 모건스탠리와 PGIM

한때 한국 부동산 투자 시장을 떠난 외국계 투자자들이 있었다. 애초 기대했던 만큼 성과를 거두지 못하거나 큰손실을 입었기 때문이다. 모건스탠리가 대표적이다. 모건스탠리는 지난 2010년 서울스퀘어(옛 대우센터빌딩) 매각을 끝으로 한국 상업용 부동산 시장에서 철수했다. 그랬던 모건스탠리가 최근 약 6년 만에 다시 투자를 시작했다.

모건스탠리는 제일모직이 사옥으로 사용했던 서울 종로구 수송동 '수송스퀘어(옛 수송타워)'인수를 시작으로 한국으로 귀환했다. 이후 다수의 부동산에 투자를 하면서 존재감을 나타내고 있는 중이다. 또 프루덴셜파이낸셜그룹의 부동산투자회사인 'PGIM(옛 프라메리카)'도 지난 2017년 약 5년여 만에 다시 한국 부동산을 사들였다. PGIM이 투자한 자산은 서울역 인근(중구 남대문로 5가)에 위치한 'T타워'다. 공실이 많아 가치가 떨어진 자산을 낮은 가격에 사들여 자산 가치를 높여 되팔 생각이다. PGIM은 2000년대 초반부터 한국 부동산에 적극적으로 투자한 외국계 회사다. 지난 2001년 서울 중구 순화동에 위치한 에이스타워(옛 삼도빌딩)를 시작으로 게이트웨이타워·프루덴셜타워·캐피탈타워 등의 오피스 빌딩을 사들였다. 다만 2011년 광화문에 위치한 트윈트리를 끝으로 한국 부동산을 사들이지 않았다.

모건스탠리나 PGIM이 다시 한국 투자를 시작하는 것은 최근 아시아 지역에 투자할 수 있는 자금이 많이 조성된 데다 수익률과 포트

'개인-기관' 돈의 경계가 사라진다

지금까지 한국인들의 부동산 투자는 직접투자 방식이 일반적이었다. 개인투자자들은 대부분 아파트, 오피스텔, 상가 등을 직접 사들이는 방식으로 부동산에 투자했다. 부동산간접투자 상품이 활성화되어 있지 않았기 때문이다. 또한 2000년대 초중반에 출시된 부동산간접투자 상품은 주로 리스크가 큰 개발사업에 투자하는 경우가 많았는데 지난 2008년 글로벌 금융위기 이후 수익률이 크게 하락하면서 투자자들로부터 신뢰를 잃고 외면 받았다.

부동산자산운용사들도 개인투자자들이 투자할 수 있는 상품을 내놓는 데 적극적이지 않았다. 기관투자자에 비해 개인투자자들로부터 자금을 모으기가 까다롭고, 개인들의 경우 투자 상품에 대한 이해도가 상대적으로 낮아 잘못하다가는 각종 민원에 시달릴 수 있기 때문이다. 이 때문에 그간 부동산간접투자 시장은 '그들(기관투자자)만의 리그', '(개인투자자에겐) 그림의 떡'이라는 비판을 받기도 했다.

하지만 최근 저성장, 저금리 기조 고착화로 중위험, 중수익 상품에 대한 관심이 높아지면서 부동산간접투자 상품에 대한 관심이 다시 높아지고 있다. 개인들이 투자할 수 있는 부동산간접투자 상품은 크게 '리츠'와 '부동산펀드'가 있다.

부동산펀드와 리츠는 한동안 명맥이 끊겼다가 최근 들어 다시 신규 상품이 출시되기 시작했는데, 그 가능성은 2~3년 전부터 싹을 틔웠다. 당시부터 그간 기관투자자의 영역으로만 여겨졌던 부동산간접투자 시장에 개인투자자들이 참여하는 경우가 늘어나기 시작했다. 부동산자산운용사인 이지스자산운용은 2016년 서울 종로구 인사동에 위치한 상업시설 '쌈지길'의 투자자를 모집하면서 기관투자자뿐만 아니라 증권사인 신한금융투자를 통해 개인 고액자산가들로부터도 250억 원의 자금을 모았다. 최소 가입금액은 3억 원이었다. 또 마스턴 투자운용은 2016년 초 서울 중구에 위치한 동화빌딩에 투자하는 리츠 상품을 만들면서 기관투자자는 물론 은행과 증권사 PB를 통해 개인투자자를 모으기도 했다.[14] 부동산간접투자 시장에서 개인과 기관 간의 경계가 조금씩 무너져 내리기 시작한 시기다.

물론 그전까지 개인들이 투자할 수 있는 상품들이 전혀 없었던 것은 아니다. 이를테면 경매정보제공업체인 지지옥션이 설립한 지지자산운용은 작게는 수십억 원 규모에서 500억 원 미만 규모의 자

---

14 그간 기관투자자를 중심으로 투자자를 모았던 부동산자산운용사들이 개인투자자들에게 눈길을 돌린 것은 지난 2015년 10월 자본시장법 개정 이후 신규 자산운용사가 대거 설립되고 부동산자산운용 시장의 경쟁이 치열해지면서 투자자를 다변화할 필요성이 커졌기 때문이기도 하다. 기관 투자자금은 한정적인 데 반해 운용사 수는 계속 증가하면서 투자자의 다양성을 기할 수밖에 없는 상황이 벌어진 것이다. 물론 자본시장법 개정 이후 생겨난 사모펀드 운용사들이 바로 공모 상품을 만들 수 있는 것은 아니지만 기존 운용사 중에서 공모 상품을 키우려는 움직임이 나타나고 있다.

인사동에 위치한 쌈지길

산에 주로 투자한다. 투자자 모집이 49인 이하로 제한된 사모펀드의 특성을 고려해 개인 고액자산가들이 투자할 수 있는 상품을 만들기 위해서다. 지지자산운용은 주로 5억~10억 원 정도를 투자할 수 있는 고액자산가들을 대상으로 상품을 만들고 있으며, 최소 1억 원 이상이면 투자가 가능하다.

　개인들도 투자할 수 있는 부동산간접투자 시장의 발달은 여러 긍정적인 효과를 가져올 수 있다. 우선 개인들의 부동산 투자는 주로 아파트에 직접 투자하는 경우가 많은데 이 때문에 여러 부작용이 발생한다. 당장 최근만 하더라도 시중에 넘쳐나는 유동성이 주택 시장으로 흘러들면서 주택 가격이 치솟고, 신규 분양 시장의 청약경쟁이 심해져 실수요자들이 내 집 마련에 어려움을 겪는 경우가 발생했다. 또한 사람들이 한 채에 수억 원에 달하는 아파트에 투자하기 위해 대출을 받으면서 가계부채가 급격하게 불어나는 부작용도 나타났다.

이 때문에 최근 정부에서도 부동산간접투자 상품 활성화를 통해 주택시장 과열과 가계부채 증가를 막으려는 움직임을 보이고 있다. 정부는 지난 2017년 10월 24일 '가계부채 종합대책'을 발표하면서 공모형 부동산간접투자 상품 활성화 방안을 내놓았다. 당시 김동연 부총리 겸 기획재정부 장관은 "리츠 공모 활성화 등으로 부동산에 대한 직접투자 유인을 낮춰가겠다"고 강조한 바 있다. 정부는 구체적으로 리츠의 공모 의무를 강화하고, 리츠 상장 규정을 완화하는 방안 등을 추진하고 있다. 부동산자산운용 업계와 정부의 이 같은 움직임을 고려하면 앞으로 개인들도 투자할 수 있는 공모형 부동산간접투자 시장이 크게 활성화될 가능성이 높다.

부동산펀드와 리츠의 차이[15]

여기선 부동산펀드와 리츠가 무엇이고, 어떤 차이가 있는지 간단하게 언급하고 넘어가려 한다.

---

15 부동산펀드와 리츠가 한국에 도입된 것은 그리 오래되지 않았다. 먼저 등장한 것은 리츠다. 리츠는 2001년 4월 '부동산투자회사법'이 제정되면서 도입됐다. 이후 2004년 '간접투자자산 운용업법'상의 부동산펀드가 도입됐다.

먼저 부동산펀드는 주식형 펀드나 채권형 펀드를 생각하면 이해하기 쉽다. '펀드Fund'란 간단히 말해 여러 사람의 돈을 모아 전문가가 대신 투자하는 간접투자 상품을 말한다. 기본적인 구조는 자산운용사가 상품을 만들면 투자자는 은행이나 증권사 등 판매회사를 통해 펀드에 가입한다. 부동산펀드도 주식형 펀드나 채권형 펀드와 마찬가지로 전문가(운용사)에게 투자와 운용을 맡기는 구조이며, 차이라면 기초자산이 부동산일 뿐이다.

펀드에는 사모펀드와 공모펀드 두 가지가 있다. 사모펀드는 49명 이하의 소수의 투자자로부터 자금을 모아 투자하는 펀드이며, 최소 가입금액은 1억 원 이상이다. 이와 달리 공모 펀드는 일반적으로 불특정 다수로부터 자금을 모아 운용하며 최소 가입금액이 적다. 최근에 나오는 부동산 공모 펀드 상품 중에는 100만 원이면 가입할 수 있는 상품들도 있다. 앞으로 주로 이야기할 상품은 일반 개인투자자들도 소액으로 투자할 수 있는 공모형 부동산펀드다.

공모형 부동산펀드의 경우 개인투자자들을 대상으로 하기 때문에 금융당국의 인가가 보다 까다롭다. 아무나 만들 수 없다는 얘기다. 설립 기간과 운용 규모 등 일정 자격 요건을 갖춰야 한다. 미래에셋자산운용이나 하나대체투자자산운용, 이지스자산운용 등이 이에 해당한다. 금융당국은 지난 2015년 10월 자본시장법 개정을 통해 사모형 부동산펀드를 만들 수 있는 사모펀드 운용사 인가를 완화한 바 있다. 금융위원회는 2015년 10월 자본시장법을 개정해 사모펀드 운용사의 자기자본 요건을 기존 40억 원에서 20억 원으로

베트남 랜드마크 72

낮췄다.

이와 달리 개인이 투자하는 공모형 상품에 대해서는 보다 엄격하게 다루고 있다. 일례로 미래에셋증권이 2016년 7월 이틀 만에 2,500억 원어치를 팔아 치우며 크게 흥행한 '베트남 랜드마크 72 오피스빌딩 자산유동화증권ABS'은 무늬만 사모상품이라는 논란에 휩싸이면서 금융감독원으로부터 징계를 받았다. 사모상품은 원래 개인투자자 49명까지만 모을 수 있지만 미래에셋증권은 페이퍼컴퍼니

(서류상 회사)인 특수목적회사_{SPC}를 15개나 만들어 실제로는 개인투자자 500여 명에게 판매했기 때문이다. 이에 금융감독원은 미래에셋증권에 20억 원의 과징금을 물리기도 했다.

대부분의 부동산펀드는 폐쇄형이다. 통상적으로 만기가 3~7년 정도이며, 만기 때까지 환매가 어렵다. 이 같이 유동화가 어렵다는 단점 때문에 금융당국은 중도 환매를 원하는 투자자 보호를 위해 펀드 설정 후 90일 이내에 한국거래소에 의무 상장하도록 하고 있지만 거래는 거의 일어나지 않는다. 실제 상장 후 한 번도 거래가 일어나지 않는 경우가 많다.

일부 증권사는 홈트레이딩시스템_{HTS}과 모바일트레이딩시스템_{MTS} 등 거래시스템에 부동산펀드를 등록조차 하지 않아 논란이 되기도 했다. 이처럼 부동산펀드는 상장이 되더라도 사실상 거래가 되지 않기 때문에 운용 기간 동안 환매가 어렵다는 점을 고려하고 투자를 해야 한다.

수수료는 다소 높다. 부동산펀드의 경우 일반적으로 최초 가입 시에 선취수수료를 내고, 운용기간 동안 매년 운용 수수료를 내는 구조다. 은행이나 증권사 등 판매사가 떼가는 선취 판매 수수료가 2% 안팎이며, 운용사가 떼가는 매입수수료는 1~1.5%, 펀드운용 수수료는 연 0.5% 안팎이다. 또 주식형 펀드나 채권형 펀드와 마찬가지로 배당 수익에 대해서는 15.4%의 소득세도 물어야 한다.

이처럼 부동산펀드는 여러 가지 단점에도 불구하고 최근 인기가 높아지고 있다. 0.1%의 수익률에 목마른 저금리 시대에 연

5~6%의 수익률을 제시하며 투자자를 유혹하고 있기 때문이다. 금융당국도 실물자산 투자펀드 활성화에 적극적이다. 금융위원회는 2017년 5월 개인투자자의 실물자산 간접투자 활성화를 위해 부동산이나 사회간접자본soc 등 실물자산 투자에 특화된 공사모펀드에 투자하는 공모 재간접펀드 제도를 도입한 바 있다.

참고로 한때 국민 재테크 수단으로 불리기도 했던 주식형 펀드의 인기는 예전만 못하다. 그간 펀드 수익률 성적표가 영 신통치 않았기 때문이다. 실제 최근 들어 주식형 펀드에서 자금이 많이 빠져나가고 있다. 금융투자협회에 따르면 2017년 말 기준 주식형 펀드 설정액은 77조 8,762억 원으로 전체 펀드 설정액(499조 4,608억 원) 중 15.59%를 차지했다. 이는 2006년 19.8%를 차지한 이래 가장 낮은 수치다.

주식형 펀드 설정액은 지난 2006년 46조 원 수준이었으나 2007년 116조 원, 2008년 140조 원 규모로 급격하게 불어났다. 당시는 미래에셋자산운용이 내놓은 '박현주펀드'가 인기를 끌던 시기이기도 하다. 하지만 리만브라더스 사태로 글로벌 금융위기가 오면서 주식형 펀드에서 자금이 빠져나가기 시작했다. 2012년 주식형 펀드 설정액은 94조 원으로 2007년 이후 5년 만에 100조 원 밑으로 떨어졌으며, 이후에도 주식형 펀드의 수익률이 부진하면서 투자자들이 계속해서 빠져나갔다.

반면 부동산펀드의 설정액은 지난 2017년 말 기준 59조 8,046억 원을 기록해 역대 최대치로 집계됐다. 전체 펀드에서 차지

주식형 펀드 설정 추이(단위 : 억 원, %)

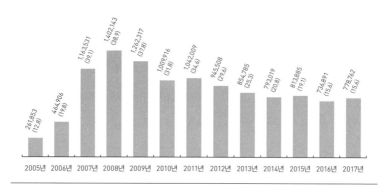

* 괄호 안은 주식형펀드 비중

출처: 금융투자협회

부동산펀드 설정 추이(단위 : 억 원, %)

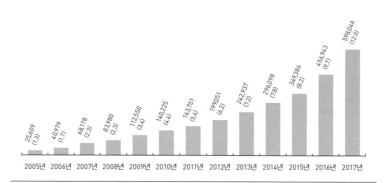

* 괄호 안은 부동산펀드 비중

출처: 금융투자협회

하는 비중도 처음으로 10%를 넘어 12%를 기록했다. 부동산펀드는
2012년 말 20조 원 수준이었으나 5년 만에 3배나 커졌다.

리츠REITs는 'Real Estate Investment Trusts'의 약자다. 통상적으

리츠로 은퇴월급 만들기

로 '부동산투자회사'라고 부르는데 여러 사람들이 십시일반으로 돈을 모아 대형 부동산에 투자한다는 점은 부동산펀드와 같다. 구체적으로 리츠는 총 자산의 70% 이상을 부동산에 투자하고, 90% 이상을 배당하도록 의무화되어 있다. 부동산펀드와 가장 큰 차이점은 유동화가 쉽다는 점이다.

리츠의 경우 기본적으로 거래소 상장을 전제로 한다. 리츠 상품이 발달한 미국이나 호주, 싱가포르 등의 국가들도 리츠가 거래소에 주식으로 상장되어 있어 개인투자자들이 쉽게 사고 팔 수 있다. 부동산 공모펀드는 일반 거래소 상장이 아닌 수익증권 상장 방식을 취하고 있어, 개인 고객들이 사고팔기 어렵지만 리츠는 상장이 되면 일반적인 상장회사 주식과 똑같은 방식으로 사고 팔 수 있다는 점이 가장 큰 장점이다.

한국의 경우 부동산펀드와 리츠를 감독하는 주무 부처도 다르다. 부동산펀드는 금융감독원이 관할하고 있는 반면 리츠는 국토교통부가 맡고 있다. 이 때문에 실제로 부동산펀드와 리츠는 사실상 동일한 구조와 같은 성격의 집합투자기구이지만 부동산펀드는 금융상품으로 간주돼 상장 절차가 간단하다. 반면 리츠는 일반 회사에 준하는 상장 절차를 밟아야 한다. 리츠는 부동산펀드에 비해 자기자본 기준이 까다로울 뿐만 아니라 경영 성과, 감사인 의견 등 부동산펀드 상장에는 필요하지 않는 기준을 적용 받기도 한다.

6년 만에 돌아온
공모형 부동산펀드의 화려한 부활

최근 저금리 기조 속에서 투자자들을 먼저 사로잡은 것은 부동산펀드다. 리츠에 비해 부동산펀드는 개인투자자를 모집하는 것이 상대적으로 수월하기 때문이다.

　　지난 2016년 7월 한국투자증권은 하나자산운용[16]이 운용하는 '하나그랜드티마크부동산펀드 1호'를 일반인들에게 판매했다. 국내 대형 부동산에 투자하는 공모형 상품이 출시된 것은 2010년 12월 이후 6년 만이었다. 하나그랜드티마크부동산펀드 1호는 서울 명동에 위치한 '티마크 그랜드 호텔'을 기초자산으로 하는 부동산펀드 상품으로, 개인투자자들로부터 600억 원을 공모했다. 오랜만에 등

16　하나자산운용은 2017년 11월 하나대체투자자산운용으로 사명을 변경했다.

구분	리츠(부동산투자회사)	부동산펀드
형태	주식 → 영속성	수익증권 → 비영속성
진입규제	인가시 사업성평가 실시 (예비인가→본인가, 3개월가량 소요)	등록신청서 제출
	자산관리회사인가(위탁) (자본금 70억 원)	자산운용사 인가 (자본금 80억 원[공모]) (자본금 20억 원[사모])
	인가제 → 등록제(16.7.20시행) * 등록제는 사모리츠만 해당	등록제 → 사후보고제 (15.10.25시행) * 사모펀드만 해당
	전문인력 5인 이상	전문인력 3인 이상
출자한도	1인당 주식소유제한: 50% 금융기관 20% 이상 불가 (회사형)	제한 없음
공모의무	주식 총수의 30% 이상 공모	공모 의무 없음
주무부처	국토교통부	금융위원회
겸업유무	자산운용기관은 리츠 또는 부동산펀드 운용 겸업이 가능	

장한 공모형 부동산간접투자 상품에 대한 관심은 예상보다 훨씬 뜨거웠다. 판매 첫날 600억 원이 모두 팔렸으며, 가장 많은 물량인 300억 원을 판매한 한국투자증권은 판매 개시 1시간 만에 상품을 모두 팔아 치워 사람들을 깜짝 놀라게 했다.

하나그랜드티마크부동산펀드 1호가 성공하면서 공모형 부동산 펀드 상품에 대한 시장의 관심도 크게 높아졌다. 개인들도 소액으로 수백억 원에서 수천억 원대 대형 부동산에 투자할 수 있는 공모형 부동산간접투자 시장이 본격적으로 열리기 시작했다. 개인들이 부동산간접투자 상품에 관심을 가지고 있다는 사실이 증명됐기 때

하나그랜드티마크부동산펀드 1호 개요

운용사	하나자산운용
투자대상	티마크 그랜드 호텔 명동 (연면적 약 3만495.23㎡)
매입가	약 2,132억 원(공모펀드690억 원)
특징	최소보장 임대료 연 5.5%(5년만기 패쇄형)

하나랜드칩부동산투자신탁 1 상품 개요

운용사	하나자산운용(현 하나대체투자자산운용)
판매시기	2010년 12월
투자대상	서울시 영등포구 여의도동 '하나금융투자' 본사 사옥
모집금액	1,580억 원
수익률	연평균 배당수익률 7.4%

문이다. 이때부터 그간 주로 국민연금, 교직원공제회, 공무원연금 등 기관 투자가를 대상으로 자금을 모아 사모형 상품을 만들었던 운용사들이 공모형 상품을 잇달아 내놓기 시작했다.

참고로 하나자산운용이 6년 만에 출시한 '하나그랜드티마크부동산펀드 1호' 이전에 대표적인 공모형 부동산펀드로는 '하나랜드칩부동산투자신탁 1'이 있다. 하나랜드칩부동산투자신탁 1은 지난 2010년 12월 하나자산운용과 KEB하나은행이 서울 여의도에 위치한 하나금융투자 빌딩을 기초자산으로 해서 만든 부동산펀드인데 5년간 수익률이 무려 93.7%(5년 간 배당수익률과 매각 차익 포함)에 달했다.

여의도에 있는 하나금융투자 빌딩

애초 하나자산운용이 부동산펀드로 하나금융투자 빌딩을 매입한 가격은 2,870억 원이며, 이 중 대출을 제외하고 1,580억 원이 펀드로 설정됐다. KEB하나은행은 펀드 설정액 1,580억 원 가운데 845억 원을 개인에게 판매했다. 이후 지난 2015년 말 코람코자산신탁에 약 4,000억 원으로 매각되면서 977억 원에 달하는 매각차익을 거뒀다. 연평균 배당수익률은 7.4% 수준이었다. 주요 임차인인 하나금융투자와 하나금융그룹 계열사들이 전체 면적의 절반 이상을 사용하는 등 안정적인 임차인을 확보해 꾸준한 배당수익률을 올릴 수 있었다. 특히 이처럼 하나랜드칩 부동산투자신탁 1이 높은 수익률을 거둔 덕분에 코람코신탁도 개인들로부터 자금을 모집할 수 있었다. 코람코신탁은 하나자산운용으로부터 4,337억 원에 자산을 인수한 후 대출을 제외한 1,840억 원에 대한 투자자를 모집했으며, 이중 540억 원을 개인으로부터 모집했다. 기대수익률은 6% 초반 수준이다.

1호 공모 상장 펀드: 맵스리얼티1호

맵스리얼리티 1호에 담겨 있는 청계천변의 센터원 빌딩

공모형 부동산펀드 중에서 대중적으로 가장 잘 알려진 상품은 '맵스리얼티1호(미래에셋 맵스아시아퍼시픽 부동산공모 1호)'다. 맵스리얼티 1호는 지난 2007년 1월 유가증권시장에 상장됐다. 미래에셋대우 본사가 있는 서울 중구 수하동의 센터원 오피스 빌딩과 경기도 판교에 위치한 코트야드 메리어트 호텔, 분당에 위치한 미래에셋 플레이스(오피스)와 인도 및 브라질에 있는 자산에 투자하는 상품이다. 이중 센터원의 비중이 74%로 가장 높다. 2013년 3월부터 2018년 3월까지 이 상품의 5년 누적 수익률은 30.1%에 달한다.

참고로 부동산에 투자하는 것은 아니지만 부동산펀드와 유사한 성격의 상품도 거래소에 상장되어 있다. 맥쿼리신한 인프라스트럭쳐 자산운용이 만든 인프라 투자 펀드인 '맥쿼리인프라'다. 이 펀드는 인천국제공항 고속도로, 우면산터널, 서울춘천고속도로 등 정부가 발주한 10여 개 이상의 민자 사업에 투자했다.

자산운용사	미래에셋자산운용
펀드 최초 설정일	2007년 2월
수익률	30.10%(최근 5년, 2013년 3월~2018년 3월)
투자자산	을지로 센터원, 판교 미래에셋플레이스, 판교 코트야드 메리어트 호텔, 브라질 상파울루 호세베라 타워 등

업계 1위 이지스자산운용이
개인투자자를 찾는 까닭은

눈길을 끄는 점 중에 하나는 업계를 선도하는 대형 부동산자산운용사가 공모형 부동산간접투자 활성화에 앞장서고 있다는 점이다. 자산 운용 규모 기준 국내 1위인 이지스자산운용은 2016년 말부터 공모형 부동산펀드를 잇따라 내놓고 있다.

업계 1위의 실적을 보유한 이지자산스운용이 공모형 부동산간접투자 상품을 늘리고 있다는 것은 시장에 시사하는 바가 크다. 이지스자산운용은 지난 2016년 초 업계 최초로 개인 투자자 자금 모집을 전담하는 팀을 구성하기도 했다. 개인투자자들을 겨냥한 상품을 본격적으로 내놓기 위한 채비다. 이지스자산운용은 KEB하나은행에서 부동산펀드 관련 업무를 담당하면서 개인투자자들의 특성을 잘 이해하고 있는 직원을 영입해 '개인 투자팀'을 신설하고, 공모 상품 출시를 준비했다.[17]

이어 이지자산스운용은 2016년 말 처음으로 공모형 부동산펀드 상품을 출시했다. 이지스자산운용이 처음으로 출시한 상품은 연면적 5만 9,500㎡, 지하 7층~지상 23층 규모의 대형 오피스 빌딩이었다. 이지스자산운용은 2016년 11월 말 서울 중구 서소문에 위치한 '퍼시픽타워(옛 올리브타워)'에 투자하는 '이지스코어오피스 제107호 공모부동산투자회사'를 판매하면서 총 1,855억 원 규모로 공모를 진행했다.

당시만 하더라도 획기적인 사건이었다. 퍼시픽타워와 같은 대형 오피스 빌딩을 공모로 투자자를 모집한 사례가 거의 없었기 때문이다. 실제 당시 이지스운용과 함께 입찰에 참여했던 미래에셋자산운용, 싱가포르계 아센다스 등은 모두 기관투자자들로부터 자금을 모집할 계획이었다. 사는 쪽 뿐만 아니라 파는 쪽도 부담스럽긴 마찬가지였다. 개인들이 부동산펀드 상품에 익숙하지 않았던 때라 행여나 투자자 모집에 실패할 경우 향후 자산 매각에 차질을 빚을 수 있기 때문이었다.

실제 이지스자산운용의 첫 공모 상품은 투자자 모집에 실패했다. 전체 판매 금액 1,855억 원 중 절반을 약간 웃도는 약 1,200억

---

17 사실 부동산자산운용사 내부적으로 보면 대부분의 운용역들이 기관투자자로부터 자금을 모아 투자하는 사모형 상품에 익숙해져 있다는 점이 공모형 부동산간접투자 상품 활성화의 걸림돌로 작용하고 있다. 수백억에서 수천억 원의 자금을 한꺼번에 투자하는 기관들로부터 돈을 모아 상품을 만드는 것이 다수의 개인투자자를 모으는 것보다 훨씬 수월하기 때문이다. 이지스자산운용이 개인투자팀을 신설한 것도 이 같은 운용사 내의 보이지 않는 벽을 넘어 공모형 상품 출시에 힘을 실어주기 위함으로 보인다.

퍼시픽타워

원가량이 판매됐다. 당시 국내 정국불안 장기화, 미국 대선 결과에 따른 경기불안 확대 등으로 투자심리가 위축되는 등 거시경제 상황이 좋지 않았다. 또 대중들에게 잘 알려진 기업이 책임 임차하는 구조인 하나그랜드티마크부동산펀드 1호과 달리 퍼시픽타워의 임차인이 일반인들에게 익숙하지 않았던 점도 투자자 모집에 실패한 이유로 꼽힌다. 당시만 하더라도 공모형 부동산간접투자 상품에 대한 대중들의 인지도가 높지 않은 시점이었다. 이 때문에 2,000억 원에 달하는 대규모 자금을 모집한 것이 실패의 원인이라는 분석도 있었다.

첫 공모 상품 출시에서 실패를 맛 본 이지스자산운용은 이후에도 개인투자자로 투자자 저변을 확대하기 위해 지속적으로 공모형 상품을 출시하고 있다. 특히 이지스운용은 첫 번째 실패를 교훈 삼아 개인투자자의 특성에 초점을 맞춘 상품을 내놓는데 주안점을 뒀다.

이지스자산운용은 2017년 초 두 번째 공모형 부동산펀드 상품을 선보였다. 이지스자산운용은 2017년 3월 서울 강남 삼성역 인근에 있는 바른빌딩에 투자하는 '이지스코어오피스 공모부동산투자신탁 제117호' 329억 3,000만 원어치를 모두 팔아치웠다. 당시 소유주였던 법무법인 바른이 이지스 측에 빌딩을 매각한 뒤에도 건물 전체를 10년간 임차하는 상품이며, 만기는 5년이다. 이지스자산운용은 퍼시픽타워 실패를 교훈 삼아 이번에는 개인투자자에게 최적화된 상품을 내놓았다. 우선 바른이라는 신용도 높고 일반인들에게도 잘 알려진 임차인이 장기 임차하고 있어, 안정적 배당수익이 가능하고, 강남 핵심 지역에 위치한데다 향후 개발 호재도 풍부한 곳이어서 개인들의 관심이 컸다. 또 퍼시픽타워와 달리 공모 규모도 크지 않았다. 결과는 대성공이었다.

자신감을 얻은 이지스자산운용은 이후에도 다양한 공모 부동산펀드 상품을 계속해서 내놓았다. 2017년 6월에는 오피스가 아닌 상업시설에 투자하는 공모형 부동산펀드 상품을 출시했다. 이지스자산운용은 전라북도 전주시에 위치한 홈플러스 효자점을 기초자산으로 하는 '이지스코어리테일 부동산투자신탁 126호' 투자자를 공모로 667억 원 모집했다. 또 같은 해 9월에는 개발사업에 투자하는 부동산 공모펀드를 선보이기도 했다. 부동산 개발사업에 투자하는 부동산 공모펀드가 출시된 것은 금융위기 이전인 지난 2007년 이후 처음으로 공모형 부동산간접투자 시장의 외연이 빠르게 확장되는 모습을 보여주었다.[18]

이지스자산운용이 출시한 '이지스 부동산투자신탁 145호'의 전

홈플러스 전주 효자점

체 모집금액은 480억 원, 최소 가입금액은 500만 원이었다. 부동산 프로젝트파이낸싱PF 선순위 대출채권에 투자하는 상품으로, 기대수익률은 연간 4% 초반대였다. 투자대상은 세종시 나성동과 서울시 광진구 화양동의 개발사업이었다. 이지스운용은 이후에도 개발사업에 투자하는 공모형 부동산펀드 상품을 포함해 다양한 상품을 꾸준히 출시하고 있다.

이지스자산운용 외에도 여러 운용사들이 공모형 부동산 상품을 선보였다. 유경PSG자산운용은 2017년 6월 서울 서초동에 위치

---

18 개발사업에 투자하는 부동산 공모펀드가 출시된 것은 2007년 '골든브릿지부동산투자
신탁 5호'와 'KTB칸피던스부동산투자신탁 제19호' 이후 처음이다. 금융위기 이전만 하더라
도 개발사업에 투자하는 부동산 공모펀드가 많이 나왔지만 당시 출시된 펀드들이 망가지
면서 투자자들의 신뢰를 잃어 시장에서 아예 자취를 감췄다.

한 하이트진로 사옥을 기초자산으로 하는 '유경 공모부동산투자신탁 제1호' 투자자를 모집했다. 만기는 3년, 모집 금액은 800억 원이었다. 하이트진로가 20년 장기 임대차 계약을 맺고 있고, 연평균 7% 수준의 수익률을 지급하는 구조로 인기를 끌어 출시 하루 만에 투자자를 모두 모집했다.

해외 공모형 부동산펀드의 등장

공모형 부동산펀드 시장이 빠르게 성장하면서 해외 부동산에 투자하는 공모형 부동산펀드도 다시 모습을 드러냈다. 미래에셋자산운용은 2016년 9월 국내 최초로 미국 부동산에 투자하는 공모 펀드 '미래에셋맵스 미국부동산'을 판매했다. 미국 텍사스주 댈러스에 위치한 오피스 빌딩인 '스테이트팜 빌딩'에 투자하는 7년 6개월 만기의 폐쇄형 펀드였다. 스테이트팜 빌딩은 북미 최대의 손해보험사인 스테이트팜이 중부지역 본사로 사용 중이며, 20년간 100% 장기 임차 계약을 맺어 공실 우려가 없다는 점이 매력적인 요소였다. 임대료 역시 매년 2%씩 인상하는 조건을 걸었다.

당시 미래에셋운용은 미래에셋증권·미래에셋대우·미래에셋생명 등 계열사를 통해 최소 가입금액은 1,000만 원, 총 모집금액 3,000억 원 규모로 펀드를 판매했다. 2016년 당시 채권형 펀드를 제외한 공모펀드 중에서는 2,000억 원 이상 판매된 상품은 미래에셋맵

자산운용사	미래에셋자산운용
투자대상	미국 텍사스주 댈라스에 위치한 스테이트팜 오피스 빌딩
총 모집금액	3,000억 원
최소 가입금액	1,000만 원
만기	7년 6개월
모집 시기	2016년 9월

스 미국 부동산이 처음일 정도로 규모가 컸지만 판매에 성공했다.

이어 2017년 3월에는 하나자산운용이 해외 부동산에 투자하는 공모형 상품을 출시했다. 하나자산운용이 만든 '하나나사부동산 1호'는 미국의 수도인 워싱턴 DC에 위치한 미국항공우주국NASA 본사 빌딩에 투자하는 상품이다. 하나나사부동산 1호는 해외부동산 공모펀드 최초로 원금에 대해 50% 환헤지 전략을 실시해 환율변동에 노출되는 특성이 있는 해외투자 상품에 안정성을 강화했다. 계약기간은 7년이고 목표투자기간은 5년이었다. 5년 내 건물을 매각해 펀드를 청산하지 못하면 7년까지 이어질 수 있다. 하나나사부동산 1호는 한국투자증권과 삼성증권, KEB하나은행을 통해 개인투자자로부터 1,595억 원을 모집하는 데 성공했다.

이후에도 안정적인 선진 시장인 미국 부동산에 투자하는 공모펀드가 꾸준히 출시됐다. 특히 미래에셋자산운용과 하나자산운용은 경쟁적으로 미국 부동산에 투자하는 공모 펀드를 선보였다. 미래에셋운용은 2017년 6월 미국 애틀랜타에 위치한 프라임오피스 빌

펀드명	투자 대상	운용사	모집 금액	판매 시기
미래에셋맵스미국부동산	미국 텍사스 댈러스에 위치한 스테이트팜 오피스 빌딩	미래에셋자산운용	3,000억 원	2016년 9월
하나나사부동산 1호	미국 워싱턴에 위치한 나사 본사 빌딩	하나대체투자자산운용	1,595억 원	2017년 3월
미래에셋맵스미국부동산 공모펀드11호	미국 애틀랜타에 위치한 오피스 빌딩	미래에셋자산운용	1,470억 원	2017년 6월
하나미국LA부동산 투자신탁1호	미국 LA에 위치한 애니메이션 제작사인 드림웍스 본사 빌딩	하나대체투자자산운용	1,200억 원	2017년 11월

딩에 투자하는 '미래에셋맵스 미국부동산공모펀드 11호'를 출시하고 1,470억 원을 모집했다. 투자대상은 2016년 말 완공된 지상 21층, 지하 4층의 신축 건물로 미국 애틀랜타에 있다. 오피스 임대면적 전체를 북미 최대 손해보험사인 스테이트팜이 동부지역 본사로 사용하며, 임대기간은 20년인 조건이었다.

당시 판매사는 우량 임차인의 장기 임차로 안정적인 임대수익 확보가 가능하고, 펀드 만기 시에도 잔존 임대기간이 충분해 매각이 유리하다고 강조했다. 다만 환헤지를 실시하지 않아 수익이 달러화에 연동되며 부동산 매각 시 매각 손익이 발생할 수 있는 상품이었다.

2017년 11월에는 하나자산운용이 '하나미국LA부동산 투자신탁 1호'를 출시했다. 하나미국LA부동산펀드는 미국 캘리포니아주 LA에 위치한 애니메이션 제작사인 드림웍스DreamWorks 글로벌 본사 빌딩의 임대수익을 통해 수익을 올리는 상품이다. 드림웍스 글로벌 본사는 지난 2015년 드림웍스가 마스터리스 계약을 체결해 2035년까지 장기 책임임차 및 관리가 확정된 건물로 잔여 임차 기간은 18년이었다. 투자기간은 5년이며, 6% 초중반의 수익률을 목표로 하는 상품이었다. 아울러 하나미국LA부동산펀드는 50% 환헤지를 통해 환율변동에 노출되는 특성이 있는 해외투자상품에 안정성을 강화하기도 했다.

미국을 넘어 호주, 일본, 유럽으로 투자 영토 넓히는 부동산펀드

해외 부동산에 투자하는 공모 펀드는 빠르게 외연을 넓혀 가고 있다. 초기에는 경기가 좋아지고 있고 안정적인 시장이라 투자자들이 선호하는 미국에 투자하는 상품이 주를 이뤘지만 시간이 지날수록 투자처가 다양해졌다.

우선 미래에셋자산운용이 2017년 3월 국내에서 처음으로 호주 부동산에 투자하는 공모펀드를 출시했다. '미래에셋맵스 호주부동산공모펀드'는 호주 캔버라에 위치한 '50 Marcus Clarke Street'를 기초자산으로 해서 총 1,410억 원 규모를 모집했다. 만기는 설정일로부터 5년 6개월이었다. 투자대상인 50 Marcus Clarke Street는 2010년 완공된 12층 규모의 건물로 호주 수도 캔버라의 정부기관들이 밀집한 씨빅Civic 지역 중심부에 위치하며, 건물 전체를 호주 교육부가 2025년 5월까지 장기임차하고 매년 3.35%씩 임대료가 상승하

미래에셋자산운용이 내놓은 부동산펀드 모집 안내문

는 구조라 안정적인 임대수익을 올릴 수 있는 상품으로 꼽혔다.

또 한국투자증권은 2017년 10월 일본 도쿄에 위치한 오피스 빌딩에 투자하는 '한국투자 도쿄오피스 부동산투자신탁 1호'를 판매하기도 했다. 기초자산은 도쿄 코토쿠 아리아케 지역에 위치한 '아리아케 센트럴타워Ariake Central Tower'로 2011년 준공되었으며, 90% 이상의 임대율을 기록하고 있는 빌딩이었다.

당시 한국투자증권은 오피스 임대로 연평균 약 7.3%의 안정적인 수익률이 예상되고 일본의 저금리(약 0.75%)를 활용한 대출과 한·일 조세협약에 따른 배당금 비과세 효과까지 기대할 수 있다는 점을 마케팅 포인트로 내세웠다. 또 해외 부동산에 투자하는 상품인 만큼 투자원금과 배당금은 각 60~80% 수준의 환헤지를 통해 환위험을 최소화하고 환헤지 프리미엄으로 인한 수익 상승효과를 추구하는 상품이었다. 또 2018년 3월에는 한국투자신탁운용이 벨기에 외무부 청사에 투자하는 '한국투자 벨기에코어오피스 부동산투자신탁'을 선보였으며, 같은 해 9월에는 이지스자산운용이 스페인 바르셀로나에 위치한 글로벌 식품 기업 네슬레 본사에 투자하는 상품을 출시해 556억 원 어치를 팔아치웠다.

　부동산펀드에 대한 투자자들의 관심이 높아지면서 앞으로 투자 지역이 점차 더 다양화될 것으로 예상된다.

알고갑시다!

해외 부동산 투자의 리스크

이처럼 해외 부동산 공모 펀드가 인기를 끌면서 금융회사들이 경쟁적으로 상품을 출시하고 있지만 판매사의 장밋빛 전망만을 믿고 무턱대고 투자해서는 곤란하다. 해외 부동산에 투자할 때는 국내 부동산에 투자하는 것보다 고려해야 할 사항이 배는 더 많기 때문이다. 그 중에서도 환리스크 문제를 반드시 고려해야 한다.

　실제 최근 현지 환율 폭락으로 문제가 발생한 상품이 있다. 바로 미래에셋자산운용이 지난 2012년 국내 최초의 해외 부동산 공모펀드로 출시한 '미래에셋맵스 프런티어브라질 월지급식 부동산투자신탁 1호(분배형)'다. 이 부동산펀드는 브라질에 위치한 호샤베라타워를 기초자산으로 하는데 2018년 12월 만기를 앞두고 현재 매각가를 추산한 결과 투자 당시 가치인 절반 수준에 그치는 것으로 나타났다. 브라질에서 평가한 건물 가치는 투자 시점보다 20% 올랐지만 브라질 헤알화가 급락하면서 원화로 환산한 실제 건물가치는 반토막이 난 사례다. 브라질 월드컵 등 경제 호황에 기대를 걸고 환헤지를 하

상장 리츠의 부활과 높아지는 기대감

부동산펀드와 함께 부동산간접투자 상품의 한 축인 리츠 상장도
4년 만에 재개됐다. 2016년 9월 모두투어리츠가 거래소에 상장되면
서 2012년 1월에 상장된 '케이탑리츠' 이후 처음으로 상장 리츠가 탄
생했다.

특히 2018년에는 다수의 상품이 상장 채비를 갖추고 있다. 우
선 가장 먼저 코람코자산신탁이 뉴코아 아울렛에 투자하는 'E리츠
코크렙'을 6월 말에 유가증권시장에 상장했다. E리츠코크렙은 지
금까지 상장된 리츠와는 달리 규모가 큰 대형 상장 리츠라는 점에
서 눈길을 끌고 있다. 상장 당시 E리츠코크렙의 자산규모는 5,087억
원, 시가총액은 3,000억 원 수준이다. 이는 기존에 상장돼 있는 4개
리츠의 2017년 말 기준 평균 자산규모(약 1,000억 원), 시가총액(300억
원)을 크게 웃도는 수준이다.

기초 자산은 뉴코아 아울렛 야탑점, 일산점, 평촌점이다. 임차
인은 이랜드리테일이며 2016년 9월부터 15년간 연 임대료 270억 원

리츠개요
- 회사명: (주)이리츠코크렙기업구조조정부동산투자회사/12개월 배당
- 리츠규모: 5,040억 원
- 자산현황: 뉴코아울렛일산(1,433억 원)·평촌(1,881억 원), 야탑NC백화점(2,282억 원)

투자구조

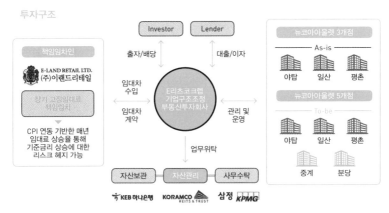

자산관리
- 이랜드리테일 장기고정임대계약(매년 물가상승을 감안 임대료상승)
- 성장이후 이랜드 중계, 분당아울렛 2개 점포 추가 매입

수익률 추정
- 공모보통주의 운영수익률 5년 [약 7%], 10년 [약 7.8%]

에 장기 임차 계약을 맺었다. 공모 규모는 전체 지분의 25%인 약 800억 원이다. 나머지 75%는 이랜드리테일이 보유하게 된다. 공모를 통해 조달한 자금은 뉴코아 아울렛 중계점과 분당점을 인수하는 데 사용할 예정이다. 인수 완료 시 총 5개의 자산을 보유하게 되며, 이를 통해 위험을 분산할 수 있다. 코람코신탁은 E리츠코크렙의 연 배당 수익률을 7% 수준으로 예상하고 있다. E리츠코크렙은 6월

7~8일 기관투자자를 대상으로 수요 예측을 실시한 결과 기관투자자 배정 물량 480억 원의 5.4배인 3,072억 원이 몰려 5.29대 1의 경쟁률을 보였으며, 공모 가격은 5,000원으로 확정됐다. 다만 E리츠코크렙의 경우 개인투자자를 대상으로 진행한 공모 청약경쟁률은 0.45대 1에 그쳐 부진했다. 개인투자자들이 리츠라는 상품에 익숙하지 않은 가운데 마케팅에 다소 소극적이었던 것이 원인으로 분석된다.

E리츠코크렙에 이어 신한금융그룹 계열의 신한리츠운용이 선보이는 1호 공모 상장 리츠인 '신한알파리츠'도 선을 보였다. 신한알파리츠는 2018년 7월 25~27일 사흘 동안 공모 청약을 실시했으며 흥행에 성공했다. 총 1,140억 원 규모의 자금 모집에 총 4,928억 원이 몰려 4.32대 1의 경쟁률을 기록했다. 신한알파리츠는 2018년 8월 8일 한국거래소 유가증권시장에 상장되며, 역대 상장 리츠 중 최대 규모다. 이처럼 신한알파리츠가 큰 성공을 거둘 수 있었던 것은 우량한 기초자산을 가지고 신한금융그룹이 전사적으로 공을 들여 마케팅을 한 덕분이다.

신한알파리츠는 '판교 알파돔시티 6-4구역' 오피스 빌딩과 서울 용산에 위치한 '더프라임타워'을 기초자산으로 한다. 판교 알파돔시티 6-4구역은 알파돔시티 내에 위치하며 지하 7층, 지상 15층, 연면적 9만 9,589㎡ 규모다. 게임회사인 블루홀, 네이버 등을 임차인으로 유치하고, 저층부 리테일은 부동산 디벨로퍼인 STS개발과 협업해 무인양품 등을 입점시켰다. 또 더프라임타워는 지상 30층, 연면적 3만 8,940㎡ 규모의 오피스 빌딩이다. 신한생명과 유베이스

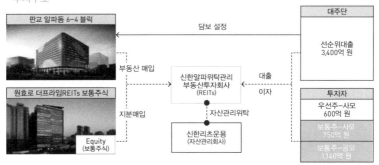

리츠개요
- 회사명: (주)신한알파위탁관리부동산투자회사/8개월 배당
- 자산규모: 5,957억 원(알파돔: 5,711억 원, 더프타임: 248억 원)

투자구조

- 브릿지론을 1,140억 원(신한금투)조달하여 선매입 후 공모자금으로 상환

자산관리 현황
- (알파 6-4빌딩) 네이버, 블루홈 등 10년 임대차 계약
- (프라임빌딩) 신한생명, LG손해보험, 동부생명등 임차

수익률 추정
- 공모보통주의 10년 운영수익률 약 7%, 매각익 포함 9% 예상

가 주요 임차인이며, 임대율은 99%에 달한다.

신한리츠운용은 알파돔시티 6-4구역과 더프라임타워 매입 자금 5,955억 원(취득세, 부대비, 예비비, 이자유보금 포함) 중 65억 원은 보증금, 3,400억 원은 금융기관 선순위대출, 840억 원은 중순위대출, 300억 원은 후순위대출, 우선주 600억 원, 보통주 750억 원으로 조달했다. 이중 중순위와 후순위 대출 1,140억 원에 대해 공모로 자금을 조달했다. 신한리츠운용은 상장 후 추가로 자산을 확보해 리츠

구분	100만 원 미만	1,000만 원 미만	1억 원 미만	5억 원 미만	5억 원 이상	합계
청약자 수	326명	980명	2,243명	1,130명	170명	4,849명
비율	6.7%	20.2%	46.3%	23.3%	3.5%	100.0%

출처: 신한리츠 운용

자산 규모를 1조 원 수준으로 키우고 해외 리츠 상장지수펀드(ETF) 편입도 추진할 계획이다.

특히 신한리츠운용은 지난 2000년대 초반 정부가 리츠 제도를 도입한 취지를 제대로 구현했다는 평가를 받고 있다. 큰손인 기관투자자가 아닌 개인투자자들이 소액으로 대거 참여했기 때문이다. 신한리츠운용에 따르면 이번 신한알파리츠 공모에 참여한 청약자는 총 4,849명이며, 1억 원 미만으로 참여한 청약자가 총 2,243명으로 가장 많은 46.3%를 차지했다. 또 1,000만 원 미만의 소액으로 참여한 투자자가 980명으로 20.2%를 차지했으며, 100만 원 미만으로 청약한 청약자도 326명으로 6.7%를 차지했다. 또한 5만 원(10주) 정도의 소액으로 참여한 투자자도 다수 있었다.

다수의 홈플러스 할인점을 기초자산으로 하는 상장 리츠도 조만간 모습을 드러낼 것으로 예상된다. 홈플러스의 최대주주인 사모펀드 MBK파트너스가 홈플러스 40개 매장을 기초자산으로 하는 리츠 상장을 준비하고 있기 때문이다. MBK는 최근 국토교통부로부터 리츠 자산관리회사인 '한국리테일투자운용' 인가와 리츠 '한국리테일홈플러스 제1호 위탁관리리츠부동산투자회사' 인가도 받았다. MBK가 상장을 추진 중인 홈플러스 리츠는 자산 규모가 4조 5,000억 원, 공모 후 시가총액이 2조 원대에 달하는 역대 최대 규모 리츠가 될 것으로 예상된다.

리츠에 투자해야 하는 이유

최근 들어 리츠가 각광받고 있는 가장 큰 이유는 저금리 시대에 매력적인 수익률을 제공하는 상품이기 때문이다. 국토교통부에 따르면 지난 2017년 리츠의 평균 운영 수익률은 7.59%[19]를 기록했다. 자산별로 살펴보면 오피스 투자 리츠는 6.88%, 리테일 리츠는 10.27%, 물류 리츠는 7.4%로 나타났다. 시중 은행금리가 1%대에 불과하다는 점을 감안하면 7%대의 수익률은 분명 매력적이다. 해외의 경우도 마찬가지다. 블룸버그에 따르면 최근 5년간 미국 리츠의 배당수익률은 평균 4.17%, 싱가포르는 6.36%, 호주는 4.91%, 캐나다는 7.11%, 일본은 3.33%를 기록했다. 이는 안전자산으로 여겨지는 10년물 국채 금리보다 높은 수준이다.

다른 부동산 상품에 비해 유동화가 쉽다는 점도 장점이다. 물론 아직까지 리츠 상장이 활성화되어 있지 않기 때문에 현재 기준으

19　정책적인 목적으로 만들어지는 임대주택리츠를 제외한 수익률

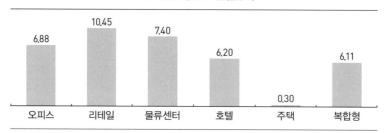

리츠 연간 배당수익률(단위: %)

연도	2012	2013	2014	2015	2016	2017
배당수익률	5.13	6.06	5.65	7.62	10.55	7.59

출처: 국토교통부

리츠 자산별 평균수익률(단위: %)

오피스	리테일	물류센터	호텔	주택	복합형
6.88	10.45	7.40	6.20	0.30	6.11

출처: 국토교통부

로 보면 다소 동떨어진 이야기일 수도 있다. 다만 미국이나 호주, 일본, 싱가포르 등 리츠 시장이 발달한 나라에서는 상장 리츠 시장의 규모가 크고, 개인투자자들도 주식을 거래하듯 쉽게 리츠에 투자할 수 있다. 최근 한국에서 나오는 상품들도 이 같은 리츠의 장점을 최대한 활용해 투자자들을 유치하려는 경우가 많다.

또한 리츠나 부동산펀드와 같은 부동산간접투자 상품은 숙련되고 경험이 풍부한 부동산 전문가가 운용하는 상품이라는 점도 장점이다. 아무래도 개인투자자들이 직접 부동산을 사고파는 것보다는 리스크가 낮다고 볼 수 있다.

세금 부담도 적다. 개인이 부동산을 사고 팔 때는 양도세가 부과되고, 일반법인은 법인세가 부과된다. 하지만 리츠는 90% 이상 배당 시 법인세 면제이므로 결국 개인이 직접 투자하는 것과 비교할 때 양도세가 없다는 점이 장점이다.

각국 배당수익률과 국채 수익률 비교

국가	리츠 배당수익률	국채10년물 수익률	리츠배당 국채 스프레드	리츠지수	주식지수
싱가포르	6.36%	2.37%	3.99%p	3.26%p	2.00%p
호주	4.91%	3.05%	1.86%p	7.84%p	5.63%p
캐나다	7.11%	1.94%	5.17%p	−3.78%p	5.88%p
일본	3.33%	0.29%	3.04%p	9.81%p	18.49%p
미국	4.17%	2.46%	1.70%p	5.49%p	13.84%p

*2013년 1월 2일~2018년 1월 2일 기준

직접 투자 대비 리츠의 장점

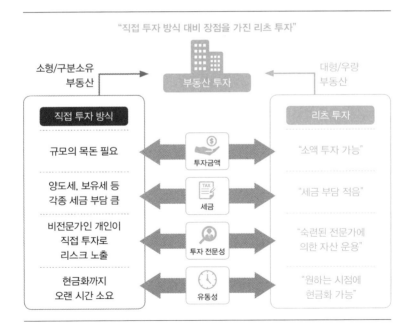

하지만 필자가 생각하는 리츠의 매력은 다른 데 있다. 리츠의 가장 큰 매력은 이해하기 쉬운 금융 상품이라는 점이다. 사실 필자도 처음 리츠를 접했을 때는 어렵다는 생각을 했다. 용어 자체가 너무 낯설었기 때문이다. 필자가 리츠라는 용어를 처음 들은 것은 지금으로부터 3년 전인 2015년 3월이다. 당시 증권부에서 건설부동산부로 부서를 이동하고 리츠라는 금융 상품을 들었는데 쉽게 와 닿지 않았다. 주식시장에서 리츠의 존재감이 워낙 미미해 증권부 시절에 기사로 다뤄볼 기회가 거의 없었기 때문이다.

사실 알고 보면 리츠만큼 간단하고 쉬운 금융 상품도 없다. 다른 주식과 비교해서 생각해보면 리츠가 얼마나 간단한 금융 상품인지 쉽게 이해할 수 있다. 삼성전자 주식을 가지고 있거나 앞으로 투자할 생각이 있다고 가정해보자. 글로벌 전자기업 삼성전자의 사업부문은 크게 TV, 냉장고, 세탁기 등을 생산하는 CE부문, 휴대폰을 생산하는 IM부문, D램, 낸드플래시 등을 생산하는 반도체 사업부문, 초박막 액정표시장치TFT-LCD, 유기발광다이오드OLED를 생산하는 디스플레이 사업부문, 텔레매틱스, 스피커 등을 생산하는 하만 부문 등 5개로 나뉜다.

여기에 삼성전자는 국내에 본사와 22개의 종속기업을, 해외엔 미주, 유럽, 아시아, 아프리카 등에서 248개의 종속 기업을 운영하는 글로벌 기업이다. 삼성전자에 투자하기 위해서는 5개 사업부문의 실적과 전망, 전 세계 곳곳에 퍼져 있는 해외 법인의 사업 현황을 꼼꼼하게 파악해야 한다. 여기에 미국의 애플과 같은 전 세계 경쟁자들의 동향까지 신경을 써야 한다. 투자를 위해 챙겨야 할 사항들이 너무 많다.

반면 리츠는 간단하다. 리츠의 이익은 임차인이 내는 임대료로부터 나온다. 리츠가 투자한 자산의 공실률이 어느 정도이고, 임차인은 누구인지, 임대료는 잘 나오는지 정도만 제대로 파악하면 투자 결정을 내리는 데 무리가 없다.

리츠에 투자하는 방법

리츠에 투자하는 방법은 간단하다. 주식에 투자하는 방법과 같다. 우선 최초 리츠가 상장하기 전 공모를 실시할 때 공모주 청약에 참여하는 방법이 있다. 증시에 상장된 이후에는 홈트레이딩시스템이나 모바일트레이딩시스템을 통해 손쉽게 사고 팔 수 있다. 다만 배당금이 연 2,000만 원 이상이면 종합소득세 신고 대상이라는 점만 주의하면 된다.

최근에는 해외 증시에 상장된 리츠에 대한 투자자들의 관심도 높아지고 있다. 한국은 상장 리츠가 많지 않아 리츠 투자 기회가 많지 않기 때문이다. 이와 달리 미국, 호주, 싱가포르, 일본, 홍콩 등 해외 증시에는 일반인들도 쉽게 투자할 수 있는 리츠가 다수 상장되어 있다.

해외 주식 리츠도 일반적인 해외주식 매매절차를 따르면 된다. 증권계좌에 원화를 입금 한 뒤 원하는 국가의 통화로 환전을 하고 리츠 주식을 거래할 수 있다. 배당금에 대해서는 여타 해외 주식과 마찬가지로 배당소득세(종목별 차등)가 적용되고 금융소득 종합과세에 합산된다. 반면 주가 상승에 따른 매매 차익은 250만 원 초과분에 대해 양도소득세(22%)가 적용되며 종합과세에는 포함되지 않는다.

해외 리츠를 기초자산으로 하는 상장지수펀드ETF에 투자하는 것도 방법이다. 관련 ETF로는 '미래에셋 TIGER MSCI US리츠부동산 ETF', '미래에셋 미국리츠부동산펀드', '한국투자KINDEX 다우존스 미국리츠부동산 ETF', 'KINDEX 미국다우존스리츠' 등이 있다. 전문가들 중에서는 해외 리츠에 투자할 경우 자산이 해외에 있다는 점을 감안해 직접 투자하는 것 보다는 운용 경험이 풍부한 운용사가 만든 간접투자상품에 투자할 것을 권하는 이들도 있다.

꿀정보

해외 재간접 리츠의 등장

지난 2017년에는 국내 리츠자산운용사가 해외에 상장된 리츠에 투자하는 재간접 리츠 상품을 처음으로 선보이기도 했다. 싱가포르계 리츠자산운용사인 ARA코리아가 본사인 ARA애셋매니지먼트에서 운용하는 리츠에 투자하는 상품을 선보인 것이다. ARA코리아가 선보인 상품은 싱가포르증권거래소SGX에 상장된 캐시로지스틱스리츠Cache Logistics Trust에 투자하는 'ARA글로벌리츠'다.

지난 2010년 SGX에 상장된 캐시로지스틱스리츠는 싱가포르·호주·중국에 위치한 물류센터 19곳에 투자하고 있다. 당시 총 모집금액은 172억 원으로 개인 고액자산가와 기관투자가가 투자를 했다. 우선주와 보통주로 나눠 투자자를 모집했으며 개인 고액자산가들이 투자한 우선주의 경우 환헤지 전 배당수익률이 6.5% 수준이었다.

ARA가 이처럼 해외 재간접 리츠를 선보인 것은 최근 국내에서 부동산간접투자 상품에 대한 수요가 날로 커지고 있지만 마땅한 투자상품을 찾기가 어렵기 때문이다. 리츠 시장이 활성화된 싱가포르 증시에서 검증된 리츠에 투자할 기회를 제공하자는 취지에서 상품을 출시한 것이다. ARA는 향후에도 ARA 본사에서 운용 중인 리츠 상품뿐만 아니라 해외거래소에 상장된 우량 리츠에 투자하는 재간접 상품을 계속 선보일 것이라고 밝혔다.

3장

리츠를
활용해
대형 부동산에
투자하기

오피스, 물류센터, 리테일, 호텔 등
다양한 자산에 투자하는 리츠

리츠로 투자할 수 있는 부동산의 종류는 다양하다. 개인투자자들이 가장 익숙하게 생각하는 주택은 물론이고, 오피스, 물류센터, 리테일, 호텔 등도 투자대상이다. 다시 말해 한국인들이 좋아하는 아파트는 물론이고, 삼성전자나 LG전자, 포스코, SK, 다음카카오 등 한국을 대표하는 대기업들이 임대하는 사옥, 아마존이나 쿠팡과 같은 기업이 사용하는 물류센터, 롯데나 신세계 등이 운영하는 리테일, 신라나 롯데 등이 운영하는 호텔에도 투자할 수 있다는 말이다.

국토교통부에 따르면 2018년 4월 말 기준 설립된 리츠는 200개이며, 이중 주택에 투자하는 리츠가 101개로 가장 많다. 다음으로

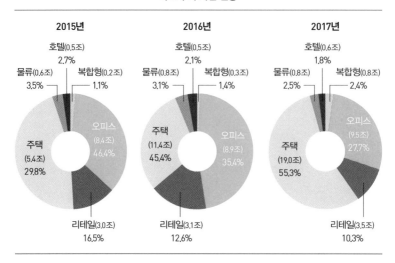

리츠 투자 자산 현황

2015년

호텔(0.5조)
2.7%
물류(0.6조)
3.5%
복합형(0.2조)
1.1%
오피스
(8.4조)
46.4%
주택
(5.4조)
29.8%
리테일(3.0조)
16.5%

2016년

호텔(0.5조)
2.1%
물류(0.8조)
3.1%
복합형(0.3조)
1.4%
오피스
(8.9조)
35.4%
주택
(11.4조)
45.4%
리테일(3.1조)
12.6%

2017년

호텔(0.6조)
1.8%
물류(0.8조)
2.5%
복합형(0.8조)
2.4%
오피스
(9.5조)
27.7%
주택
(19.0조)
55.3%
리테일(3.5조)
10.3%

오피스 45개, 리테일 25개, 물류센터 15개, 호텔 8개, 복합시설 6개 순이다. 총 자산규모는 35조 원 수준이며, 주택이 절반 이상인 21조 원 정도를 차지할 정도로 비중이 크다.

참고로 리츠가 가장 먼저, 그리고 가장 잘 발달한 미국의 경우 오피스나 물류센터, 리테일, 호텔, 임대주택, 등 부동산 투자자들이 전통적으로 선호하는 자산뿐만 아니라 헬스케어, 송전선이나 변전소와 같은 인프라, 임야에 투자하는 리츠까지 있을 정도로 투자 대상이 다양하다. 국내 리츠 시장도 앞으로 성장하면서 투자대상이 점차 다양화될 것으로 예상된다.

국내 리츠 시장의 기형적 성장, 주택 리츠 쏠림 현상

주택 리츠는 최근 들어 그 수와 규모가 급격하게 늘어났다. 지난 2012년 까지만 하더라도 전체 리츠 자산규모 9조 6,098억 원에서 주택리츠 5,127억 원이 차지하는 비중은 5.3%에 불과했으나 2015년에는 29.8%, 2016년에는 45.4%로 증가했으며, 지금은 절반을 넘어 55%까지 비중이 커졌다.

이처럼 주택 리츠 비중이 크게 높아진 것은 지난 몇 년간 정부가 기업형 임대주택(뉴스테이)을 비롯한 다양한 주택 정책의 수단으로 리츠를 적극 활용했기 때문이다. 이는 한국토지주택공사LH가 국내 리츠 시장에서 가장 큰 시장점유율을 차지하고 있다는 사실을 통해서도 확인된다. LH가 설립하는 리츠는 도시재생리츠와 산단재생리츠를 제외하고는 공공임대·주택개발·행복주택·희망임대주택·귀농귀촌주택리츠 등 대부분 정책적 목적에 의해 설립되는 주택 리츠다.

LH는 현재 리츠 자산관리회사 중 가장 많은 38개의 리츠를 운용하고 있으며, 자산운용 규모는 12조 원으로 전체 리츠 중에서 약 35%를 차지할 정도로 비중이 높다. LH의 비중이 이처럼 높은 것은 리츠 시장의 발달을 위해서 바람직한 현상은 아니다. LH가 설립하는 리츠는 대부분 정책적 목적에 따라 설립되는 리츠이며, 일반 개인들이 투자할 수 있는 상품은 없기 때문이다.

LH가 만드는 리츠가 매력적인 투자 상품이 되긴 어렵다. LH가

리츠를 통해 주택을 공급하는 것은 여러 가지 이유가 있지만, 가장 큰 목적은 서민들의 주거 안정이다. 리츠로 매력적인 배당 수익을 주기 위해서는 일정 수준 이상의 임대료가 나와야 하는데 정책적인 목적에서 공급되는 임대주택의 임대료를 올리는 것은 한계가 있기 때문이다.

이 때문에 주택 리츠의 급격한 성장이 오히려 리츠 시장을 왜곡시킨다는 지적도 나온다. 개인들도 소액으로 대형 부동산에 투자할 수 있는 기회를 주겠다는 본래 취지는 제대로 살리지 못하고 있는 상황인데도 리츠 시장이 계속해서 성장하는 것처럼 비춰져 오해를 불러일으킬 수 있기 때문이다.

주택을 제외하면 실질적으로 리츠가 가장 많이 투자하는 대상은 오피스다. 이는 상대적으로 투자할 수 있는 물건이 많은데다 다른 자산에 비해 투자자들이 이해하기 쉽기 때문이다. 또 최근 들어 전자상거래의 발달로 물류센터에 대한 관심도 높아지는 추세다.

사실 지금까지 리츠의 주 투자자는 기관들이었다. 간혹 개인들도 투자할 수 있는 리츠 상품이 나오기는 했지만 누가 뭐래도 리츠 시장의 주류는 기관이었다. 다시 말해 지금까지 우리나라 부동산간접투자 시장[20]이 기관투자자 중심으로 성장해 왔다는 뜻이다. 따라서 여기서는 기관들이 자산별 대형 부동산을 어떤 전략으로 투자하고, 투자 사례는 어떤 것이 있는지 소개하려고 한다. 이 책을 읽는

---

20 부동산간접투자 상품은 부동산펀드와 리츠 두 가지로 구분되지만 두 상품은 사실상 동일한 상품이라 봐도 무방하다. 지금까지 주로 기관투자자들이 부동산펀드와 리츠에 투자해 왔으며, 부동산펀드와 리츠가 투자하는 자산도 유사하다.

리츠에 관심 많은 개인투자자들이 기관들의 투자 전략과 사례를 참고해서 앞으로 현명하게 리츠 투자를 했으면 하는 바람이다.

앞으로 가장 대중적인
상품이 될 투자자산: 오피스

가장 먼저 최근의 오피스 투자 시장에 대해 살펴보고자 한다. 오피스가 부동산간접투자 시장에서 차지하는 비중이 가장 크기 때문이다. 매물이 많고 거래가 가장 활발하게 일어나기 때문에 앞으로 개인투자자들도 오피스를 기초자산으로 하는 공모 상장 리츠에 투자할 수 있는 기회가 많아질 것이다.

리테일이나 호텔 등 다른 자산에 비해 투자 시 고려해야 할 점도 적다. 앞으로 공모 상장 리츠 시장이 활성화된다면 오피스를 기초자산으로 하는 리츠가 가장 대중적인 상품이 될 가능성이 높다. 따라서 여기서는 최근 오피스 투자 시장에서 어떤 일이 일어나고 있는지, 향후 오피스 투자 시장의 흐름이 어떻게 흘러갈지, 오피스에 투자한 리츠는 어떤 사례가 있는지를 살펴보고자 한다.

대기업 사옥이 투자대상으로

부동산 투자라고 하면 으레 강남이나 용산, 성수동 등 서울 요지에 위치한 아파트를 떠올리기 마련이다. 그것도 아니라면 향후 개발 호재가 있는 지역의 땅을 찾는 경우가 일반적이다. 우리가 걷는 도시 중심부에 있는 대형 오피스 빌딩이 투자대상이 될 것이라고 생각하는 사람들은 많지 않다. 꽤 오랫동안 서울 도심 한복판에 위치한 대형 오피스 빌딩은 삼성, LG, 현대 등 한국을 대표하는 대기업들의 소유였지 투자대상이 아니었기 때문이다.

하지만 실제 우리가 흔히 접하는 도시 중심부의 대형 오피스 빌딩 중에는 투자대상인 건물이 적지 않다. 물론, 일반 직장인들 월급으로 도심 대형 오피스 빌딩 한 채를 사들이는 것은 불가능에 가까운 일이다. 도심 대형 오피스 빌딩에 투자하는 투자자는 주로 국민연금, 보험사 등 국내 기관투자자들과 해외 기관투자자들이다. 주로 대기업들의 사옥으로 사용되는 대형 오피스 빌딩이 투자대상이 된 것은 그리 오래되지 않았다. 한국 사회에 많은 변화를 가져온 1990년대 말 IMF 외환위기가 계기가 됐다. 당시 한국을 대표하는 기업들이 유동성 위기에 처하면서 보유 부동산을 대거 매각했기 때문이다.

오피스 빌딩에 투자한다는 개념 자체가 생소했던 시절, 초창기에는 주로 외국계 투자자들이 대기업들이 내놓은 부동산을 사들였다. 1999년 네덜란드계 투자자인 로담코가 강남 테헤란로의 현대중공업 사옥을 1,250억 원에 사들인 것이 외국계 투자자의 첫 한국 부동산 투자였다. 이를 시작으로 국내 부동산 자산운용 시장이 본격적으로 열렸다.[21] 로담코에 이어 싱가포르투자청이 같은 해 말 잠

---

21 IMF 이전만 하더라도 불모지나 다름없었던 부동산자산운용 시장은 20년이 채 못돼 70조 원 규모로 성장했다.

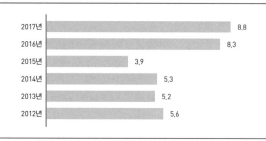

연도별 서울 대형 오피스 거래 규모 추이(단위: 조 원)

연도	거래 규모
2017년	8.8
2016년	8.3
2015년	3.9
2014년	5.3
2013년	5.2
2012년	5.6

출처: 세빌스코리아

실에 위치한 시그마타워를 한라그룹으로부터 사들였으며, 론스타, 모건스탠리, 골드만삭스 등 외국계 큰손들이 한국 부동산에 본격적으로 투자하기 시작했다. 한국 투자자들도 가만히 지켜보고만 있지는 않았다. 무주공산이나 다름없는 국내 시장에서 큰 수익을 거둬가는 외국계 투자자들을 보면서 빠르게 배우고 성장했다.

2001년 국내 최초의 리츠 자산관리회사인 코람코자산신탁이 설립됐다. 이어 부동산펀드 운용사인 맵스자산운용(현 미래에셋자산운용)이 설립되는 등 대형 오피스 빌딩에 투자하는 회사들이 본격적으로 나타나기 시작했다. 같은 시기 국내 연기금들도 대형 오피스 빌딩에 본격적으로 투자하기 시작했다. 이후 지금까지 국내 대형 오피스 투자시장은 고성장을 이어왔다.

특히 최근 들어 국내 기관뿐만 아니라 외국계 투자자들까지 한국 부동산 시장에 가세하면서 거래 규모가 날로 커지는 추세다. 영국계 부동산 컨설팅 업체인 세빌스코리아에 따르면 지난 2017년 오피스 시장의 거래 규모는 8조 8,000억 원으로 여의도 국제금융센터가 거래

국내외 기관들의 대형 오피스 빌딩 투자 사례	
투자 기관	투자 대상
싱가포르투자청	서울파이낸스센터, 강남파이낸스센터, 광화문 금호 아시아나그룹 사옥
아부다비투자청	스테이트타워 남산
국민연금	그랑서울

되며 사상 최고치를 기록했던 2016년 거래 규모 8조 원을 가볍게 뛰어넘었다. 서울 대형 오피스 거래 규모는 지난 2012~2015년만 하더라도 4~5조 원 수준을 유지했으나 2016년 이후 거래 규모가 한 단계 커졌다. 2018년에는 사상 처음으로 10조 원을 넘길 것으로 전망된다.

앞으로도 서울 주요 핵심업무 지역에 위치한 오피스에 투자할 수 있는 기회는 더 많아질 것으로 예상된다. 우선, 그간 기관들이 투자했던 오피스 빌딩들이 향후 매물로 나올 가능성이 있고, 주요 대기업들도 과거와 달리 자산 유동화에 적극적이기 때문이다.

이를테면 금호아시아나그룹 광화문 사옥의 경우도 애초 박삼구 회장이 그룹의 500년 미래를 내다보고 지었다고 할 정도로 애착이 큰 건물이었으나 재무구조가 악화되면서 최근 매각했다. 대우조선해양도 같은 이유로 다동 사옥을 팔았다.

또 삼성그룹의 경우 최근 그룹의 상징과도 같았던 태평로, 을지로 일대 자산들을 대거 매각했으며, 강남역 삼성타운에 위치한 삼성물산 소유의 서초 사옥도 매각을 추진하고 있다. 을지로 옛 외환은행 본점과 하나은행 을지별관을 매각한 KEB하나은행처럼 금융기관들도 불필요한 유휴 부동산을 매각하는 추세다.

실제 글로벌 부동산 컨설팅 업체 CBRE코리아가 2016년 서울 3대 권역(도심·여의도·강남)과 상암권역, 경기도 판교권역에 위치한 A급 빌딩 164개를 분석한 결과 사옥용 오피스가 차지하는 비중은 25.9%로 2015년의 31.7%에 비해 5.8% 줄어든 반면 임대용 오피스는 68.3%에서 74.1%로 5.8% 증가했다.[22] 임대용 오피스의 비중이 가장 높은 곳은 도심권역으로 나타났다. 도심의 임대용 오피스 비중은 80.8%로 전년 72.3%에 비해 8.5% 증가했으며, 강남의 임대용 오피스 비중은 79.6%로 전년 대비 8.7% 증가했다.

이처럼 점점 투자자들이 투자할 수 있는 임대용 오피스 빌딩이 늘어나는 추세다. 앞으로 매물로 나올 도심 대형 오피스 중에는 개인들도 투자할 수 있는 리츠나 부동산펀드로 투자자를 모으는 경우가 늘어날 것으로 예상된다.

큰손들은 어디에 투자할까: 서울 3대 업무 지역 오피스 빌딩

큰손들이 주로 투자하는 대형 오피스 빌딩은 주로 어디에 있을까.

---

[22] 임대인의 각 계열사 및 자사의 총 임차면적이 동일 빌딩 내 70%를 넘을 경우 사옥용으로 분류했다.

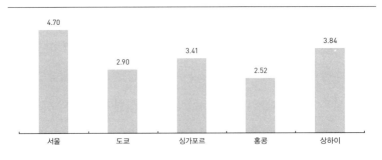

아시아 주요 도시, 오피스 빌딩 투자수익률(단위: %)

서울 4.70
도쿄 2.90
싱가포르 3.41
홍콩 2.52
상하이 3.84

*2017년 4분기 기준

출처: 세빌스코리아

국내에서는 서울, 그 중에서도 도심CBD:Central Business District, 여의도YBD, 강남GBD 등 3대 업무 지역에서 대형 오피스 빌딩의 거래가 가장 활발하게 일어나고 있다. 한국을 대표하는 업무지구다 보니 기본적으로 대형 오피스 매물이 많고, 오피스 빌딩을 사용하려는 기업들의 수요도 많은 곳이기 때문이다.

실제 초창기 기관투자자들이 주로 사들인 부동산은 서울 3대 업무지구의 대형 오피스 빌딩이다. 이를테면 외국계 투자자 1세대로 한국 부동산 투자를 활발히 해 온 싱가포르투자청도 광화문과 강남 등 주요 핵심 업무지구에 위치한 오피스에 주로 투자하고 있다. 광화문만 하더라도 지난 2000년 롯데관광으로부터 사들인 서울파이낸스센터를 시작으로 2004년에는 프리미어플레이스, 2012년에는 NIA빌딩(정보화진흥원), 2014년에는 더익스체인지서울빌딩(옛 코오롱빌딩)을 차례로 사들였으며, 최근엔 금호아시아나그룹의 광화문 사옥에도 투자했다.

또 강남에서는 역삼역과 연결돼 있는 강남파이낸스센터에 투자하기도 했다. 국내 기관들도 마찬가지다. 주로 핵심 업무지구에 위치한 대형 오피스 빌딩에 투자하는 것을 선호한다. 한 예로 국민연금의 경우 광화문에 위치한 그랑서울, 청계천변에 위치한 시그니처타워, 종로에 위치한 SK서린빌딩 등에 투자했다.

큰손들이 서울 3대 업무지구에 위치한 대형 오피스 빌딩 투자를 선호하는 이유는 안정적인 수익률을 올릴 수 있기 때문이다. 도심, 여의도, 강남은 서울에서 오피스 수요가 가장 많은 곳이다. 임차인들도 주로 대기업이 많아 임대료도 비싼 편이다. 실제 큰손들이 투자한 빌딩의 임차인들은 이름만 들어도 알만한 대기업이나 외국계 기업들이다. 국민연금이 투자한 그랑서울은 GS건설이 사용하고 있으며, 싱가포르투자청이 투자한 강남파이낸스센터엔 국내 4대 회계법인 중하나인 삼정를 비롯해 구글, 나이키, 알리바바, 이베이 등 유수의 외국계 기업들이 입주해 있다. 이들 기업들은 다소 비싼 임대료를 내더라도 위치와 시설이 좋은 곳에 입주하려 한다. 기관들이 도시핵심 지역에 위치한 우량 오피스 빌딩에 투자하는 이유다.

서울 대형 오피스 빌딩의 수익률도 양호하다. 글로벌 부동산 컨설팅 업체 세빌스코리아에 따르면 2017년 4·4분기 기준 서울 오피스 빌딩 투자 수익률은 4.70%로 도쿄(2.90%), 싱가포르(3.41%), 홍콩(2.52%), 상하이(3.84%) 등 다른 아시아 주요 도시에 비해 높다.

오피스 시장의 삼성효과

옛 삼성화재 사옥(현 부영을지빌딩)

주식 시장에는 소위 '삼성 효과'라는 말이 있다. 유가 증권시장에서 삼성전자가 15% 이상 큰 비중을 차지하고, 삼성 그룹 계열사 주식의 영향력이 워낙 크다 보니 나온 말이다. 최근에는 상업용 부동산 시장에서도 때 아닌 삼성 효과가 나타나고 있다. 지난 2~3년간 삼성그룹이 도시 중심부에 위치한 대형 오피스 빌딩을 대거 매각하면서 상업용 부동산 시장의 거래가 활발하게 일어나는 동시에 규모가 커졌기 때문이다. 특히 삼성이 소유한 빌딩은 전통적으로 노른자 지역에 위치한 경우가 많아 투자자들의 관심이 뜨거웠다.

2015년 삼성생명 소유의 동여의도 사옥이 이지스자산운용에 매각됐으며, 삼성생명 동교동 사옥은 외국계 투자자인 인베스코가 사들였다. 또 종로타워는 싱가포르계 투자자인 알파인베스트먼트가, 광화문에 위치한 제일모직이 사옥으로 사용했던 수송타워(현 수송스퀘어)는 모건스탠리가 소유하고 있다. 삼성그룹이 공들여 조성한 강남역 인근의 삼성타운에 위치한 삼성물산 서초사옥도 최근 코람코자산신탁이 설립하는 리츠에 매각됐다. 이외에도 태평로 빌딩, 서대문 에이스타워, 대치동 삼성메디슨 사옥 등 삼성그룹이 소유한 다수의 빌딩이 매각되면서 손바뀜이 일어났다.

또 가장 최근에는 삼성그룹이 공을 들여 조성한 강남역 인근의 삼성타운에 위치한 삼성물산 서초사옥이 매물로 나오면서 국내외 기관투자자, 증권사 등이 대거 투자 의사를 밝혔다. 아울러 삼성생명은 오는 2021년 새 보험 국제회계기준(IFRS17) 시행을 앞두고 보유 자산을 대거 매각하고 있어 앞으로도 당분간 부동산 시장의 삼성 효과는 계속될 가능성이 크다.

삼성그룹이 매각한 주요 부동산

자산명	위치	매각 시기	매각 금액	매수자
삼성물산 서초사옥	서울 서초구 서초동	2018년	최소 7,000억 원 이상	미정
삼성생명 역삼동빌딩	서울 강남구 역삼동	2017년 2분기	2,109억 원	삼성SRA자산운용
삼성화재 본사 (현 부영을지빌딩)	서울 중구 을지로	2017년 1분기	4,380억 원	부영주택
삼성 태평로 빌딩	서울 중구 세종대로	2017년 1분기	2,300억 원	이지스자산운용
삼성생명 본사 빌딩 (현 부영태평빌딩)	서울 중구 태평로2가	2016년 3분기	5,717억 원	부영
종로타워[23]	서울 종로구 공평동	2016년 2분기	3,840억 원	알파인베스트먼트
삼성화재 역삼역빌딩	서울 강남구 테헤란로	2016년 2분기	986억 원	KB부동산신탁
삼성SDS 멀티캠퍼스	서울 강남구 역삼동	2016년 1분기	1,260억 원	삼성SRA자산운용
삼성생명 동교동빌딩	서울시 마포구 동교동	2016년 1분기	592억 원	인베스코
삼성화재 합정사옥	서울시 마포구 서교동	2016년 1분기	500억 원	유경PSG자산운용
수송타워 (현 수송스퀘어)	서울 종로구 수송동	2015년 4분기	2,550억 원	이지스자산운용
삼성생명 동여의도 빌딩	서울 영등포구 여의도동	2015년 4분기	608억 원	이지스자산운용

[23] 종로타워는 삼성생명과 영보합명회사가 보유한 구분소유 건물이었다. 알파인베스트먼트는 두 회사로부터 전체 지분을 인수했다.

공실률 리스크를 따져라

오피스 투자 시에 가장 기본적으로 살펴봐야 할 부분은 공실률이다. 공실률이 높은 건물은 안정적인 임대수익을 올리기가 어렵고, 공실률이 높은 상태가 지속된다면 매각 시에도 제 값을 받지 못한다. 이 때문에 공실률은 오피스 투자 시에 중요한 판단 기준이 된다. 기관투자자들의 경우도 마찬가지다. 공실률에 따라 투자 여부가 갈리기도 한다.

사례를 통해 살펴보자. 최근 서울 주요 업무지구의 오피스 공실률이 전반적으로 높게 형성되면서 공유 오피스 위워크의 인기가 날로 높아지고 있다. KTB자산운용은 지난 2017년 강남 테헤란로에 위치한 일송빌딩을 매입한 바 있는데 인수 당시 공실률이 높아 투자자 유치에 어려움을 겪었다. 이에 KTB운용은 대규모 면적을 사용하는 미국계 공유 오피스 업체 위워크를 장기 임차인으로 입주시켰으며 이를 통해 독일계 투자자인 에이엠알파를 유치했다. 에이엠알파의 첫 한국 투자였다. 불확실성(공실률)이라는 리스크를 해소해 투자자를 유치하는 기회로 활용한 것이다. 위워크가 전체 빌딩을 사용하는 일송빌딩은 KTB운용에 인수된 후 위워크빌딩으로 이름이 바뀌기도 했다. 최근 오피스 시장에서 임차인의 영향력이 그만큼 커졌다는 사실을 보여주는 상징적인 사례다.

또 과거 모건스탠리가 투자했다가 큰손해를 보고 철수한데다 싱가포르계 투자자인 알파인베스트먼트도 공실률을 해소하지 못해

위워크 내부 모습

어려움을 겪었다. 그러나 서울역 맞은편 서울스퀘어(옛 대우센터빌딩)의 경우 최근 위워크와 장기 임대차 계약을 맺으면서 공실률 리스크를 크게 낮췄다는 평가를 받고 있다. 서울스퀘어를 기초자산으로 하는 리츠의 만기는 애초 2017년 말까지였으나 매각이 여의치 않아 연장한 상태였다. 하지만 위워크를 포함해 현재 서울스퀘어 임차인들의 평균 임차 기간이 10년에 달하는 등 공실률 변동성이 낮아지면서 최근 매각 작업이 진행되고 있다. 흥미로운 사실은 서울스퀘어도 건물 오른쪽 상단에 위치한 빌딩명을 떼고 그 자리에 위워크 간판을 걸었다는 점이다.

　강남 테헤란로에 위치한 PCA생명타워도 위워크를 유치하면서 위워크타워로 이름이 바뀌었다. 여의도에 위치한 HP빌딩의 경우는 그간 소유주인 CBRE글로벌인베스터가 몇 차례 매각을 추진했다가

부동산 투자자들이 위워크를 유치한 사례

빌딩명	투자자	사용면적
종로타워	알파인베스트먼트	8개층
서울스퀘어	알파인베스트먼트	3개층 반
HP빌딩	CBRE글로벌인베스트자산운용	7개층
위워크빌딩(옛 일송빌딩)	KTB투자운용(에이엠알파)	12개층 전체
PCA생명타워	마스턴투자운용	1개층
더케이트윈타워	삼성SRA자산운용	3개층
아크플레이스(옛 캐피탈타워)	블랙스톤	3개층

무산된 바 있다. HP가 떠나면서 공실률을 채우지 못한 가운데 매도자와 매수자 간에 가격에 이견이 있었기 때문이다. CBRE글로벌인베스터도 이 같은 공실률 문제를 해결하기 위해 위워크를 유치했다. CBRE글로벌인베스터는 최근 HP빌딩 매각을 위해 이지스자산운용과 양해각서MOV를 체결했다. 이외에도 종로타워, 더케이트윈타워, 아크플레이스(옛 캐피탈타워) 등 부동산 투자자들이 투자한 건물에도 위워크가 입주해 있다. 앞으로 위워크와 같은 공유 오피스 업체들과 부동산 투자자들과의 협업 사례는 더 늘어날 전망이다.

꿀정보

스타트업의 요람 테헤란로를 부활시킨 공유오피스

서울 지하철 2호선 역삼역 8번 출구에 위치한 아주빌딩은 한때 스타트업의 요람으로 불렸던 '서울벤처타운'이 있던 자리다. 서울벤처타운은 지난 1999년부터 2009년 6월까지 약 10년간 아주빌딩 7층부터 20층까지 14개 층을 사용하며 수많은 스타트업을 길러냈다. 한국 정보기술IT 대표기업을 넘어 국내를 대표하는 기업으로 성장한 네이버도 초창기 이곳에서 꿈을 키웠다. 테헤란로는 1990년대 후반부터 2000년대 초중반까지 서울벤처타운을 비롯해 세원벤처타운·핸디소

블록마다 공유 오피스가 들어서고 있는 강남 테헤란로 일대 전경

강남 테헤란로 일대의 공유 오피스

1. 현대카드 '스튜디오 블랙'(홍우빌딩2)
2. 위워크(홍우빌딩1)
3. 네이버 D2스타트업 팩토리(메리츠타워)
4. 패스트파이브 역삼 테헤란점(현익빌딩)
5. 스파크플러스(아주빌딩)
6. 패스트파이브 역삼 미드타운점
7. 팁스타운(해성빌딩)
8. 마루180
9. 디캠프(새롬빌딩)
10. 롯데 엑셀러레이터(유기타워)
11. TEC(글라스타워)
12. 구글 캠퍼스 서울(오토웨이타워)

13. 패스트파이브 삼성 도심공항점(도심공항타워)
14. 르호봇 프라임 역삼 비즈니스 센터(우신빌딩)
15. 위워크 삼성역점(WeWork 빌딩)
16. 위워크 역삼역 2호점(대세빌딩)
17. 위워크 역삼역점(캐피탈타워)
18. 위워크 선릉역점(PCA 라이프타워)
19. 패스트파이브 삼성2호점(엔씨타워2)

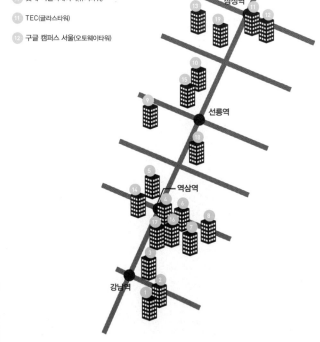

프트벤처타운·메디슨벤처타워 등 벤처빌딩들이 들어서면서 전성기를 누렸다.

이후 서울벤처타운이 나가면서 과거 벤처타운의 이미지가 많이 흐려졌던 테헤란로가 최근 다시 스타트업의 요람으로 부활하고 있다. 서울벤처타운이 있던 자리에 스타트업을 위한 공유 오피스를 제공하는 '스파크플러스'가 자리를 잡은 것은 상징적인 장면이다. 이외에도 최근 강남역과 삼성역을 잇는 약 4km 길이의 테헤란로에 공유 오피스들이 속속 자리 잡고 있다. 세계적 공유 오피스 업체 위워크가 지난 2016년 8월 강남역 홍우빌딩에서 1호점을 낸 데 이어 삼성역, 선릉역, 역삼역 등 테헤란로에만 벌써 5개 지점을 열면서 세를 과시하고 있다.

위워크는 앞으로도 강남 일대에서 확장을 계속해나갈 계획이다. 또 현대카드에서 야심 차게 선보인 공유 오피스인 '스튜디오 블랙 Studio Black'도 강남역 인근에 자리 잡고 있으며, 한국판 위워크인 패스트파이브도 강남 테헤란로 일대에 다수의 지점을 열면서 공유 오피스 발 강남 오피스 시장의 부활을 이끌고 있다.

공실률 10%를 웃도는 서울 3대 오피스 권역

특히 최근 들어 서울 주요 오피스 권역의 공실률이 10%를 넘으면서 투자 시 공실률 리스크를 따져보는 게 점점 더 중요해지고 있다. 전반적으로 부동산 시장이 수요에 비해 공급이 많은데다 경기악화와 스마트근무 확산 등으로 갈수록 오피스 수요가 줄어들고 있어 앞으로도 공실률이 지금처럼 높은 수준을 유지할 가능성이 높기 때문이다.

실제 기관투자자들도 공실률 관리를 제대로 못해 투자에 실패한 사례가 더러 있다. 마이다스에셋자산운용이 지난 2006년 약 1,630억 원에 인수했던 서울 중구 남대문로5가에 위치한 T타워의 경우 LG유플러스가 2014년 초 용산 신사옥으로 이전하면서 건물이 텅텅 비어 자산 매각에 어려움을 겪었다. 또 부영은 지난 2018년 초 사들였던 을지빌딩(옛 삼성화재 을지로 사옥)을 1년 만에 다시 매물로 내놨다. 매입한 지 1년이 지나도록 삼성화재가 떠난 빈자리를 채우지 못하면서 공실률을 해소하지 못해 임대 사업에 어려움을 겪었기 때문이다.

참고로 서울 주요 업무지구의 오피스 공실률과 임대료 등에 대한 자료는 부동산 컨설팅 회사들이 분기마다 발표하고 있다. 글로벌 업체인 CBRE, 컬리어스, JLL, 세빌스, 체스터톤스 등과 메이트플러스, 젠스타, 신영에셋, 한화63시티, 교보리얼코와 같은 국내 업체들이 자료를 제공하는 곳이다. 이들 업체들이 분기별로 제공하는 오피스 시장 리서치 보고서는 각 업체 홈페이지에서 확인할 수 있다. 권역별 오피스 공실률과 임대료, 신규 공급 오피스, 오피스 거래 규모 및 주요 거래 사례 등의 정보가 제공된다. 업체마다 분석하는 샘플과 집계 기준이 다르기 때문에 다소 차이는 있지만 대체적인 흐름은 비슷하다. 앞으로 오피스를 기초자산으로 하는 공모 상장 리츠에 투자하고자 하는 투자자라면 컨설팅 업체의 오피스 시장 보고서를 통해 전반적인 시장의 흐름을 파악해두는 것이 좋다.

그 중 세빌스가 발표하는 리서치 자료를 살펴보면, 2018년 1·4분기 3대 업무지구의 공실률은 14.7%를 기록했다. 한때 서울 핵심 업무지구의 평균 공실률이 10%를 밑도는 때가 있었으나 지난 2014년 이후로 서울 주요 업무지구의 공실률이 계속해서 10%를 넘고 있다. 그간 신규 공급이 많았던 데다 경기 부진 등으로 오피스 임차 수요가 감소했기 때문이다.

권역별로 공실률 차이는 크다. 2018년 1·4분기 기준 도심은 16.7%, 여의도는 24.4%, 강남은 5.1%로 집계됐다. 도심은 신규 공급이 많아 최근 공실률이 15% 내외로 높은 수준을 보이고 있지만 수요도 많은 곳이기 때문에 공실률이 크게 치솟지는 않고 있다. 반면 강남과 여의도의 분위기는 극명하게 갈리고 있다. 강남은 한때 정보기술 기업들이 판교테크노밸리와 구로디지털단지 등으로 빠져나가면서 공실률이 크게 치솟았으나 최근 위워크, 패스트파이브 등 공유오피스들이 대거 들어서는 등 임차 수요가 꾸준히 이어지면서 공실률이 크게 낮아졌다.

이와 달리 여의도는 LG전자와 LG CNS 등이 마곡으로 이주하고, 교직원공제회 신축 빌딩 등이 공급되면서 공실률이 크게 치솟고 있다. 여의도의 경우 최근 터줏대감이던 증권사들도 도심으로 옮겨가는 등 수요가 줄고 있는 가운데 향후 파크원 준공과 MBC 부지 개발, 사학연금 빌딩 재건축 등이 예정되어 있어 공실률이 당분

서울 주요 권역 오피스 공실률 추이(단위: %)

	도심(CBD)	강남(GBD)	여의도(YBD)	전체
2013년 1분기	16.7	5.1	24.4	14.7
2013년 2분기	15.6	4.2	10.3	10.7
2013년 3분기	16.9	3.9	7.7	10.8
2013년 4분기	16.2	6.1	13.7	12.4
2014년 1분기	12.8	6.8	13.8	11
2014년 2분기	12	8	24.8	13.6
2014년 3분기	11.4	8.7	24.9	13.6
2014년 4분기	14.9	8.2	21.1	14.1
2015년 1분기	16.2	11.3	16.9	14.7
2015년 2분기	18.1	10.3	17.3	15.3
2015년 3분기	15.7	10.4	16.5	14.1
2015년 4분기	15.6	9	15.5	13.4
2016년 1분기	15.3	7.8	15.6	12.9
2016년 2분기	13.8	6.3	15.3	11.7
2016년 3분기	15.6	9.2	14.5	13.3
2016년 4분기	16.3	9.6	14.5	13.7
2017년 1분기	17.3	7.9	17	14.1
2017년 2분기	16.9	9.1	16.7	14.3
2017년 3분기	15.4	9.5	16.9	13.8
2017년 4분기	15.9	6.6	17.6	13.3
2018년 1분기	16.7	5.1	24.4	14.7

출처: 세빌스코리아

간 높은 상태를 유지할 것으로 예상된다.

다만 권역별 공실률은 참고 자료일 뿐이다. 같은 권역 내에서도 개별 오피스 빌딩의 공실률이 크게 차이가 나기 때문이다. 이를테면 여의도의 경우 국제금융센터와 전국경제인연합회 빌딩 등은 공실률이 높지만 최근에 신축한 교직원공제회 신사옥 같은 경우 공실에 대한 걱정이 없다. 따라서 오피스 빌딩 투자자라면 권역별 공실률 자료를 참고하되 투자대상 빌딩의 임차인 구성과 향후 공실 발생 가능성 여부 등을 꼼꼼하고 자세하게 살펴봐야 한다.

오피스 빌딩에 관심을 가진 투자자라면 경제 신문 등을 꼼꼼히 읽으면서 기업 동향을 살피고 정보를 얻는 것도 한 방법이다. 실제로 오피스 시장의 기관투자자들과 임대 담당자들도 기사를 통해 기업의 이전 소식을 접하고 투자와 업무에 활용하는 경우가 많다.

오피스 빌딩의 가치를 높여주는 PM과 FM

서울 도심이나 강남에 위치한 대형 오피스 빌딩에 들어가 보면 빌딩 관리가 아주 잘 되어 있다는 인상을 받는 경우가 종종 있다. 그런 빌딩들은 대부분 전문적인 부동산자산관리 회사들이 맡아서 빌딩 관리를 하는 경우가 많다. 오피스 투자 시장에는 크게 자산운용사와 자산관리회사 AM-Asset Management PM-Property Management, 시설관리회사 FM-Facility Management 세 가지 역할을 하는 회사들이 있다. 통상적으로 AM의 역할은 자산의 가치를 높이는 것, PM은 자산의 수익원을 관리하는 것, FM의 역할은 시설물을 관리하는 것이다.

AM사가 PM사에 업무를 맡기고, 다시 PM사가 FM사를 선정하는 것이 일반적인 과정이다. 한국에는 다수의 PM사들이 활동하고 있다. 글로벌 회사인 CBRE, JLL, 세빌스, 쿠시먼 앤드 웨이크필드, 컬리어스, 체스터톤스 등이 국내에서 활동하고 있으며, 대기업 계열의 S1(옛 에버랜드), 서브원(LG 계열), 한화63시티, 교보리얼코, 롯데자산개발 등이 있다. 또 메이트플러스, 젠스타, 신영에셋 등의 국내 업체도 있다.

실제 잘 관리된 오피스 빌딩에는 이 같은 전문 PM사들이 대부분 들어가 있다. 서울 광화문에 위치한 서울파이낸스센터는 세빌스가 PM을 맡고 있으며, 강남에 위치한 강남파이낸스센터는 CBRE가 PM을 담당한다. 또 최근 금호아시아나그룹이 도이치자산운용에 매각한 금호아시아나 광화문 사옥은 JLL이 PM 업무를 맡는다.

부동산간접투자 시장이 발달하고 경쟁이 치열해질수록 PM과 FM 업무의 중요성이 더 커질 것으로 예상된다. 특히나 최근 같이 공실이 많은 상황에서는 오피스 임대수익을 바탕으로 배당을 받는 리츠 상품의 특성상 PM과 FM 업무는 더 중요할 수밖에 없다.

다만 아이러니하게도 현재 부동산간접투자 시장은 외연 자체는 날로 커지고 있지만 PM사와 FM사는 갈수록 어려움을 겪는 구조를 가지고 있다. 일반적으로 부동산자산운용사가 PM사를 고용하고, PM사가 FM사를 고용하는 과정에서 수수료 경쟁이 발생하고, 수수료를 가능하면 낮게 책정하는 것이 업계의 관행으로 굳어졌기 때문이다.

현재 PM 수수료는 10년 전과 비교해 큰 변함이 없으며, 오히려 과거보다 못한 수준이다. 돈을 적게 주고 우수한 품질을 기대하는 건 욕심이다. 실제 지난 2월 동탄 메타폴리스 상가 화재로 인명 피해와 재산 피해가 발생한 적이 있는데 당시 PM과 FM 업무에 대한 열악한 대우와 근무 환경이 사고의 원인 중 하나라는 지적이 있었다. 앞으로 부동산자산운용 시장이 커갈수록 PM과 FM 등 꼭 시장에 필요한 기능들을 가진 업체들과 같이 상생할 수 있는 방안을 찾아야 한다. 이는 궁극적으로 투자자를 위한 일이기도 하다. AM사와 PM사, FM사 모두가 경쟁력을 가지고 품질 좋은 서비스를 제공할 수 있어야 부동산 간접투자 시장이 더 높은 단계로 성장할 수 있기 때문이다.

꿀정보

활용도 떨어지는 주차장과 로비에서도 수익을 내는 오피스

최근 오피스 빌딩을 보면 과거와는 다른 방식으로 자산을 활용하는 경우를 종종 볼 수 있다. 대표적인 공간이 주차장과 로비다. 최근 부동산투자회사들은 주차장 관리를 전문 운영업체에 맡기는 경우가 늘고 있다. 한 예로 코람코자산신탁이 리츠로 투자한 종각역 인근 그랑서울의 경우 현재 GS칼텍스와 일본의 주차장 운영업체 1위인 파크24의 합작회사인 'GS파크24'가 관리를 맡고 있다. 이외 이지스자산운용, 미래에셋자산운용 등 많은 부동산운용사들이 주차장 전문 관

스위트스팟 팝업스토어

리 업체들에 주차장을 맡기고 있다. 현재 국내에서 활동하는 주차장 전문 관리 업체로는 GS파크24를 포함해 호주계 윌슨파킹, AJ파크, 하이파킹, 나이스파크. 시큐어파크 NPD 등이 있다.

투자자들이 전문업체에 주차장 운용을 맡기는 것은 임차인 확보 등 빌딩 가치 측면에서 주차장이 중요해 졌기 때문이다. 오피스 공실률이 높은 추세를 유지하면서 주차장 시설의 중요도도 그만큼 높아진 것이다. 또 과거 주차장을 관리할 시설물로 보던 관점에서 벗어나 수익을 창출하는 공간으로 보면서, 패러다임이 변한 것도 중요한 변화다. 아울러 간혹 주차장 관리가 제대로 안 돼 돈이 새는 등 문제가 발생하기도 하는데 주차장 전문업체에 맡기는 것은 불미스러운 일을 방지하기 위해서기도 하다.

또 과거 수익 창출과는 무관한 공간으로 여겨졌던 로비도 새롭게 조명 받고 있다. 리테일러를 위한 공간 중개 'O2O[Online to Offline]' 업체인 '스위트스팟'[24]은 오피스 건물의 무수익 공간을 리테일러에게 빌려주는 역할을 한다. 이를 통해 오피스 건물주에게는 부가 수익을, 리테일러들에게는 소비자에게 제품과 브랜드를 알릴 수 있는 기회를 제공한다. 스위트스팟은 강남파이낸스센터, 여의도 국제금융센터, 광화문의 그랑서울 등과 같이 서울 핵심 권역에 위치한 프라임급 오피스 빌딩 등 수십 개의 빌딩에 관련 서비스를 제공하고 있다.

공급 증가와 신규 오피스 빌딩에 대한 풍부한 수요

앞서 말했듯이 현재 서울 주요 권역의 공실률은 투자자들에게 상당한 부담이 되고 있다. 더군다나 앞으로도 서울 주요 업무지역에서 오피스 공급이 계속해서 늘어날 예정이다. 이런 가운데서도 새로 지어진 신규 오피스 빌딩에 대한 수요는 꾸준히 증가하고 있다. 새 오피스 빌딩의 경우 준공 초기에는 높은 공실률로 어려움을 겪기도 하지만 대부분 시간이 지나면서 공실률이 해소되는 모습을 보여주고 있다. 한 예로 광화문에 위치한 쌍둥이 빌딩 '더케이트윈타

---

24   스위트스팟의 김정수 대표는 글로벌 부동산 컨설팅 회사인 'CBRE'와 외국계 부동산 투자회사인 '거 캐피탈' 등에서 근무하면서 기존에 오피스 공간에서 활용되지 않았던 '로비'나 지하로 내려가는 에스컬레이터 옆과 같이 죽어 있는 공간에 주목했다고 한다.

워'의 경우 준공 후 얼마 동안은 높은 공실률로 인해 투자자들이 골머리를 앓았으나 이후 점차 공실률이 낮아지면서 당시 사상 최고가에 매각됐다.

실제 글로벌 부동산 컨설팅 회사인 CBRE코리아는 지난 2016년 도심 지역에 위치한 총 48개 오피스 빌딩의 공실 해소율을 조사한 결과 2010년 이후에 공급된 신규 오피스 빌딩(22개)의 공실 해소율은 20.9%포인트를 기록한 반면 그 이전에 공급된 오래된 오피스 빌딩(26개)의 공실 해소율은 13.5%포인트로 집계됐다고 발표한 바 있다. 또 신규 오피스 빌딩의 계약 해지율은 10.4%포인트인 반면 오래된 오피스 빌딩의 계약 해지율은 15.6%포인트로 1.5배가량 많은 것으로 나타났다.

오피스 빌딩을 비워두는 것보다는 임차인을 들이는 것이 낫기 때문에 새로 지어진 우량 오피스 빌딩의 빌딩주들도 렌트프리[25]_{Rent free}와 테넌트임프루브먼트[26]_{TI-Tenant Improvement} 등 다양한 혜택을 제공하면서 임차인들을 유치하고 있다. 이에 임차인들도 기존 빌딩과 비슷한 임대료를 내면서도 좋은 시설을 이용할 수 있는 새 빌딩으로 옮겨가는 추세다.

---

25 일정 기간 동안 임대료를 면제해주는 것을 말한다. 최근 서울 주요 업무 지구에서도 오피스 임대인들이 임차인을 유치하기 위해 1년에 짧게는 3개월, 길게는 6개월 정도의 렌트프리 혜택을 주는 것이 일반화됐다.
26 인테리어 비용을 지원하는 것을 말한다.

서울 주요 권역별 프라임 오피스 공급 현황(단위: sqm)

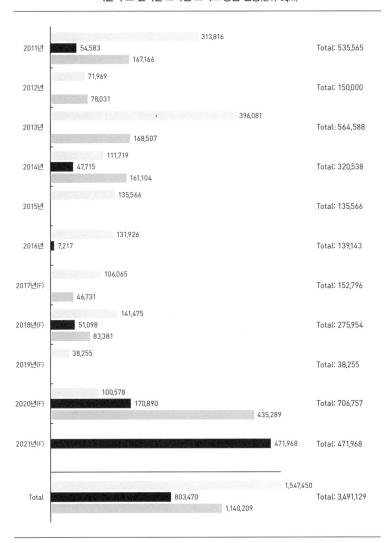

2011년	313,816 / 54,583 / 167,166 — Total: 535,565
2012년	71,969 / 78,031 — Total: 150,000
2013년	396,081 / 168,507 — Total: 564,588
2014년	111,719 / 47,715 / 161,104 — Total: 320,538
2015년	135,566 — Total: 135,566
2016년	131,926 / 7,217 — Total: 139,143
2017년(F)	106,065 / 46,731 — Total: 152,796
2018년(F)	141,475 / 51,098 / 83,381 — Total: 275,954
2019년(F)	38,255 — Total: 38,255
2020년(F)	100,578 / 170,890 / 435,289 — Total: 706,757
2021년(F)	471,968 — Total: 471,968
Total	1,547,450 / 803,470 / 1,140,209 — Total: 3,491,129

☐ 도심(CBD)
■ 강남(GBD)
▨ 여의도(YBD)

*2017년 이후는 예상치

3장 리츠를 활용해 대형 부동산에 투자하기

오피스 빌딩 투자 시에 또 하나 생각해야 할 점은 매입 가격이다. 당연한 얘기지만 싼 가격에 사서 비싸게 팔수록 수익률이 높아진다. 하지만 최근에는 오피스 시장의 경쟁이 치열해지면서 가격이 계속해서 높아지는 추세다. 오피스 투자 수익률이 갈수록 떨어지고 있다는 뜻이다.

오피스 빌딩 매각 시에 우선협상대상자가 정해졌다가 변경되거나 무산되는 경우도 종종 볼 수 있다. 입찰 당시에는 경쟁자들을 이기기 위해 높은 가격을 써서 냈지만, 지나치게 높은 가격이 부메랑이 되어 투자자를 모으는 데 실패하는 경우가 종종 있기 때문이다. 한 예로 지난 2016년 초 당시 미래에셋자산운용이 소유하고 있던 강남 역삼역 인근 캐피탈타워(현 아크플레이스) 매각이 한 차례 무산된 바 있다. 우선협상대상자로 선정된 코레이트자산운용이 기관들로부터 자금을 모집하는 데 실패했기 때문이다. 당시 코레이트자산운용이 우선협상대상자로 선정되면서 써낸 매입 가격은 3.3㎡당 2,680만 원으로 역대 최고가였다.

비록 캐피탈타워는 최고가 기록 경신에 실패했지만 최근 들어 서울 주요 업무지구에서 거래되는 대형 오피스의 가격은 계속해서 사상 최고가를 경신하는 추세다. 2015년까지만 하더라도 서울 중구 을지로에 위치한 페럼타워가 3.3㎡당 2,493만 원으로 앞서 2014년에

사상 최고가 행진을 이어가고 있는 오피스 거래 가격

거래 시기	빌딩명	3.3㎡당 가격	매수자
2015년	스테이트타워남산	2,493만 원	아부다비투자청
2016년	센터포인트	2,600만 원 이상	코람코자산신탁
2017년	부영을지빌딩	2,650만 원	부영주택
2018년	더케이트윈타워	2,800만 원 이상	삼성SRA자산운용
2018년	삼성물산 서초사옥	3,000만 원 이상	코람코자산신탁

거래된 중구 퇴계로의 스테이트타워 남산과 함께 역대 최고가 기록을 보유하고 있었다. 하지만 페럼타워와 스테이트타워 남산이 보유하고 있던 최고가 기록은 오래가지 않았다.

2016년 코람코자산신탁이 서울 광화문에 위치한 센터포인트를 마스턴투자운용으로부터 3.3㎡당 2,600만 원이 넘는 가격에 사들였기 때문이다. 이후에도 최고가 경신은 계속됐다. 바로 다음 해인 2017년 부영이 삼성화재 소유의 부영을지빌딩(옛 삼성화재빌딩)을 3.3㎡당 2,650만 원에 매입했으며, 2018년 초에는 삼성SRA자산운용이 미국계 사모펀드 KKR이 투자한 광화문의 더케이트윈타워를 3.3㎡당 2,800만 원 이상에 투자했다. 최근에는 3.3㎡당 3,000만 원도 돌파했다. 2018년 6월 입찰을 실시한 삼성물산 서초사옥은 3.3㎡당 3,000만 원~ 3,100만 원 수준에 매각됐다.

최근 들어 서울 핵심 권역에 위치한 우량 오피스 가격이 이렇게 치솟는 것은 유동성이 풍부한 가운데 우량 매물은 적기 때문이다. 다만 부동산자산운용 업계에서도 이 같은 최고가 경신 행진에 대해 조금씩 우려의 목소리가 나오고 있다. 따라서 앞으로 개인투자자들이 오피스를 투자할 때는 해당 자산의 가격이 적절한지를 면밀하게 따져보고 투자할 필요가 있다.

서울 3대 업무지구 벗어나 외곽으로 눈 길 돌리는 큰손들

최근 들어서는 큰손들의 오피스 투자 외연이 점점 더 넓어지고 있다. 과거와 달리 서울 3대 업무지구에 위치한 대형 오피스에만 눈길을 주는 것이 아니라 서울 외곽 지역으로도 눈길을 돌리고 있다. 미래에셋자산운용의 간판 펀드매니저였던 구재상 씨가 설립한 케이클라비스자산운용은 지난 2016년 말 서울 동작구 신대방동에 위치한 보라매한컴빌딩(390억 원)에 투자하는 1호 부동산펀드를 설정했다. 또 이지스자산운용도 2016년 말 미국계 투자자인 안젤로고든과 손잡고 서울 구로구 신도림에 위치한 신도림 미래타워 구분소유 빌딩을 약 670억 원에 사들였다

기관들이 서울 3대 권역을 벗어나 서울 외곽 지역으로까지 투자 외연을 확대하는 것은 도심·강남·여의도 등 핵심 권역의 대형 자산을 가져가기 위한 경쟁이 치열해지면서 가격이 치솟고 수익률이 떨어져, 새로운 투자처를 발굴해야 할 필요성이 높아졌기 때문이다. 특히 최근 신규 자산운용사가 봇물처럼 쏟아지면서 신생 운용사의

경우 빠른 시일 내에 시장에 안착하기 위해 경쟁이 덜한 주변부의 중소형 자산에 눈길을 돌리는 경우가 늘고 있다. 중소형 빌딩의 경우 자금 모집 규모가 크지 않기 때문에 은행 PB나 증권사들을 통해 개인 고액자산가들을 대상으로 투자자를 모으는 경우가 많으며, 공모형 상품을 출시하는 경우도 나타나고 있다.

이처럼 부동산자산운용사들이 서울 외곽 지역의 중소형 빌딩에까지 관심을 나타내면서 자문 서비스를 제공하는 글로벌 부동산 컨설팅 회사들도 중소형 빌딩 시장으로 보폭을 넓히고 있다. 글로벌 부동산 컨설팅사들의 경우 과거에는 주로 대형 오피스 거래 자문을 해왔으나 고객들이 중소형 빌딩에 관심을 가지면서 자연스럽게 관련 인력을 충원하고 있다. JLL과 세빌스의 경우 최근 중소형 빌딩 거래 자문을 전문으로 하는 컨설팅 업체에서 전문가를 영입해 관련 팀을 꾸렸다.

밸류애드, 오퍼튜너티 등 큰손들의 다양한 투자 전략

여기서 잠깐 큰손들의 여러 가지 오피스 투자 전략에 대해 간단히 설명을 하고 넘어가려고 한다. 개인들이 아파트에 투자할 때 시세 차익이나 임대수익 등 다양한 방식과 전략으로 수익을 추구하는 것처럼 오피스 투자 전략도 다양하다. 다만 지금까지 국내 기관투자자들이 주로 선호하는 오피스 빌딩 투자는 도시 핵심 지역에 위치한 공실률이 낮은 건물이었다. 안정적인 임대수익이 가능하고, 투자를 원하는 투자자가 많아 향후 매각이 용이하기 때문이다. 통상적으로 이러한 투자를 코어Core 투자라고 부른다.

하지만 국내 상업용 부동산 투자의 역사가 쌓이면서 보다 다양한 투자 전략들이 등장하고 있다. 특히 부동산 투자 경험이 풍부한 외국계 투자자들이 투자 전략 다변화를 이끌고 있다. 일반적으로 상업용 부동산 투자는 목표수익률에 따라 코어Core, 코어플러스Core+, 밸류애드Value Add, 오퍼튜너티Opportunity 네 가지로 분류한다.

밸류애드의 경우 통상 공실률이 높은 빌딩을 매입한 후 공실률을 해소해서 자산 가치를 끌어올리거나 오피스 빌딩 저층부를 리테일 시설로 변경해 수익률을 높이는 전략을 취한다. 이를테면, 프루덴셜파이낸셜그룹의 부동산투자회사인 'PGIM(옛 프라메리카)'은 지난 2017년 서울역 인근에 위치한 T타워에 투자한 바 있다. 당시 마이다스에셋자산운용이 소유하고 있던 T타워는 LG유플러스가 이전한 후 건물 전체가 텅 비어 공실에 대한 우려가 큰 상황이어서 기관들이 투자를 꺼려하던 자산이었다. 하지만 PGIM은 밸류애드 자금을 이용해 상대적으로 낮은 가격에 빌딩을 매입해 자산 가치를 끌어올릴 계획이다.

투자자들이 사랑하는 임차인 '스타벅스'

미국식 자본주의의 상징으로 꼽히는 '스타벅스'와 '자본', '도심 랜드마크 빌딩'의 만남은 자연스러운 현상이다. 스타벅스가 입점한 건물의 가치까지 높이는 '앵커 테넌트(핵심 점포)'로 자리 잡은 것은 이미 익숙한 사실이다. 서울 도심의 랜드마크마다 스타벅스가 들어서 있고, 이제는 자산의 가치를 높이고 싶은 건물주가 스타벅스를 찾는다.

실제 외국계 투자자들이 투자한 빌딩에서 스타벅스를 찾는 것은 어려운 일이 아니다. 페블스톤자산운용이 소유한 서소문 퍼시픽타워 1층에도 스타벅스가 자리 잡고 있으며, 싱가포르투자청이 투자한 더익스체인지서울빌딩, 블랙스톤이 투자한 캐피탈타워, 브룩필드가 투자한 여의도 국제금융센터IFC 등에도 어김없이 스타벅스가 들어서 있다. 아울러 스타벅스가 들어서 있는 도심 랜드마크 빌딩의 경우 건축적으로도 중요한 의미를 가지는 경우가 많다. 종로타워는 세계적인 건축가 라파엘 비뇰리가 설계했으며, 남대문 인근에 있는 '단암빌딩'은 한국 1세대 건축가인 고故 김중업씨가 설계한 건축물이다. 또 서울 종로구 대학로에 있는 '샘터 사옥'은 고 김수근 씨와 승효상 이로재 대표의 작품이며, 스타벅스 400호점이 들어선 광화문에 있는 '이마빌딩'은 요절한 천재 건축가 홍순인씨의 혼이 깃들어 있다.

이 또한 자연스러운 현상으로 여겨진다. 건축가가 실력을 발휘하기 위해서는 예술에 깨어 있고 자본력이 있는 자본가를 만나는 것이 중요하다. 세계적인 건축가 '안토니 가우디'가 대표적이다. 가우디가 건축가로서 성공할 수 있었던 것도 그를 지지하고 후원했던 실업가 에우세비 구엘의 역할이 컸다. 이처럼 자본가의 지원에 힘입어 세워진 건축물들은 투자자들이 관심을 가지는 도심의 랜드마크가 되고, 그곳에 스타벅스가 자리를 잡는 것은 어찌 보면 필연적이다.

승효상 이로재 대표가 증축한 대학로 '샘터 사옥'. 김수근 건축의 특징인 붉은 벽돌과 담쟁이 덩쿨 사이로 '스타벅스' 간판이 보인다

또 최근에는 오피스 빌딩의 저층부를 리테일로 바꾸는 사례가 봇물처럼 쏟아지고 있다. 서울 주요 업무지구의 평균 공실률이 10%를 웃돌 정도로 높은 상황이 지속되면서 아예 오피스 공간을 줄이고 리테일 공간을 넓혀 수익률을 높이겠다는 전략이다. 한 예로 이지스자산운용은 동여의도에 위치한 옛 삼성생명빌딩(현 시티플라자)를 매입한 후 저층부(1~3층)에 식객촌을 들여 자산 가치 상승을 꾀

하기도 했다. 또 페블스톤자산운용은 2018년 초 하나카드가 이전하면서 100% 공실이 발생한 서울 중구 다동에 위치한 하나카드 다동 본사를 매입해 상층부에는 공유 오피스 '르호봇'을 유치하고, 저층부는 리테일로 새로 단장해 자산 가치 상승을 꾀하고 있다.

실제 최근 저층부를 리테일로 전환한 오피스 빌딩의 경우 그 효과를 톡톡히 보기도 했다. 지난 2016년 글로벌 컨설팅 업체인 CBRE코리아가 당시 저층부 오피스 공간을 리테일로 전환한 서울 종로·여의도·홍대 일대 5개 빌딩의 임대료 변화를 조사한 결과 3.3㎡당 월 임대료가 오피스 공간으로 사용할 당시 10만 8,980원에서 리테일 전환 후 23만 7,545원으로 118% 증가한 것으로 나타났다.

오피스 투자 시 가장 높은 수익률을 추구하는 전략은 '오퍼튜너티' 투자다. 통상 연 20% 이상의 수익률을 추구한다. 주로 외국계 투자자들이 구사하는 전략이다. 한국에서 오퍼튜너티 투자로 이름을 날리고 있는 외국계 투자자로는 미국계인 안젤로고든과 영국계인 스탠다드차타드 프라이빗에쿼티(엑티스 캐피털)[27]가 있다. 이들은 주로 개발 사업이나 부실채권NPL 등에 투자해 고수익을 올린다.

이를테면 안젤로고든은 2016년 말 서울 구로구 신도림에 위치한 신도림 미래타워 구분소유 오피스빌딩을 약 670억 원(3.3㎡당 870만 원)에 사들였다. 안젤로고든이 매입한 오피스빌딩은 공실률이

---

27 SC PE는 지난 2017년 말 부문이 영국계 사모펀드 운용사인 '액티스 캐피털'에 매각됐으며, 기존 SC PE 부동산 부문 인력들을 그대로 인수해 한국 부동산 시장에 대한 투자를 계속하고 있다.

30%에 육박하는 건물로 당시 인근 오피스 평균 공실률 8%를 훨씬 웃돌았다. 이 같이 공실률이 높았기 때문에 안젤로고든은 상대적으로 낮은 가격에 빌딩을 매입할 수 있었다.

이후 안젤로고든은 교통여건이 좋은 신도림의 입지적 장점을 활용하기 위해 섹션 오피스로 바꿔 임차인을 유치하고 있다. 또 SC PE는 2017년 말 영등포 문래동에 위치한 오피스타워 영시티의 부실채권을 싼 가격에 매입해 개발했다. 스탠다드차타드 프라이빗에퀴티는 최초 대출 원금이 1,000억 원 정도인 땅이 부실채권으로 공매에 나오자 약 650억 원에 사들였으며, 영등포 지역의 특성에 맞는 콜센터를 임차인으로 유치해 매각할 계획이다.

이처럼 오퍼튜너티 투자자는 단기적인 배당 수익보다는 중장기적으로 부동산 가치를 높이는 데 주력한다. 주로 개발 사업에 투자하다 보니 초기 2~3년간은 큰 비용이 들어가지만, 시간이 지날수록 수익률이 높아지는 구조다.

리츠 IN 리츠
밸류애드 전략 사례:
종로타워의 밸류애드 전략

2017년 12월 서울 종각역에 위치한 종로타워 1층 로비와 2층에 국내 최대 규모의 스타벅스가 들어서면서 사람들의 눈길을 사로잡은 적이 있다.

서울 종각역 인근에 위치한 종로타워

종로타워에 스타벅스가 입점한 것은 우연이 아니다. 종로타워가 스타벅스를 유치한 것은 건물의 가치를 높이기 위한 노력의 일환이다.

사실 종로타워는 도심 한복판이라는 좋은 입지에도 불구하고 수년 동안 애물단지로 여겨졌다. 삼성그룹이 상당한 애착을 가지고 개발해 1999년 준공했지만 애초 판매시설로 계획했던 건물을 업무시설로 용도 변경하면서 오피스 빌딩 치고는 효율성이 떨어지는데다 구분소유라 건물 관리가 제대로 되지 않았기 때문이다. 삼성생명은 1980년대 후반 한보그룹으로부터 종로타워 부지를 사들였으나 토지 매입 과정에서 영보합명주식회사가 소유하고 있는 땅은 끝내 매입하지 못하고 건물 지분을 나눠가졌다. 종로타워는 소유주가 둘인 까닭에 오랫동안 제대로 관리가 되지 못하고 사실상 방치되다시피 했다.[28]

그랬던 종로타워가 변화를 맞이하게 된 계기는 지난 2016년 싱가포르계 투자자인 알파인베스트먼트가 이지스자산운용이 설정한 펀드를 통해 종로타워를 인수하면서부터다. 애초 시장에서는 알파인베스트먼트가 종로타워 지분 전체를 인수하기는 쉽지 않을 것으로 내다봤다. 영보합명과의 협상이 쉽지 않을 것으로 예상됐기 때문이다. 하지만 알파인베스트먼트는 결국 구분소유인 이 빌딩 전체를 약 3,700억 원(3.3㎡ 당 2,000만 원 초반)에 사들였다. 도심 한복판이라는 입지에 걸맞은 빌딩으로 자산가치를 높일 수 있는 토대를 마련한 것이다. 알려진 바에 따르면 알파인베스트먼트는 종로타워 지분 전체를 인수하기 위해 매입 과정에서 영보합명이 소유한 지분에 대해서는 관심이 없는 척을 하기도 했다고 한다.

종로타워는 알파인베스트먼트에 인수된 후 빠르게 변하고 있다. 스타벅스 뿐만 아니라 상징성이 큰 임차인들을 잇따라 유치하면서 건물 가치 향상을 꾀하고 있다. 우선 2016년 12월에는 종로서적을 들였다. 지난 1907년 '예수교서회'라는 이름의 기독교서점으로 시작한 종로서적은 한국에서 가장 역사가 긴 서점으로 알려져 있다. 수많은 사람이 만남의 장소로 이용했던 종로서적은 지난 2002년 6월 월드컵 열기로 나라 전체가 들썩이고 있을 때 대형 서점, 인터넷 서점과의 경쟁에 밀려 쓸쓸하게 사라졌다. 비록 사업자는 바뀌었지만 그리움이 가득한 이름인 종로서적이 다시 생긴다는 것 자체로 많은 사람들의 향수를 자극했으며, 다시 부활한 종로서적을 보기 위해 많은 사람들이 종로타워로 발길을 옮겼다. 또 공유 오피스 위워크도 종로타워의 상징과도 같았던 레스토랑인 33층 탑클라우드 자리를 비롯한 고층부에 들어섰다.

---

28 실제 구분소유 건물은 관리가 제대로 되지 않아 자산 가치를 높이기가 쉽지 않을 뿐만 아니라 매각도 여의치 않은 경우가 많다. 통상적으로 소수 지분을 가진 소유주가 지나치게 높은 가격을 요구하는 경우가 많기 때문이다. 한 예로 지난 2015년 매각이 추진됐던 서울 중구 다동의 한국씨티은행 서울 본사의 경우 대부분의 건물을 한국씨티은행이 소유하고 있지만 중간층 일부를 소유하고 있는 대견기업주식회사와 협상이 원활하게 진행되지 않아 끝내 매각이 무산됐다.

리츠로 은퇴월급 만들기

투자전략의 다변화:
'매각 골칫덩이' 서부금융센터 매각

2017년 말에 매각된 서부금융센터는 국내 오피스 시장의 투자 전략이 다변화되고 있음을 보여주는 좋은 사례다. 지난 2009년 싱가포르계 투자자인 아센다스가 국내 보험사들과 힘을 합쳐 인수한 서부금융센터는 그간 여러 차례 매각을 타진했으나 번번이 실패한 바 있다. 규모가 크고 서울 핵심 권역과는 다소 떨어져 있어 투자자를 모으기가 쉽지 않았다.

부동산자산운용사인 마스턴투자운용은 이 같은 서부금융센터의 단점을 오히려 장점으로 바꿔 투자자를 유치했다. 서부금융센터가 위치한 서울 남서부 지역은 서울 주요 권역에 비해 임대료가 싸고 인천·부천 등 서부 경기권에서 출퇴근이 용이해 카드 회사들의 콜센터 등이 선호하는 지역이다. 서부금융센터도 이 같은 입지의 장점을 살려 콜센터 중심으로 30개 이상의 다양한 임차인을 유치하고 있었다. 단일 임차인으로 구성된 오피스빌딩의 경우 임차인 이전 시 대규모 공실이 발생할 우려가 크지만 서부금융센터와 같이 다양한 임차인으로 구성된 빌딩은 공실률을 안정적으로 관리할 수 있는 장점이 있다. 이 같은 장점을 활용해 마스턴투자운용은 우선주 투자자들에게 연평균 6%대의 안정적인 배당을 줄 수 있는 상품을 만들어 자금을 모집했다. 지역과 자산의 성격에 맞는 전략을 세워 투자자를 유치한 것이다.

임차인 리스크:
싱글 테넌트 vs 멀티 테넌트

우량 임차인의 존재는 건물의 가치를 올려주고 안정적인 수익률을 올려주는 든든한 버팀목이다. 오피스를 매각하는 쪽이나 오피스를 사들이는 부동산자산운용사들이 우량 임차인을 그토록 강조하는 이유도 투자자 모집이 쉽기 때문이다. 그렇다면 어떤 임차인이 우량 임차인일까. 삼성전자나 SK텔레콤과 같은 누구나 알고 실적이 좋은 기업이 넓은 면적을 사용하고 있다면 이보다 좋을 순 없을 것이다. 하지만 그런 경우가 흔하지 않다. 오히려 투자대상이 되는 오피스 빌딩은 대부분 어느 정도의 임차인 리스크를 안고 있다. 결국 앞서 마스턴투자운용이 서부금융센터를 인수한 사례에서 알 수 있듯이 지역의 특성에 맞는 임차인을 유치해 공실률 리스크를 최소화하는 게 가장 중요하다.

부동산 투자 시장에서는 임차인을 '테넌트tenant'라는 용어로 주로 부르는데 앞으로 리츠와 같은 부동산간접투자 상품을 투자하다 보면 '싱글 테넌트'나 '멀티 테넌트'와 같은 말을 자주 듣게 될 것이다. 싱글 테넌트는 말 그대로 한 오피스 건물을 한 임차인이 통째로 사용하는 것을 말한다. 이와 달리 멀티 테넌트는 한 오피스 건물을 여러 임차인이 나눠 사용하는 것을 뜻한다.

싱글 테넌트와 멀티 테넌트가 있는 오피스 빌딩 중 어느 쪽에 투자하는 것이 좋을까. 일반적으로는 삼성과 같은 신용도가 높은 큰 기업이 오피스 건물 전체를 장기간 사용하는 것이 좋다고 생각할지 모른다. 그러나 싱글 테넌트가 꼭 좋다고 볼 수만은 없다. 한 예로 지난 2017년 초 경기도 성남시 판교에 위치한 알파돔시티 내에 위치한 판교 알파리움타워가 매각된 적이 있다. 당시 매각 측은 알파리움타워의 가격을 높이고 흥행을 성공시키기 위해 국내 1위 건설회사인 삼성물산이 전체 빌딩을 임차하고 있다는 점을 강조했다.

하지만 부동산 업계 일각에서는 오히려 이 같은 점이 알파리움타워의 가치를 떨어뜨리는 요인이라고 지적하는 목소리도 있었다. 당시 삼성물산의 임대차 계약 기간은 5년이었는데 5년 뒤 삼성물산이 임대차 계약을 갱신하지 않으면 빌딩 전체가 텅텅 비게 되기 때문이다. 통상적으로 부동산펀드의 운용 기간이 5년 정도라는 점을 감안하면 향후 매각 시 공실 우려가 발생할 수 있는 것이다.[29] 실제 삼성물산은 지난 2016년 3월 서울 강남 서초사옥에서 알파리움타워로 이전했으나 계약 기간이 끝나기도 전인 입주 2년 만에 서울 강동구 상일동에 위치한 삼성엔지니어링 사옥으로 이전했다.

알파리움타워와 대비되는 사례도 있다. 이지스자산운용이 지난 2016년 말 1호 공모 부동산펀드 상품을 준비하면서 기초자산으

---

29 ARA에 앞서 싱가포르계 운용사인 아센다스는 알파리움타워가 100% 공실인 상황에서 인수를 추진했었다. 하지만 삼성물산이 임대차 계약을 맺으면서 매입을 포기했다. 100% 공실인 상황에서는 자산운용사가 향후 임차인 유치 계획을 세워 자산 가치를 높일 수 있다고 판단했지만 삼성물산이 들어오게 되면 자산을 활용할 수 있는 방안이 제한적이기 때문이다. 이처럼 경우에 따라서는 공실을 투자 기회로 보는 투자자도 있다.

로 담았던 서울 중구 서소문동에 위치한 퍼시픽타워다. 이지스자산 운용은 퍼시픽타워 투자의 매력 중 하나로 안정적인 임차인 구성을 내세웠다. 당시 퍼시픽타워의 임차율은 98%에 달했으며, 임차인들의 잔여 임대차 기간은 평균 3.3년이었다. 특히 샤넬·롤스로이스·화웨이 등 외국 기업과 리앤코·SK네트웍스·CJ대한통운 등 국내 대기업 등 24개의 다양한 임차인들로 구성돼 있어 한 임차인이 나가더라도 공실률이 급격하게 상승할 가능성이 낮다는 점을 강조했다. 하지만 개인투자자들의 생각은 달랐던 것 같다. 당시 이지스자산운용은 투자자 모집을 완료하지 못했다.

판교의 부상과
오피스 시장의 패러다임 변화

최근 오피스 투자 시장에서 가장 큰 주목을 받고 있는 지역 중에 하나는 경기도 성남 판교다. 판교는 상업용 부동산 시장의 새로운 메카로 떠오르고 있다. 그간 기관투자자들이 관심을 가질만한 우량 자산들이 꾸준히 공급된 데다 수요도 탄탄해 기존에 주로 서울 도심, 여의도, 강남 등 3대 권역을 중심으로 이뤄지던 대형 상업용 부동산 거래의 외연이 판교로 빠르게 확장되는 추세다.

이미 미래에셋자산운용, 이지스자산운용, 마스턴투자운용 등 국내를 대표하는 대형 부동산자산운용사들이 판교에 투자를 시작했다. 싱가포르투자청을 비롯한 외국계 큰손들도 판교 시장에 대한 관심을 꾸준히 나타내고 있다. 최근 한국을 방문하는 외국계 투자자들도 서울 주요 오피스 권역뿐만 아니라 판교를 찾아 투자처를 물색하는 경우를 자주 볼 수 있다. 실제 지난 2017년 순차적으로 매각이 진행된 판교 알파돔시티프로젝트[30] 부지의 경우 유수의 기관투자자들이 몰려들면서 치열한 경쟁이 벌어지기도 했다. 우선 싱가포르계 리츠 자산관리회사인 에이알에이ARA 코리아가 2017년 초 알파돔시티 내 오피스 빌딩 '알파리움타워'를 5,200억 원에 사들였다.

또 오피스 빌딩으로 개발되는 알파돔시티 6-1구역과 6-2구역, 6-3구역은 같은 해 말 미래에셋운용이 가져갔다. 미래에셋운용은 기관투자자인 지방행정공제회와 공동으로 6-1, 2 구역을 개발할 예정이다. 한국토지주택공사LH가 공모 상장 리츠를 만들기 위해 리츠 자산관리회사에 매각한 6-4구역의 경우 신한리츠운용, 마스턴투자운용, 제이알투자운용, 코람코자산신탁 등 국내 리츠 업계를 대표하는 회사들이 대거 참여해 막판까지 치열한 경쟁을 벌인 바 있다.

---

30 판교역에 위치한 알파돔시티 개발사업은 지난 2008년 글로벌 금융위기 이전에 마지막으로 추진됐던 공모형 프로젝트파이낸싱PF 사업이다. 2007년 말 사업 시작 직후 금융위기가 터지는 등 부동산경기가 악화되면서 사업 초기에 어려움을 겪었으나 최근 들어 판교의 주거와 오피스 시장이 호황을 맞으며 알파돔시티 사업에 호재로 작용했으며, 최근 사업지 내에 위치한 10개 블록 모두 개발을 완료하거나 사업자를 구했다. 공모형 PF 사업으로는 드물게 성공한 케이스다.

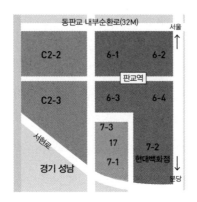

- 6-1, 6-2 구역은 행정공제회와 미래에셋자산운용이 공동으로 개발
- 6-3 구역은 미래에셋자산운용이 인수
- 6-4 구역은 신한리츠운용이 인수해 공모 상장 리츠로 만들 예정
- 7-1 구역과 17구역은 마스턴투자운용이 오피스텔과 판매시설로 개발 예정
- 7-3 구역은 SK D&D와 이지스자산운용, 조선호텔이 호텔 개발 예정
- 7-2 구역은 현대백화점 C2-2 구역은 ARA코리아가 매입

승자는 신한리츠운용이었다. 신한리츠운용은 2017년 7월 신한 금융지주가 100% 출자한 자회사로, 개인투자자들도 투자할 수 있는 공모 상장 리츠 개발을 최우선 목표로 설립했다. 실제 신한리츠운용 은 설립 후 1호 상품으로 공모 리츠(신한알파리츠)를 선보였다. 신한알 파리츠는 판교 알파돔시티 6-4구역 오피스 빌딩과 용산 더 프라임 타워를 기초자산으로 하는 리츠다.

투자자들이 판교 오피스 시장에 관심이 많은 이유는 네이버, 다음카카오, 엔씨소프트 등 정보기술 기업의 성장으로 배후 수요가

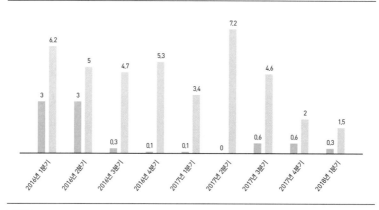

판교와 분당 오피스 시장 공실률 추이

출처: 메이트플러스

■ 판교
■ 분당

워낙 탄탄하다 보니 판교 오피스 시장이 안정세를 보이고 있기 때문이다. 2017년 말 기준 판교 오피스 시장의 공실률은 사실상 제로에 가까운 수준이다. 최근 공실률이 10%를 웃도는 서울 3대 오피스 권역(도심, 여의도, 강남)과 비교하면 상당히 안정적이다. 이런 이유로 그간 서울 3대 권역 중심으로 돌아가던 오피스 투자 시장의 판도도 변화의 조짐이 나타나고 있다.

판교 상업용 부동산 시장에 대한 투자자들의 관심은 앞으로 더 높아질 것이다. 지난 2009년부터 본격적으로 공급되기 시작한 판교 테크노밸리 오피스들이 전매제한 기간(10년)이 끝나는 2019년부터는 거래가 본격화될 것이기 때문이다. 신영에셋에 따르면 지난 2009년부터 판교에 공급된 연면적 3만 3,000㎡ 이상의 대형 오피스 빌딩은

42개에 달한다.

코람코자산운용이 인수한 성남시 분당구 서현동의
'분당스퀘어'

판교 오피스 시장의 성장은 인근 분당 오피스 시장에도 긍정적인 영향을 미치고 있다. 판교 오피스 시장이 안정세에 접어들면서 분당 오피스 시장의 공실률까지 덩달아 낮아지는 효과를 보고 있기 때문이다. 이 때문에 최근 분당에서도 부동산 시장의 큰손들이 투자하는 사례가 늘어나고 있다. 2017년 구재상 전 미래에셋자산운용 부회장이 설립한 케이클라비스자산운용이 성남시 분당구 구미동에 위치한 지하 4층 ~지상 8층, 연면적 4만 6,045㎡ 규모의 대형 오피스빌딩 '엠타워'를 매입했으며, 같은 해 코람코자산운용은 성남시 분당구 서현동에 위치한 분당스퀘어 오피스 부문(연면적 3만 8,056㎡)을 1,070억 원(부대비용 포함)에 인수했다. 두산그룹이 재무구조 개선을 위해 유동화한 분당구 정자동의 '두산 분당센터'도 기관투자자와 손잡고 개발할 예정이다.

리츠로 은퇴월급 만들기

기관뿐만 아니라 개인투자자들도 서울 핵심 권역에 위치한 우량 오피스 빌딩에 투자할 수 있는 기회가 종종 있었다. 2000년대 초반 국내에 리츠가 도입된 후 2002년 5월 30일 오피스를 기초자산으로 하는 1호 상장 리츠인 '코크렙 제1호 기업구조조정 부동산투자회사'가 한국거래소에 상장됐다. 코크렙 1호는 서울 장교동 한화빌딩, 여의도 대한빌딩, 동교동 대아빌딩에 투자하는 리츠였다. 이후에도 오피스에 투자하는 다수의 상장 리츠가 나왔다.

코크렙 1호에 이어 2002년 11월 11일에는 명동신월빌딩과 하나로빌딩에 투자하는 코크렙 2호가 상장됐으며, 2003년 8월 29일에는 한화증권 여의도 빌딩과 강남구 논현동 아이빌힐타운을 기초자산으로 하는 코크렙 3호도 상장됐다. 또 2004년 1월 8일에는 서울 충무로 극동빌딩에 투자하는 '맥쿼리 센트럴오피스 기업구조조정 부동산투자회사'가 상장하는 등 초기 몇 년간은 매년 상장 리츠가 등장했다.

현재 서울 주요 오피스 권역에도 리츠가 투자한 오피스 빌딩이 다수 있다. 공모 상장 리츠는 아니지만 서울역 맞은편에 있는 서울스퀘어, 종각역에 있는 그랑서울, 종로구 서린동의 알파빌딩, 서초동에 있는 마제스타시티 B동 등이 사모 리츠에 담겨 있다.

높은 수익률을 자랑하는, 물류센터

아마존, 알리바바의 등장과 물류 시장의 변화

'온라인 유통 공룡'으로 불리는 아마존Amazon을 모르는 사람은 거의 없을 것이다. 월가 출신의 제프 베조스가 지난 1994년 온라인 서점으로 창업한 아마존은 24년이 지난 지금 세계 최대의 전자상거래 업체로 성장했다. 아마존은 미국 유통 시장의 40%를 장악하고 있으며, 지금도 고속 성장을 이어가고 있다.

아마존의 2018년 1·4분기 매출액은 510억 4,000만 달러로 전년 대비 49%가 증가했으며, 영업이익은 16억 달러로 전년 대비 221% 늘었다. 미국의 경제 전문지 포춘은 해마다 전년도 매출액을 기준으로 미국 500대 기업 리스트를 발표하는데 아마존의 2017년 매출액은 1,780억 달러로 8위에 올랐다.

아마존이 매출 상위 10위권에 든 것은 이번이 처음이었다. 아마존보다 높은 순위를 기록한 미국 기업은 월마트, 엑손 모빌, 버크셔 해서웨이, 애플, 유나이티드 헬스 그룹, 매케슨, CVS 헬스밖에 없었다. 미국을 대표하는 기업인 AT&T와 제너럴모터스GM도 아마존에 순위가 밀렸다. 실적 호조에 힘입어 주가도 지속적으로 오르고

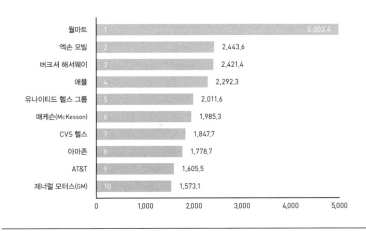

아마존 매출 순위(단위: 억 달러)

월마트	1 ... 5,003.4
엑슨 모빌	2 ... 2,443.6
버크셔 해서웨이	3 ... 2,421.4
애플	4 ... 2,292.3
유나이티드 헬스 그룹	5 ... 2,011.6
매케슨(McKesson)	6 ... 1,985.3
CVS 헬스	7 ... 1,847.7
아마존	8 ... 1,778.7
AT&T	9 ... 1,605.5
제너럴 모터스(GM)	10 ... 1,573.1

*2018년 포춘 '미국 500대 기업' 기준

출처: 포춘

있다. 2018년 5월 기준 아마존의 시가총액이 7,800억 달러에 달해 조만간 1조 달러를 넘어설 것으로 전망된다.

　미국뿐만 아니라 전 세계에서 아마존과 같은 대형 전자상거래 업체들이 등장하고 있다. 이를테면 중국에서는 '알리바바Alibaba' 가 고속 성장을 이어가고 있다. 마윈이 설립한 중국 최대의 전자상거래 업체 알리바바의 최근 회계연도(2017년 4월~2018년 3월) 매출액이 389억 9,800만 달러로 전년 동기 대비 58% 증가했으며, 영업이익은 110억 5,000만 달러로 전년 동기 대비 40% 성장했다. 알리바바는 1999년 설립 이후 매년 고성장을 지속하고 있으며, 지난 2014년에는 이 같은 성장세에 힘입어 뉴욕증권거래소NYSE에 당당히 입성하기도 했다.

아마존과 알리바바의 성장세는 전자상거래 분야에서뿐만 아니라 모든 기업을 통틀어도 독보적이다. 이에 아마존과 알리바바는 세계 최대 커뮤니케이션 그룹인 WPP와 마케팅리서치업체 칸타 밀워드 브라운이 발표한 2018년 '브랜드Z'에서 세계 10대 브랜드에 꼽히기도 했다. 아마존이 구글, 애플에 이어 3위를 차지했으며, 알리바바는 9위에 올랐다. 참고로 한국 기업 중에서는 삼성이 33위를 차지해 유일하게 100대 기업 안에 들었다. 아마존과 알리바바의 위상이 어느 정도인지를 가늠할 수 있다.

아마존과 알리바바와 같은 전자상거래 업체의 성장은 라이프스타일 변화에 따라 소비패턴이 과거 오프라인에서 온라인 중심으로 바뀌고 있기 때문이다. 실제 이커머스e-Commerece는 눈이 부실 정도로 고속 성장을 구가하고 있다. 글로벌 투자은행IB 크레디트스위스는 최근 향후 몇 년간 온라인 쇼핑의 성장세가 기존 소매업의 최대 10배에 달할 것이라는 전망을 내놓기도 했다. 또 시장조사업체 이마케터닷컴은 지난 2015년 1조 5,480억 달러 규모였던 전 세계 전자상거래 시장 규모가 오는 2020년 4조 580억 달러 규모로 성장할 것으로 전망했다.

이 과정에서 물류서비스의 중요성이 점점 커지고 있다. 한국에도 이 같은 변화가 나타나고 있다. 특히 쿠팡이 '로켓배송'을 도입해 물류서비스 시장의 판을 뒤흔들고 있다. 쿠팡이 내세우는 로켓배송은 업계 최초로 '24시간 이내 배송'이라는 개념을 도입했으며, 인천과 덕평에 위치한 연면적 9만 9,173㎡ 규모의 메가 물류센터를 포함

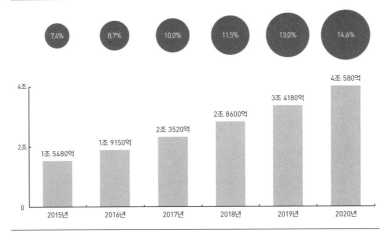

전 세계 전자상거래 시장 성장 추이(단위: 달러)

7.4% 8.7% 10.0% 11.5% 13.0% 14.6%

4조 580억
3조 4180억
2조 8600억
2조 3520억
1조 9150억
1조 5480억

2015년 2016년 2017년 2018년 2019년 2020년

■ 전자상거래 판매 규모
● 리테일 분야 전체 판매율

출처: 시장조사업체 이마케터닷컴

해 전국에 총 50개가 넘는 물류거점을 확보하면서 물류 시장의 판을 바꿨다는 평가를 받고 있다. 이러한 쿠팡을 두고 일각에서는 '한국의 아마존'으로 묘사하기도 한다.

물류서비스 시장은 앞으로도 고성장이 예상된다. 최근 들어 온라인 쇼핑이 급격하게 성장하고 있기 때문이다. 통계청에 따르면 지난 2017년 온라인쇼핑 거래액은 78조 원을 넘어서 사상 최대치를 기록했으며, 연평균 성장률은 20%에 달한다. 2018년에는 거래액이 100조 원에 육박할 것으로 전망된다.

여기에 롯데쇼핑, 신세계백화점그룹, 현대백화점그룹 등 대기업들도 온라인 사업 강화에 팔을 걷어붙이고 나서고 있다. 오프라인 유통 시장의 절대강자인 롯데는 최근 온라인 사업에 승부수를 던졌다. 롯데는 2018년 5월 온라인 사업에 3조 원을 투자해 오는 2022년까지 온라인 매출 20조 원을 달성하고 업계 1위로 도약하겠다는 비전을 밝혔다. 또 신세계는 불과 네 달 전인 2018년 1월, 1조 원을 투자해 2023년까지 온라인 매출 10조 원을 달성하겠다고 밝혔다. 현대도 2022년까지 온라인 매출액 5,000억 원을 달성하겠다는 계획을 발표했다. 이외에도 SK플래닛이 운영하는 국내 최대 오픈마켓 11번가는 최근 SK플래닛으로 분사해 독립 법인으로 출범했다. 동시에 사모펀드PEF 운용사 H&Q코리아와 국민연금, 새마을금고로부터 약 5,000억 원을 투자 받기로 했다. 대규모 투자를 통해 이커머스 시장의 주도권을 잡고 '한국판 아마존'이 되기 위해서다.

이 같은 전자상거래 시장의 성장과 물류서비스에 대한 수요 증가는 상업용 부동산 투자 시장에도 지대한 영향을 미치고 있다. 물류서비스 시장의 외연이 커지고, 보다 나은 서비스를 제공할 수 있는 물류센터에 대한 수요가 증가하면서 투자자들이 몰려들고 있다. 물류센터의 위상도 과거와 달라졌다. 옛날에는 물류센터라고 하면 창고를 떠올리는 경우가 많았으나, 지금은 유통혁신을 이루려고 하는 대단위 사업체와 전자상거래 시장의 성장에 힘입어 단순한 창고 시설을 넘어 유통망의 일부가 되고 있다.

최근 물류센터가 투자 상품으로 주목을 받고 있는 것은 오피스 시장의 경쟁이 심화되면서 갈수록 수익률이 떨어지고 있기 때문이다. 반면 물류센터는 오피스에 비해 상대적으로 높은 수익률로 인기를 끌고 있다. 최근 투자자들이 목표로 하는 물류센터의 투자 수익률은 연간 약 6~8% 수준이다. 이는 프라임 오피스 평균 수익률인 4~5%에 비해 높은 편이다. CBRE코리아에 따르면 2018년 1분기 국내 프라임급 물류 투자시장의 평균 수익률Gross Yield은 6.5%였으며, A급 물류시장의 평균 수익률은 6.9%로 집계됐다.

큰손들의 물류센터 투자

최근 큰손들의 관심이 가장 높은 상업용 부동산은 물류센터다. 실제 지난 몇 년간 외국계 기관투자자들이 한국 물류센터에 투자했다는 기사가 부쩍 자주 눈에 띈다. 사실 기관투자자들이 물류센터를 투자대상으로 보기 시작한 것은 10년도 더 된 일이다. 큰손들이 국내에서 물류센터에 투자하기 시작한 시점은 2000년대 중반으로 거슬러 올라간다.

당시 미국계 물류 전문 투자자인 프롤로지스Prologis가 국내에 진출해 덕평에 위치한 물류센터를 사들인 것이 물류센터 투자의 효시로 꼽힌다. 이후 미국계 투자자인 AMB도 인천공항 물류센터에 투자하며 국내에 진출했고, 싱가포르계 투자자인 알파인베스트먼트·아센다스 등도 물류센터를 매입하기 시작했다.

2008년 금융위기 이후에는 싱가포르투자청과 메이플트리 등 주로 싱가포르계 자본들이 물류센터를 사들였다. 당시 프롤로지스와 AMB가 한국을 떠나며 내놓은 물건을 사들인 곳도 싱가포르계 투자자였다. 참고로 프롤로지스와 AMB는 이후 합병 수순을 밟게 된다. 2011년 규모가 작았던 AMB가 프롤로지스를 87억 달러에 사들였다. 당시 다윗이 골리앗을 삼킨다는 얘기가 나오기도 했다. 합병 후에는 물류 투자 시장에서 영향력이 더 컸던 프롤로지스로 회사명을 변경했으며, 기존 영문명을 'ProLogis'에서 'Prologis'로 변경했다. 프롤로지스는 미국 뉴욕 증시에 상장된 세계 최대 규모의 물류센터 투자 리츠이기도 하다.

외국계 투자자 중에서 싱가포르투자청은 국내 물류센터 투자 시장의 대표적인 큰손으로 꼽힌다. 싱가포르투자청은 최근까지도 한국 물류센터에 활발하게 투자하고 있다. 지난 2016년 3월 동탄에 위치한 동탄 물류단지에 약 7,000억 원을 투자 했으며, 향후 추가 투자 계획도 가지고 있다. 또 같은 해 6월에는 경기도 이천시 마장면 덕평리에 위치한 현대로지스틱스 물류센터를 1,600억 원에 인수하기도 했다.

지금까지 싱가포르투자청이 투자한 국내 물류센터는 10여 개를 훌쩍 넘는다. 또 다른 싱가포르계 투자자인 메이플트리도 국내 물류센터 투자 시장의 큰손이다. 메이플트리는 지난 2008년 경기도 여주에 위치한 물류센터를 사들인 것을 시작으로 지금까지 한국에서 총 11개의 물류센터를 매입했다. 메이플트리는 물류센터에 전문적으로 투자하는 리츠로 싱가포르증권거래소에 '메이플트리 로지스틱스 트러스트ₘₗₜ'라는 이름으로 상장되어 있기도 하다. MLT는 싱가포르를 비롯해 한국·호주·일본·중국 등 전 세계 8개국 100여 개 이상의 물류센터에 투자하고 있다.

최근 들어서는 외국계 투자자들의 국내 물류센터 투자가 더욱 활발해지고 있다. 앞서 말했듯이 이커머스 시장이 빠르게 성장하면서 물류센터 수요가 증가하고 있기 때문이다. 이 때문에 기존에 활발하게 활동했던 외국계 큰손들은 물론이고, 계속해서 새로운 투자자들이 들어오고 있다.

독일계 운용사인 도이치자산운용은 지난 2012년 8월 경기도 평택에 위치한 한라물류창고에 투자하면서 처음으로 한국 물류센터에 투자했으며, 이후 평택 아디다스 물류센터, 덕평 삼성전자 물류센터, 로지포트 이천 등 다수의 물류센터에 투자했다. 콜버그크래비스로버츠, 블랙스톤, 워버그핀커스 등 전 세계 투자시장을 주름잡고 있는 사모펀드 운용사들도 최근 한국 물류센터 투자를 시작하거나 적극적으로 투자처 발굴에 나서는 모습이다.

콜버그크래비스로버츠의 경우 경기도 평택에서 물류센터 개발을 통해 한국 물류센터 투자를 시작했으며, 세계 최대의 사모펀드 운용사인 블랙스톤은 최근 경기도 안성과 용인에 위치한 물류센터에 처음으로 투자하면서 한국 물류센터 투자 시장에 진출했다. 이 외에도 물류센터 전문 투자자인 켄달스퀘어 로지스틱스 프로퍼티스는 지난 2015년 말 캐나다 연기금CPPIB, 네덜란드 연기금APG 등과 국내 물류센터에 투자하기 위해 5억 달러 규모의 합작회사를 설립하기도 했다. 또 지난 2017년부터 한국 부동산 투자를 시작한 말레이시

최근 외국계 투자자 물류센터 투자 사례

투자대상	위치	투자자	투자규모
동탄 물류단지	경기 화성시 신동	싱가포르투자청	약 7,600억 원
현대로지스틱스 물류센터	경기 이천시 마장면	싱가포르투자청	1,600억 원
대화서이천물류센터	경기 이천시 마장면	말레이시아근로자공제 기금	700억 원 중반
인천 TJ물류센터	인천 서구 오류동	모건스탠리	980억 원
부산 인근 실물자산과 개발 부지	경남 김해시 상동명	캐나다연기금(CPPIB), 네덜란드연금(APG)	700억 원
MQ물류센터	경기도 용인	독일계 기관투자자	830억 원
덕평 삼성전자 물류센터	경기도 이천시 호법면	독일계 기관투자자	786억 원
코어로지스, 에이블로	경기도 안성 및 용인	블랙스톤	700억 원

아 근로자공제기금EPF-Employees Provident Fund도 첫 투자처로 물류센터를 선택했다. EPF는 물류센터 투자를 많이 하는 ADF자산운용과 함께 경기도 이천시 마장면 이치리에 위치한 '대화서이천물류센터'를 약 700억 원 중반에 매입했다.

최근에는 투자 지역과 투자 전략도 점차 다변화되고 있다. 수도권뿐만 아니라 부산에서도 투자 사례가 나오고 있으며, 실물자산뿐만 아니라 개발 사업에 투자하는 경우도 늘고 있다. 물류센터 전문 자산운용사인 켄달스퀘어자산운용은 지난 2017년 부산시 인근 경남 김해시 상동면 대감리에 위치한 물류센터 실물 자산과 개발 부지에 투자하는 부동산펀드를 설립해 눈길을 끌었다.

이 펀드가 투자한 부지에는 연면적 2만 5,733㎡, 지하1층~지상

리츠로 은퇴월급 만들기

3층 규모의 상온 물류센터가 들어서 있으며, 나머지 부지는 화주와의 선임대차 계약을 통해 고객 맞춤형 물류창고 Built to Suit 방식으로 연면적 2만 7,000㎡ 규모의 물류센터를 개발해 자산 가치를 끌어올릴 계획이다. 실물자산과 고수익을 올릴 수 있는 개발 건을 한 펀드에 동시에 담아 수익성과 안정성을 동시에 추구하는 전략이다. 투자자는 캐나다연기금인 CPPIB와 네덜란드연금을 관리하는 APG자산관리였다. 미국계 투자자인 안젤로고든도 2017년 초 이지스자산운용과 손잡고 부산에 위치한 물류센터에 투자했다.

이처럼 외국계 기관들이 주도했던 물류센터 투자 시장에 최근 변화의 조짐이 나타나고 있다. 그간 오피스 위주로 투자하던 국내 기관들도 물류센터 투자에 적극적으로 뛰어들면서 지각변동을 일으키고 있다. 실제 불과 5~6년 전만 하더라도 국내 기관들의 물류센터 투자는 드물었으나 최근 들어서는 국내 큰손들의 물류센터 투자 소식이 자주 들려온다.

이지스자산운용은 지난해 국민연금 등 국내 기관들이 출자한 블라인드펀드를 활용해 경기도 용인에 위치한 양지복합물류센터를 약 4,100억 원에 사들였으며, 주택도시기금도 양지물류센터에 630억 원을 투자했다. 또 국내 기관 중에서 가장 활발하게 물류센터 투자를 하고 있는 지방행정공제회는 지난 2016년 국내 기관으로는 처음으로 물류센터 개발 사업에 투자했다. 당시 행정공제회는 용인 백암 물류센터 개발 사업에 프로젝트파이낸싱 PF 대출 형태로 약 350억 원을 투자했다.

물류센터 개발 사례

준공 시기	물류센터명	소재지	창고 유형	개발주체	연면적 (py)	DRY (py)	COLD (py)
2019 1Q	켄달스퀘어 고양 로지스틱스 파크	경기도 고양시 덕양구 원흥동	DRY	켄달스퀘어	60,362	60,362	
2019 1Q	김포 M2 물류센터	김포시 고촌읍 전호리	DRY	에스디아이알	20,318	20,318	
2019 1Q	백봉리 물류센터	경기도 용인시 처인구 백암면 백봉리	DRY	LB자산운용	29,943	29,943	
2019 1Q	시화 MTV 물류센터	경기도 안산시 성곡동	DRY	선경이엔씨	70,690	70,690	
2018 4Q	판토스 시화 물류센터	경기도 안산시 성곡동	DRY	판토스	26,331	26,331	
2018 4Q	화성 동탄 물류단지	경기도 화성시 동탄면 신리	MIX	에이디에프자산 운용	165,185	146,778	18,407
2018 4Q	양지복합 물류센터	경기도 용인시 처인구 양지면 양지리	DRY	이지스자산운용	105,497	105,497	
2018 4Q	다코넷 덕평 물류센터	경기도 이천시 덕평리	DRY	다코넷	22,565	22,565	
2018 3Q	양지 SLC 물류센터	경기도 용인시 처인구 양지면 제일리	MIX	마스턴자산운용	34,813	25,813	9,000
2018 2Q	휠라코리아 이천 물류센터	경기도 이천시 호법면 매곡리	DRY	휠라코리아	14,893	14,893	
2018 2Q	켄달스퀘어 부천 로지스틱스 파크	경기도 부천시 오정구	DRY	켄달스퀘어	92,280	92,280	
2018 1Q	칼트로지스 인천공항물류센터 2차	인천시 중구 운서동	DRY	칼트로지스	34,813		

출처: CBRE코리아

리츠로 은퇴월급 만들기

앞으로 국내 기관들의 물류센터 투자는 더 늘어날 전망이다. 전반적으로 물류센터에 대한 수요가 많아 공급이 계속해서 늘어나고 있는데다 오피스 시장과 마찬가지로 기업들이 직접 소유하는 경우가 많았던 물류센터들이 최근 유동화 되는 추세기 때문이다. 기관들의 물류센터 투자 전략도 점차 진화하고 있다. 한 예로 국민연금의 경우 최근 사상 처음으로 물류센터에 투자하는 블라인드펀드(투자대상을 정하기 전에 투자자를 모으는 것) 운용사로 ADF자산운용을 선정하기도 했다. 이는 국민연금이 향후 물류센터 투자를 더 확대하겠다는 뜻을 나타내는 움직임이기도 하다.

리츠 IN 리츠
물류센터 투자의 진화: 한국토지신탁의 '모자리츠'

물류센터 투자도 오피스와 마찬가지로 시간이 지날수록 진화될 것으로 예상된다. 지난 2016년 한국토지신탁이 내놓은 물류센터에 투자하는 '모자母子 리츠[자子 리츠 여러 개를 묶은 리츠]'도 그런 사례 중 하나다. 한토신이 설립한 '케이원물류허브 제1호 위탁관리리츠'는 삼덕 TLS물류센터에 투자하는 '케이원 제6호 위탁관리리츠'와 경기도 안성에 위치한 에버게인물류센터에 투자하는 '케이원 제5호 위탁관리리츠'를 자리츠로 편입했다.

케이원물류허브리츠의 주요 출자자는 연기금·공제회 등 기관투자가들이며 최초 출자 규모는 약 240억 원이었다. 케이원물류허브리츠 설립 당시 한토신은 운용 기간 동안 평균 8% 수준의 배당수익률을 목표로 잡았으며, 향후 물류센터를 추가로 편입해 자산규모를 키우고 상장을 통해 기관투자가들뿐만 아니라 개인투자자들도 참여할 수 있는 구조로 만들 계획을 세웠다.

케이원물류허브리츠는 싱가포르증권거래소에 상장돼 있는 물류 리츠인 '메이플트리 로지스틱스 트러스트'와 비슷한 구조다. MLT는 지난 2005년 싱가포르증권거래소에 상장됐으며 싱가포르·일본·한국 등 전 세계 8개국에 투자한 100개 이상의 물류센터에서 나오는 임대수익으로 투자자에게 배당을 지급한다.

기관끼리 사고파는 시장으로 진화, 다음은 '개인'

물류센터 투자 시장이 진화하고 있다는 증거는 물류센터를 사고파는 주체들의 변화를 통해서도 알 수 있다. 과거에는 일반적으로 시행사가 물류센터를 개발하는 경우가 많았다. 물류센터 개발 시행사로는 켄달스퀘어, 선경 E&C, 엠큐로지스틱스 같은 업체들이 있다. 이들은 물류센터 투자 시장에 매물을 공급하는 역할을 한다. 초창기 기관투자자들도 주로 시행사로부터 물류센터를 사들였다.

하지만 최근 들어 이 같은 구도에 변화의 조짐이 나타나고 있다. 2000년대 중반부터 한국 물류센터에 투자했던 외국계 투자가들이 최근 들어 물류센터 매각에 나서기 시작하면서 기관투자자 간의 거래가 늘고 있기 때문이다. 실제 싱가포르투자청은 지난 2017년 수도권 9곳과 경남 밀양 1곳 등 총 10개의 물류센터 매각을 추진한 바 있으며, 당시 블랙스톤을 비롯해 다수의 외국계 투자자들이 인수전에 참여했다. 다만 매도자와 매수자의 가격에 대한 이견으로 끝내 거래는 성사되지 않았다.

또 메이플트리도 최근 경기도 평택에 위치한 물류센터 매각을 추진한 바 있다. 싱가포르투자청과 메이플트리는 이른바 한국 물류센터 투자 시장의 1세대로 불리며 두 기관이 한국 물류센터 매각을 추진한 것은 이번이 처음이었다.

여기에 최근 물류센터 개발에 뛰어든 기관들도 매각을 추진하거나 앞두고 있어 물류 시장에서 기관들 간의 거래가 점차 늘어날 것으로 예상된다. 스탠다드차타드 프라이빗에쿼티(SC PE)가 2017년 5월에 준공한 인천 아라뱃길에 위치한 스카이박스 물류센터를 비롯해 ADF자산운용과 싱가포르투자청이 개발하고 있는 경기도 화성시 동탄면의 화성 동탄 물류단지, 이지스자산운용이 개발하는 용인시 처인구 양지면의 양지복합물류센터, 판토스가 개발하는 안산시 성곡동의 판토스 시화 물류센터, 켄달스퀘어가 개발하는 부천시 오정구의 켄달스퀘어 부천 로지스틱스파크 등 2018~2019년 완공 예정인 물류센터들이 즐비하기 때문이다.

이 같은 흐름은 1990년대 말 외환위기 전후로 오피스 투자 시장에서 일어난 변화와 유사하다. 외환위기 이전만 하더라도 국내 대형 오피스들은 대부분 기업들이 소유하고 있었다. 하지만 IMF 이후 기업들이 유동성 위기를 겪으면서 자산 매각을 시작했으며 당시 외국계 투자가들이 대거 한국 오피스에 투자했다. 이후 국내 연기금과 공제회 등도 리츠와 부동산펀드 등을 통해 오피스 투자에 나서면서 지금과 같은 기관 중심의 시장이 형성됐다. 물류센터 투자 시장 역시 같은 길을 밟고 있는 것으로 볼 수 있다.

실제 최근 대기업들이 자가 소유한 물류센터를 기관투자자에게 매각하는 사례가 등장하고 있다. 한 예로 휠라는 경기도 이천에 개발한 '휠라 물류센터'를 켄달스퀘어자산운용에 매각했다. 투자자는 캐나다연기금(CPPIB)이다. 이 같은 상황을 감안하면 앞으로 물류센터 투자 시장의 외연은 더욱 커질 것으로 전망된다. 또 기관투자자 중심으로 시장이 형성되면 향후 물류센터 투자 시장의 거래 절차가 보다 투명해지고 투자 관련 정보도 많아질 것으로 예상된다. 또 기관투자자에 이어 개인투자자들이 투자할 수 있는 시장도 머지않아 열릴 것으로 예상된다.

'아마존 물류센터'에 투자하는 국내 큰손들

이커머스의 고속 성장은 전 세계적인 현상이다. 한국뿐만 아니라 전 세계에서 물류센터가 유망 투자 상품으로 부상하고 있다는 의미다.[31] 이에 국내 큰손들도 국경을 넘어 해외 물류센터 투자에 적극적으로 뛰어들고 있다.

하나자산운용은 2016년 한국투자증권과 손잡고 폴란드 남서부 브로츠와프에 위치한 아마존 물류센터를 925억 원에 매입했다. 세계 최대 전자상거래 업체인 아마존이 전체 연면적 12만 3,449㎡를 15년 간 장기 임차해서 사용하고 있는 건물이다. 연평균 목표수익률은 8% 이상으로 잡았다. 당시 보수적으로 자산을 운용하는 것으로 알려진 한국거래소가 100억 원을 투자하면서 눈길을 끌기도 했다.

국내 기관들이 해외로 눈길을 돌리는 이유는 투자 기회가 많기 때문이기도 하다. 한 예로 지난 2010년 아마존이 유럽 지역에 소유하고 있던 물류센터는 8개에 불과했다. 하지만 2017년에는 70개로 늘어났다. 아마존뿐만이 아니다. 온라인 쇼핑의 성장으로 물류센터 투자 시장의 외연이 급격하게 커지고 있다. DHL, UPS 등 기존의 전통적 물류업체는 물론이고 테스코, 코스트코와 같은 유통업체, 폭스바겐, 월풀 등 제조업체까지 고객에게 좀 더 가까이 다가가기 위해 물류망을 확대하고 있다.

---

31 지난 2017년 말 서울경제신문이 영국계 대체투자 전문지 PERE와 개최한 서울 포럼에 참석한 케빈 트랭클 콜로니노스스타 최고투자책임자(CIO)는 당시 "현재 가장 선호하는 투자 분야가 물류 시장"이라며 "기본적으로 과거와는 비교할 수 없는 수요가 발생하고 있고 이 같은 경향이 단기간에 둔화되지는 않을 것"이라고 전망하기도 했다. 또 그는 "물류센터의 경우 로케이션이 중요한데 좋은 우량 입지에 토지를 마련하기가 쉽지 않아 공급이 억제돼 있다"며 향후 급격하게 공급이 늘어날 가능성도 낮아 유망한 투자 상품이라고 강조했다.

최근 국내 기관들의 해외 물류센터 투자 사례

투자대상	위치	투자자	투자규모
아마존 물류센터	폴란드 남서부 브로츠와프	한국투자증권이 총액 인수 후 셀다운(한국거래소 등 참여)	925억 원
H&M 물류센터	독일 함부르크	국민연금	1,500억 원
애콜레이드 파크	영국 브리스톨	캡스톤자산운용(국내 보험사)	900억 원

전 세계 최대 규모의 물류센터 리츠 프롤로지스가 투자한 미국 아마존 물류센터

이외에도 국내 기관들의 해외 물류센터 투자 사례는 차고 넘칠 정도로 많다. 국민연금은 ADF자산운용과 손잡고 지난 2016년 의류 브랜드 H&M의 독일 함부르크 물류센터를 약 1,500억 원에 인수했다. 당시 기대수익률은 연 6~7% 수준이었다. 또 국민연금은 이보다 앞서 2015년에는 삼성SRA자산운용과 손잡고 독일 프랑크푸르트 인근 보름스에 위치한 물류센터를 1,500억 원에 인수한 바 있다.

당시 국민연금뿐만 아니라 군인공제회 등 다른 국내 기관투자자들도 참여했다. 국민연금과 함께 한국을 대표하는 기관투자자인 한국투자공사(KIC)도 지난 2016년 사학연금과 손잡고 아마존과 스타벅스, 월마트 등 대형 유통기업을 고객으로 둔 미국 물류센터에 투자한 바 있다. 또 지난 2017년에는 국내 보험사들이 캡스톤자산운용과 함께 호주 최대 와인 생산업체 애콜레이드(Accolade)의 영국 브리스톨 물류센터(애콜레이드 파크)를 900억 원에 인수하기도 했다.

물류센터 투자에서 챙겨야 할 것

물류센터 투자 시에 우선 중요하게 봐야 할 것은 입지다. 좋은 입지는 부동산 자산의 가장 기본적인 조건이며, 물류센터도 마찬가지

권역별 시장 특징

빌딩명	지역	특징
동북부	포천시, 가평군, 양평군, 남양주시 등	물류창고의 공급이 많지 않은 편 일부 경기권역과 강원도의 물류를 커버하는 역할
동남부	광주시, 이천시, 여주시, 안성시 등	중부고속도로를 통해 서울 및 내륙으로의 진입가능 유통업계 특히 냉장냉동제품의 창고가 주종을 이룸
남부	화성시, 용인시, 의왕시, 과천시, 오산시 등	경부고속도로를 통해 서울 및 내륙 진입 가능 수출입화물, 소비재 물류단지 중심으로 형성
서북부	김포시, 인천광역시, 파주시, 양주시, 연천군 등	서울 및 경기권의 물류 거점 역할 수행 도서 출판 각종 관련 화물, LCD단지 관련 수출입 화물이 주를 이룸
서남부	시흥시, 안산시, 화성시(서부), 평택시 등	서해안 고속도로 및 평택–제천고속도로를 이용하여 서울 및 내륙 진입가능 주요 항만과 인접하여 있어 입지요건 우수 대중국 물동량 증가로 공산품, 곡물 등 다양한 화물 취급

2018년 1분기 전국 물류센터 등록현황

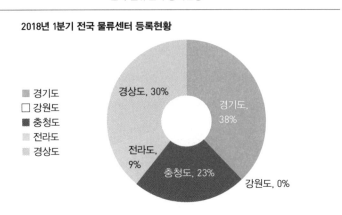

- 경기도
- 강원도
- 충청도
- 전라도
- 경상도

경상도, 30%

경기도, 38%

전라도, 9%

충청도, 23%

강원도, 0%

출처: 국가물류통합정보센터

수도권 권역별 물류센터 공급비율

- 수도권 동북부
- 수도권 동남부
- 수도권 남부
- 수도권 서남부
- 수도권 서북부

3.1%　　40.9%　　21.8%　　14.8%　　19.4%

다. 물류센터의 입지는 주요 고속도로 IC와의 거리(보통 5㎞ 이내), 생산지 접근성(공항과 항만 철도 등과 물류센터의 거리), 소비지 접근성(서울 도심에서 물류센터의 거리), 그리고 배후지에서의 인력수급이 쉬운지 등을 고려해야 한다. 특히 최근 들어 당일 배송과 같은 빠른 배송 경쟁이 심화되면서 소비지 접근성이 갈수록 중요해지고 있다.

시설조건도 중요하다. 당일 배송 서비스를 위해서는 물류센터 내부에서 화물을 취급하는 시스템이 갖춰져야 한다. 얼마나 빠르고 효율적으로 화물을 입출 할 수 있는지가 관건이다. 최근 층별로 차량이 접근할 수 있는 램프를 갖추고, 충분한 양의 물건을 쌓아둘 수 있는 10m 이상의 높은 층고와 센터 외부에 원활한 화물 입출을 위한 여유 공간을 확보한 물류센터가 관심을 받고 있는 이유다. 대형화 추세도 고려해야 할 요소다. 최근 들어 임차인들이 여러 지역에 흩어져 있는 물류센터를 대형 물류센터로 통합하는 경향을 보이고 있기 때문이다. 아울러 물류센터가 대형화되면서 트럭 접안 시설의 중요성도 갈수록 강조되고 있는 상황이다.

마지막은 모든 부동산의 핵심인 가격 및 임대조건이다. 투자자는 신용도가 높은 우량한 화물의 주인이 장기 임차 중인 물류센터를 제일 선호한다. 더불어 적정한 가격에 매입할 수 있어 인근 경쟁센터 대비 임대료 경쟁력을 가질 수 있는지, 풍부한 대체 임차 수요가 있는지를 감안해서 투자를 결정한다. 향후 주변 환경이 개발될 가능성이 있다면 더욱 좋다. 냉동창고에 비해 상온창고가 임차인 확보에 유리하다는 점도 명심해야 한다. 최근 들어서는 1인 가구 증가 등으로 편의점에서 살 수 있는 간편식이 인기를 끌면서 냉장창고에 대한 수요도 늘어나고 있다. 또 오피스와 마찬가지로 물류센터도 단일 임차인보다는 2~3개의 임차인을 유치하는 것이 향후 공실 리스크를 줄이는 데 도움이 된다.

리츠의 물류센터 투자

리츠 자산관리회사들도 물류센터에 대한 관심이 커지고 있다. 리츠 업계가 물류센터에 눈길을 돌린 것은 지난 2011년부터다. 당시 마스턴투자운용이 '행복마스턴 제1호'를 통해 천안에 위치한 물류센터에 투자했다. 이후 2014년까지 리츠가 물류센터에 투자한 사례는 5건 정도 나왔다. 리츠의 물류센터 투자 사례가 뚜렷하게 증가한 것은 2015년 이후다. 이때부터 물류센터에 대한 국내 기관투자자들의 관심이 높아지면서 물류센터 리츠 설립이 점차 증가했다.

제이알투자운용이 지난 2015년 김포 고촌읍 천호리 701번지에 위치한 '김포 티제이 물류센터'에 투자하는 약 680억 원 규모의 '제이알 제18호 위탁관리부동산투자회사'를 설립했으며, 같은 해 한국토지신탁은 경기도 안성시 일죽면 방초리에 위치한 물류창고 '에버게인'에 투자하는 물류 리츠(케이원 제5호 위탁관리부동산투자회사)를 내놓기도 했다. 한토신은 2016년 여러 개 물류센터 리츠를 묶은 모자리츠인 '케이원물류허브제1호위탁관리리츠'를 선보이기도 했다. 케이원물류허브리츠는 경기도 안성에 위치한 에버게인물류센터에 투자하는 '케이원 제5호 위탁관리리츠'와 '케이원 제6호 위탁관리리츠'를 자리츠로 편입했다.

물류센터 개발에 투자하는 리츠도 늘어나기 시작했다. 물류센터 시장이 점점 커지고 있고, 리츠 자산관리회사들도 물류센터 투자에 관심이 큰 만큼 향후 개인투자자들에도 리츠를 통해 물류센터에 투자할 수 있는 기회가 늘어날 전망이다. 실제 개인들에게도 부동산간접투자 상품을 활용한 물류센터 투자 기회가 조금씩 열리고 있다. 리츠와 부동산펀드를 겸업하는 제이알투자운용은 2018년 4월 GS칼텍스 인천 물류센터를 개발해 운용하는 145억 원 규모 사모펀드를 내놓기도 했다.

우리에게 가장 친숙한 부동산, 리테일

리테일만큼 유형이 다양한 부동산도 없다. 마트부터 시작해서 아울렛, 백화점, 대형 쇼핑몰까지 다양한 종류의 리테일이 있다. 리테일은 오피스나 물류센터에 비해 개인투자자들에게 친숙한 상품이다. 오피스나 물류센터라는 공간은 자주 접하지 못하거나 경험해 보지 못한 사람들이 있을 수 있다. 하지만 살면서 마트나 백화점, 쇼핑몰을 한 번도 방문하지 않은 사람을 찾는 것은 쉽지 않은 일이다.

아울러 리테일은 오피스나 물류센터, 주거, 호텔 등 다른 자산에 비해 가장 변화가 빠르고 유행에 민감한 자산이다. 특히 최근에는 전자상거래의 발달, 인스타그램과 같은 소셜네트워크서비스SNS의 등장이 리테일 시장에 큰 영향을 주면서 변화의 속도가 더 빨라지고 있다. 특히 한국의 경우 골목 상권을 보호하기 위한 각종 유통 규제도 리테일 투자 시장의 변수로 작용하고 있다. 이처럼 변수가 많은 리테일 투자는 오피스나 물류센터에 비해 상대적으로 투자 난이도가 높다. 여기서는 리테일 투자 시장에서 개인들의 투자 기회와 향후 리테일 투자 시장에 영향을 줄 수 있는 중요한 문제들을 짚어보고자 한다.

스타필드에 투자한 '국민연금'

사실 그간 롯데, 신세계, 현대 등 한국의 유통 대기업들은 직접 부동산을 보유하고 업業을 확장하는 경우가 많았다. 때문에 기관이든 개인이든 대형 리테일 자산에 투자할 기회가 많지는 않았다. 하지만 최근 들어 조금씩 변화의 조짐이 나타나고 있다. 대형 유통사들이 대규모 투자를 추진하면서 투자비 부담을 줄이고, 본연의 비즈니스에 집중하면서 신규 사업을 확장하기 위해 외부 투자자를 적극 끌어들이고 있기 때문이다.

대표적인 곳이 신세계다. 신세계는 지난 2016년 처음으로 모습을 드러낸 초대형 복합쇼핑몰 '스타필드Starfield'를 선보이면서 국내외 투자자를 유치해 공동으로 사업을 추진하고 있다. 우선 1호인 스타필드 하남에는 글로벌 쇼핑몰 개발·운영 기업 미국 터브먼의 자회사인 터브먼아시아가 49% 지분으로 참여했다. 또 지난 2017년 8월 경기도 고양시 삼송지구에서 문을 연 '스타필드 고양'에는 국내 상업용 부동산 시장의 큰손인 국민연금이 이지스자산운용에서 설정한 펀드에 3,800억 원을 투자해 지분 49%를 인수했다. 신세계는 앞으로도 복합쇼핑몰을 확장하면서 기관 자금을 적극적으로 유치할 것으로 예상된다. 이와 관련해 신세계그룹의 복합쇼핑몰 사업을 이끄는 신세계프라퍼티는 최근 1,500억 원 규모의 주주배정 유상증자를 실시했다. 이마트가 단독으로 참여했으며, 투자 금액은 '스타필드 안성' 개발에 쓰일 예정이다.

신세계뿐만 아니라 다른 유통사들도 과거와 달리 외부 투자자 유치에 적극적이다. 국민연금의 스타필드 고양 투자에 앞서 2016년 12월에는 서울 은평구 진관동에서 문을 연 대형 복합쇼핑몰 '롯데몰 은평'을 KB자산운용이 4,300억 원 규모의 부동산펀드를 조성해 인수하기도 했다.

사실 국민연금은 해외에선 스타필드 고양에 투자하기 이전부터 대형 쇼핑몰 투자를 해왔다. 국민연금은 지난 2013년 호주 디벨로퍼인 랜드리스Lend Lease가 개발하고 직접 운영하는 싱가포르 주룽 지역에 위치한 'JEM몰'의 지분 25%(1,000억 원)를 인수했다. JEM몰은 지하철역과도 연결돼 있고, 인근 지역의 수요가 많아 싱가포르에서 가장 잘 운영되는 쇼핑몰 중 하나로 꼽힌다.

국민연금이 해외에서 대형 쇼핑몰에 대한 투자를 할 수 있었던 것은 국내와 달리 해외 유통사나 디벨로퍼들은 자본의 효율성, 리스크 분산 등을 위해 기관들을 유치하는 경우가 많아 대형 쇼핑몰에 투자할 수 있는 기회가 많기 때문이다. 실제 신세계와 스타필드 하남을 공동 투자한 미국계 터브먼도 리테일 개발 시 기관투자자와 50대 50으로 조인트벤처를 만들어 공동투자 형태로 운영하는 경우가 많다.

앞으로는 국내에서도 대형 유통회사들의 공격적인 복합쇼핑몰 확장과 맞물려 기관투자가들이 대형 쇼핑몰에 투자할 수 있는 기회가 점차 늘어날 것으로 예상된다. 스타필드 고양과 같이 개발 초기 단계에서부터 기관들이 참여하는 사례가 계속 나올 전망이다. 국내 기관뿐만 아니라 싱가포르투자청과 같은 외국계 투자가들도 유통 3사와 손을 잡고 대형 복합쇼핑몰 개발에 참여하는 경우가 늘고 있다. 싱가포르투자청의 경우 송도와 대구에 들어서는 신세계 복합쇼핑몰에 투자하기도 했다. 특히 최근에 등장한 대형 복합쇼핑몰은 1990년대 후반 1세대 쇼핑몰이 등장한 후 지금까지 진화를 거듭한 끝에 최정점에 서 있는 쇼핑몰 형태라는 점에서 당분간 기관들의 뜨거운 관심도 계속될 것으로 예상된다.

이처럼 과거 유통업체들이 장악했던 대형 쇼핑몰에 기관들이 투자할 수 있는 기회가 열림에 따라 개인투자자들도 브랜드파워가 있는 대형 복합쇼핑몰에 투자할 수 있는 기회가 생길 가능성이 점점 높아지고 있다. 이를테면 국민연금이 투자한 스타필드 고양의 경우 향후 개인투자자들이 투자할 수 있는 공모 리츠에 매각할 가능성도 있다. 실제 해외의 경우에는 대형 복합쇼핑몰에 투자하는 리츠가 상장돼 있는 경우가 많아 개인들도 손쉽게 투자할 수 있다.

리테일 트렌드의 변화

	1990	2000	2008	2014	2016~
	1세대 쇼핑몰	1.5세대 쇼핑몰	2세대 쇼핑몰	2.5세대 쇼핑몰	3세대 쇼핑몰
포맷	소규모 종합상가 또는 도심형 패션빌딩	쇼핑, 외식, 멀티플렉스 등의 원스탑쇼핑몰 등장	몰링개념 첫도입 -> 쇼핑+문화기능 강화	체험형 몰링 개념 첫 도입	체험형쇼핑몰
컨셉	Shopping Center		원스톱 쇼핑몰	Lifestyle Mall	
입지	도심	도심·준도심	도심·준도심		교외·준도심
MD/공간	개인운영 소형 Fashion F&B중심		SPA 패션 중심 ->비차별화	체험적요소 고려 MD 등장	체험적 요소 강화 차별화된 MD강화
대표사례	동대문 두타, 밀리오레	코엑스몰, 아바타몰, 라페스타	타임스퀘어, 김포 롯데몰	롯데월드몰	스타필드 고양 롯데몰 은평

기관들의 리테일 투자 사례

쇼핑몰	투자 기관
디큐브시티(현대백화점)	싱가포르투자청, 캐나다 연금투자위원회
지스퀘어(롯데백화점, 롯데마트 등)	국민연금, 싱가포르투자청, 주택도시기금
롯데몰 은평	KB자산운용 펀드 통해 기관투자자가 투자
신세계 동대구 복합쇼핑몰	싱가포르투자청
신세계 스타필드 고양	국민연금

출처: 업계 취합

리츠로 은퇴월급 만들기

쇼핑몰의 끝판왕
'스타필드'의 등장과 리테일의 진화

지난 2016년 9월. 국내 리테일 업계에 커다란 지각변동이 일어났다. 이전까지 보지 못한 새로운 개념의 쇼핑몰이 등장한 것이다. 바로 '스타필드'다. 신세계그룹이 총 1조 원을 투자해 야심차게 선보인 스타필드는 경기도 하남에 1호점을 냈다.

스타필드 하남은 서울 삼성동 '코엑스몰', 영등포 '타임스퀘어', 여의도 'IFC몰' 등 기존에 존재하던 대형 쇼핑몰과는 차원이 다른 모습을 보여주었다. 눈을 멈출 수 없게 만드는 수많은 콘텐츠가 공간을 가득 채웠다. 스타필드 하남은 축구장 70개에 달하는 연면적 46만㎡, 부지면적 11만 8,000㎡[32]에 지하 1층부터 지상 3층까지 신세계백화점, 창고형 할인매장 트레이더스, 가전전문매장 일렉트로마트, 초저가판매점 노브랜드숍, 반려동물용품 전문매장 몰리스펫숍, 30여 개 해외 유명 브랜드가 입점하는 럭셔리존 등이 들어섰다.

또 프리미엄 식품과 피코크 키친을 결합한 PK마켓, 육아용품 전문점 마리스 베이비 서클, 장난감 전문점 토이 킹덤, BMW, 제네시스, 할리 데이비슨 등 자동차 전문관도 선보였다. 구기 스포츠, 실내 클라

---

32 스타필드 하남은 KRI 한국기록원에 단일건물 최대 쇼핑몰, 단일건물 최대 실내주차장, 최대 다이나믹 파사드(건축물의 정면, 측면 등 외관), 가장 길고 넓은 비정형 천장 등 4가지 항목에 대해 국내 최고 기록을 인증 받았다.

스타필드 하남

이밍 등 30여종의 스포츠 콘텐츠를 경험할 수 있는 '스포츠 몬스터'와 워터파크인 '아쿠아필드', 영화관 메가박스, 영풍문고 등도 있다. 잠실 올림픽주경기장(8,198㎡)보다 큰 식음 공간(1만 700㎡)에는 약 200m에 달하는 야외 테라스가 특징인 '고메 스트리트'를 비롯해 맥주 마니아를 위한 '데블스도어', 한국에 첫 선을 보이는 해외브랜드 '휘닉스암차', '교토카츠규', 전통 맛집인 '광화문미진(1954년 개점)', '의정부평양면옥(1969년)', '소호정(1985년)' 등이 대거 입점했다.

스타필드 하남은 리테일 업계의 혁명이라고 해도 과언이 아니었다. 실제로 정용진 신세계 부회장은 "지난 5년 동안 어떻게 하면 세상에 없던 쇼핑시설을 만들 수 있을까 고민해왔다. 스타필드 하남은 이러한 노력의 결정체"라고 말했다.

신개념 쇼핑몰의 등장에 사람들의 반응은 뜨거웠다. 2016년 9월 9일. 스타필브 하남 개장 첫날에만 12만 명의 인파가 몰렸다. 주변 도로가 온통 불법 주차차량으로 뒤덮이고 주변 출퇴근길 교통도 마비됐다. 이전까지 삼성동 코엑스몰, 영등포 타임스퀘어, 여의도 IFC몰이 등장하면서 사람들의 이목을 끌었지만 스타필드는 기존 쇼핑몰을 한 단계 뛰어넘는 수준이었다.

내가 장보는 마트에 투자할 수 있는 기회가 열린다

스타필드와 같은 초대형 복합 쇼핑몰은 이제 막 세상에 등장한 가장 진화한 리테일 시설이다. 아직까지는 국민연금이나 싱가포르투자청과 같이 상업용 부동산 시장의 큰손들에게만 투자 기회가 돌아가고 있다. 이와 달리 홈플러스, 롯데마트, 이마트 등과 같이 영업을 시작한 지 20~30년이 되어가고 있는 리테일 시설들은 최근 개인투자자들이 투자할 수 있는 기회가 생기고 있다. 특히 최근 들어 할인점 유동화 매물이 쏟아지면서 자산운용사들이 앞다퉈 개인투자자들을 대상으로 한 상품을 내놓고 있다.

부동산펀드 운용사인 유경PSG자산운용은 지난 2016년 9월 홈플러스에 투자하는 사모 부동산펀드를 출시했다. 사모펀드인 MBK파트너스가 매각하는 홈플러스 5개 점포(가좌·김포·김해·동대문·북수원점)에 투자하는 상품으로, 총 2,620억 원의 자금을 모집하는데 성공했다. 7년 만기이며, 목표 수익률은 연 6.92%였다. 최소 가입금액이 20억 원이었던 만큼 대부분의 투자금은 기관 자금으로 채워졌다.

이후 홈플러스와 롯데마트 등 개인투자자들에게 친숙한 리테일 자산에 투자하는 부동산 간접투자 상품이 봇물처럼 쏟아지고 있다. 투자 금액이 점차 낮아지면서 개인들이 투자할 수 있는 사모 상품이 등장했으며, 사모뿐만 아니라 공모 상품도 출시되고 있는 추세다. 이를 감안하면 국내에서도 개인들이 리테일을 기초자산으로 하는 부동산간접투자상품에 투자할 수 있는 기회가 점차 늘어날 것으로 예상된다.

실제 KB부동산신탁은 지난 2017년 말 서울 동작구 사당역 인근에 위치한 '홈플러스 남현점'에 투자하는 리츠 상품을 내놓은 바 있다. KB부동산신탁은 코람코자산운용이 소유하고 있는 홈플러스 남현점을 1,750억 원에 인수했으며, 전체 인수 금액 중 1,250억 원을 대출로 조달하고 나머지 500억 원은 금융기관을 통해 사모 형태로 투자자를 모았다. 만기는 3년이며 목표수익률은 연평균 6.8% 수준으로 잡았다. 홈플러스 남현점의 경우 배후수요가 풍부한데다 홈플러스가 20년간 장기임대차계약(잔여 임대차 기간은 16년)을 맺고 있어 임대료를 안정적으로 받을 수 있다는 점을 마케팅 포인트로 내세웠다. KB부동산신탁은 홈플러스 외에 롯데마트를 기초자산으로 하는 리츠 상품을 선보이기도 했다.

또 유경PSG운용은 2018년 초 MBK파트너스가 매각하는 홈플러스 의정부점과 울산남구점을 기초자산으로 하는 공모 부동산펀드를 만들어 투자자를 모집했다. 총 모집금액은 1,175억 원이었으며, 최소 가입금액은 1,000만 원으로 낮춰 개인들도 쉽게 투자할 수 있도록 했다. 목표로 하는 기대수익률은 6% 중반 수준이다. 비슷한 시기 대한토지신탁도 홈플러스 울산동구점에 투자하는 리츠를 설립해 개인투자자로부터 자금을 모집하는 방안을 추진했다.

여러 개의 홈플러스를 기초자산으로 하는 공모 상장 리츠도 곧 등장할 것으로 보인다. 홈플러스 최대주주인 MBK파트너스는 현재 보유 중인 80개 매장 중 매장 44곳을 공모 상장 리츠로 만들 계획이다. 이를 위해 국토교통부로부터 리츠 자산관리회사 '한국리테일투자운용' 인가를 받았다. 리츠 상장 규모는 2조 원에 달할 것으로 추산되며, 이 중 20%의 지분을 홈플러스가 보유하고, 80%는 시장에서 공모하는 방안을 검토 중이다.

리테일의 어두운 미래,
뒷걸음질치는 할인점 실적과 유통규제

이처럼 홈플러스나 롯데마트 등 할인점을 기초자산으로 하는 부동산간접투자 상품이 쏟아지고 있지만 투자 시에는 주의할 필요가 있다. 최근 온라인 유통 채널과의 경쟁 심화, 저성장 기조에 따른 민간소비 위축 등으로 할인점의 성장세가 한풀 꺾이고 있기 때문이다. 정부가 골목 상권 보호를 위해 대형 할인점들의 영업과 출점을 제한하고 있는 점도 부담스러운 요인이다.

대형 마트 3사의 매출 성장률(단위: %)

2014년	2015년	2016년	2017년
-3.4	-2.1	-1.4	-0.1

출처: 산업통상자원부

실제 최근 대형 마트들은 상위 30%만 수익을 내고 있고 40%는 현상 유지, 30%는 적자를 보고 있는 상황이다. 매출 성장세도 갈수록 둔화되고 있다. 산업통상자원부에 따르면 이마트, 롯데마트, 홈플러스 등 대형 마트 3사의 매출은 지난 2017년 −0.1%로 역성장을 기록했다.

이 때문에 최근 할인점 매물도 쏟아지고 있다. 국내 대형마트 업계 1위인 이마트의 경우 기존 지점 중 실적이 부진한 곳과 과거 지점 부지로 매입했으나 활용 가치가 낮다고 판단되는 자산 위주로 매각을 진행하고 있다. 지난 1993년 서울 도봉구 창동에 1호점을 연 이마트는 2017년 창립 24년 만에 처음으로 신규 점포를 내지 않기로 했다. 점포 수도 장안점과 울산 학성점이 폐점하는 등 줄고 있다. 또 2017년에 부평점과 대구 시지점을 매각했으며, 2018년 초에는 일산 덕이점도 팔았다. 롯데마트와 홈플러스도 실적 회복이 힘들어 보이는 자산들을 정리하기 시작했다. 홈플러스는 최근 동김해점과 부천 중동점 2곳을 폐점하기로 결정했다.

이처럼 할인점의 성장이 정체되고 있는 가운데 최근 일부 자산운용사들이 내놓은 할인점 매물 중에는 가격에 대한 이견과 자

물류센터 리츠	리테일 리츠
20.58	−4.77

*2017년도 수익률

출처: NAREIT

금 조달 실패 등으로 우선협상대상자가 수차례 변경되거나 아예 매각이 취소되는 경우가 생기기도 한다. 이를 감안하면 개인투자자들도 할인점을 기초자산으로 하는 부동산펀드나 리츠에 투자할 때 유의할 필요가 있다. 최근 할인점에 투자하는 부동산 간접투자상품이 하나둘씩 나오고 있지만 기관투자가들도 일부 우량 물건을 제외하고는 할인점 투자를 주저하는 상황이기 때문이다. 따라서 자산의 위치와 수익률 등을 꼼꼼하게 살펴보고 투자해야 한다.

참고로 최근 미국 리츠 시장에서는 리테일 리츠의 부진이 심각하다. 한국과 마찬가지로 이커머스의 발달로 오프라인 매장을 찾는 사람들의 발길이 갈수록 줄어들면서 매출이 크게 꺾이고 있기 때문이다. 실제 이는 리테일 부동산 투자 수익률에 고스란히 반영되고 있다. 미국리츠협회에 따르면 지난 2017년 리테일에 투자하는 리츠의 수익률은 −4.77%를 기록해 크게 부진한 반면, 이커머스 시장 성장의 수혜를 받고 있는 물류센터는 20.58%의 높은 수익률을 기록했다. 이커머스 성장세를 감안하면 앞으로도 이 같은 상황이 크게 바뀌기는 힘들어 보인다. 뿐만 아니라 부동산 시장이 공급 과잉 시대로 접어들면서 오프라인 리테일 매장 간의 경쟁도 더욱 심화

되고 있어 앞으로도 리테일 시장의 경쟁은 더 치열해질 것으로 예상
된다.

리테일의 위기와 콘텐츠의 중요성

이처럼 오프라인 리테일 매장 투자 환경이 갈수록 악화되면서 투
자자들도 다양한 방법으로 활로를 모색하고 있다. 그 중에 하나가
바로 경쟁력 있는 콘텐츠(우량 임차인)를 확보하는 것이다. 실제 최
근 부동산 자산운용사들과 디벨로퍼들은 콘텐츠 확보에 심혈을 기
울이고 있다. 부동산자산운용업계 1위인 이지스자산운용은 지난
2017년 소셜커머스 업체인 위메프와 업무협약MOU를 체결한 바 있
다. 부동산자산운용사가 소셜커머스 업체와 MOU를 체결한 것은
이례적인 일이다.

   이지스자산운용의 목적은 명확했다. 꾸준하고 안정적인 투자
수익률을 제공할 수 있는 콘텐츠(임차인)를 확보하기 위함이다. 이지
스자산운용은 위메프와 손 잡고 '온라인 쌈지길'을 구축하기로 했
다. 앞서 이지스자산운용은 지난 2016년 인사동에 위치한 쌈지길
을 인수한 바 있다. 쌈지길은 주주들에게 연 7% 수준의 배당수익률
을 제공하는 우량 자산으로 꼽힌다. 평균 16㎡의 공간을 이용하는
100여 개에 달하는 임차인들이 1년 단위로 계약을 맺으면서 매달
5억 원에 달하는 임대료를 꾸준히 내고 있기 때문이다.

100여 개의 소규모 점포들이 입점해 있는 쌈지길

이처럼 쌈지길은 안정적인 수익률을 제공하는 자산이지만 이지스자산운용은 여기서 한 발 더 나아가 지속가능한 수익 모델을 구축하고, 임차인들과 지속적으로 상생 가능한 모델을 만들기 위해 온라인 쌈지길을 준비하고 있다. 물리적인 공간의 한계가 없는 온라인을 통해 우량한 임차인을 무한정 확보하겠다는 전략이다.

또 이지스자산운용은 서울 강남구 신사동 가로수길의 과거 스와치 매장이었던 건물과 주변 부지를 사들여 제2의 쌈지길을 조성하고 있다. 이지스자산운용이 가로수길에 선보이는 제2 쌈지길에도 기본적으로 인사동 쌈지길과 같은 콘셉트가 적용된다. 이지스자산운용은 제2 쌈지길의 우량 임차인들을 인사동 쌈지길과 마찬가지로 위메프나, 티몬, 포잉, 마켓컬리 등과 같이 우량 임차인들을 무한정 확보할 수 있는 소셜커머스업체들과 협약을 맺어 공급받을 예정이다.

이지스자산운용은 여기서 한 발 더 나아가 '부동산'과 '콘텐츠'를 결합한 투자 상품도 준비하고 있다. 대상그룹 계열의 투자회사인 UTC인베스트먼트와 함께 우수한 콘텐츠를 가진 청년 창업가들

에게 투자하는 블라인드펀드를 만들고, 이지스자산운용은 부동산
펀드도 투자한 상업시설을 임차한 청년 창업가들 중 성장 가능성이
높은 곳에 투자할 계획이다. 초기 자본이 많지 않은 유망한 청년 창
업가들이 안정적으로 사업을 영위하면서 성장할 수 있도록 돕는 동
시에 우량 임차인을 확보하는 전략이다. 계획대로 진행된다면 '콘텐
츠 투자자—청년 창업가', '부동산투자자(임대인)—청년 창업가(임차인)'
간의 상생 모델이 될 것으로 예상된다.

청년 창업가들 입장에서는 초기 자본이 많이 드는 보증금과 권
리금에 대한 부담 없이 매출에 연동되는 임대료만 내고도 장사를
할 수 있어 부담이 크게 줄어들 것으로 보인다. 아울러 이지스자산
운용과 UTC인베스트먼트가 운용하는 블라인드펀드는 될 성 부른
떡잎을 가진 청년 창업가들에게 투자하는 기회를 제공할 수 있다.
또 이지스자산운용이 운용하는 부동산펀드가 투자한 상업시설은
우량 임차인을 확보하는 효과를 누릴 수 있다.

부동산 디벨로퍼 네오밸류의 경우 지난 2015년 자회사인 어반
라이프를 통해 서울시 성동구 성수동에 위치한 식빵 전문 베이커리
'밀도'를 인수했다. 경쟁력 있는 콘텐츠를 확보해 자체적으로 개발하
고 운용하는 상업시설의 경쟁력을 높이기 위함이다.

또 최근 도심 오피스 빌딩의 리테일 공간에 홍대나 신사동·청
담동·이태원 등에서 유명세를 탄 가게들이 속속 들어서고 있다.
2015년 7월 한남동에서 처음 가게를 연 브런치 레스토랑 '비밀 B Meal'
은 지난해 10월 서울역 맞은편에 위치한 서울스퀘어에 3호점을 열

었다. 또 2015년 청담동에 1호점을 내고 제주 함덕에 2호점을 낸 호주 커피 전문점 '블랙드럼'은 지난해 11월 기존 길거리 매장을 벗어나 서울스퀘어에 3호점을 열었다. 이외 신사동에서 사업을 시작한 '카페오시정'은 현재 서울파이낸스센터 지하 3층에서 생과일주스와 수제 디저트케이크로 업무에 지친 직장인들을 유혹하고 있다. 또 2014년 신사동에서 1호점을 낸 퓨전 한식점 '24절기'도 서울파이낸스센터에 입점했다. 24절기는 지난해 세계적으로 권위를 인정받는 미슐랭가이드로부터 원스타 등급을 받기도 했다. 이 같은 현상이 나타나는 이유는 건물주가 특색 있는 가게를 유치해 유동인구를 끌어들이고, 이를 통해 자산 가치 상승을 꾀하기 때문이다.

코엑스로 간 '별마당도서관': 새롭게 부각되는 서점의 가치

지난 2017년 5월 31일 서울 강남구 삼성동에 위치한 코엑스몰에 별마당도서관이 문을 열었다. 별마당도서관은 신세계프라퍼티가 코엑스몰의 활성화를 위해 선보인 공간이다. 문을 열 당시부터 파격적인 시도로 큰 화제를 불러일으켰다. 강남 금싸라기 땅에 위치한 대형 쇼핑몰 한복판 대형공간(2,800㎡)을 수익이 나지 않는 별마당도서관을 위해 내놓았기 때문이다.

1년 가까이 지난 지금 이 실험은 성공적으로 보인다. 별마당도

코엑스몰의 새로운 랜드마크가 된 '별마당 도서관'

서관 때문에 코엑스몰을 찾는 사람들이 늘고 있기 때문이다. 신세계프라퍼티에 따르면 2018년 5월 말 별마당도서관에는 개관 1년 만에 2,100만 명이 다녀갔다. 별마당도서관이 코엑스몰이라는 공간의 가치를 높이는 동시에 사람들을 끌어들이고 있는 것이다. 별마당도서관의 인기는 코엑스몰의 활성화에도 도움을 주고 있다. 별마당도서관이 들어서기 전 코엑스몰의 공실률은 7% 수준이었으나 신규 브랜드들의 입점이 이어지면서 최근에는 공실이 거의 없어졌다. 인근 점포 매출도 늘었다. 특히 별마당도서관은 단순히 코엑스몰로 사람들을 끌어들이는 것 외에도 과거 미로처럼 복잡해 사람들이 발걸음을 옮기기 어렵게 만들었던 코엑스몰의 랜드마크가 되면서 일종의 구심점 역할을 해주고 있다. 과거에는 코엑스몰에 들어서면 길을 잃어버리기 일쑤였으나 이제는 별마당도서관을 기준으로 보다 쉽게 길을 찾을 수 있게 됐다.

별마당도서관뿐만 아니라 최근 부동산 시장에서 오프라인 서점의 가치가 재조명되고 있다. 서점은 최근 부동산 시장에서 가장 뜨거운 콘텐츠 중 하나다. 지난 1990년대 말 인터넷 서점 등장 이후 수익성 악화로 부동산시장에서 외면 받고 하나둘씩 자취를 감췄던 대형서점이나 북카페 등 책이 있는 공간이 다시 부동산 시장의 중심으로 돌아왔다.

지난 2016년 삼성생명으로부터 종로타워를 인수한 싱가포르계 투자회사 알파인베스트먼트는 사람들을 끌어 모으고 자산 가치를 높이기 위해 2002년 월드컵의 열기 속에 조용히 사라진 추억 속 '종로서적'을 부활시켰다. 비록 사업자는 달라졌지만 새 사업자가 옛 종로서적을 복원한다는 취지로 되살려 종로서적을 기억하고 있는 이들의 향수를 자극했다. 리조트 시설에 대형서점을 집어넣는 색다른 시도도 있다. 리조트 개발 업체 에머슨퍼시픽이 2017년 7월에 문을 연 복합리조트 부산아난티코브에는 면적이 1,652㎡에 달하는 대형서점 '이터널저니Eternal Journey'가 있다. 여행·철학·인문·예술에 관한 책 2만여 권을 갖춘 이터널저니는 투숙객은 물론 부산 시민들이 즐겨 찾는 명소가 되고 있다.

또 상업시설 개발 및 운영에 강점을 갖고 있는 디벨로퍼 '네오밸류'는 주상복합아파트 위례아이파크 2차의 상업시설 전체 면적 중 10분의 1에 달하는 1,253㎡를 북카페 '니어마이비Near My B'를 위해 할

애하기도 했다. 또 엠디엠플러스도 대형 상업시설 위례중앙타워에 영풍문고를, 주상복합아파트 광교푸르지오월드마크 내 상업시설에 교보문고를 선보이기도 했다.

이처럼 부동산 디벨로퍼들이 최근 상업시설에 북카페나 대형서점을 유치하는 것은 위례나 광교와 같이 새롭게 커뮤니티가 형성되는 신도시에 서점만큼 사람을 끌어들이기 좋은 시설이 없기 때문이다.

한국뿐만 아니라 해외에서도 서점과 이와 결합된 복합문화공간이 줄 수 있는 차별화된 경험에 주목한 사례들이 있다. 일본의 '츠타야서점TSUTAYA'과 대만의 '청핀서점Eslite Bookstore'이 대표적이다. 최근 한국에서 서점이 판매시설을 넘어 사람들을 끌어모으는 복합문화공간으로 주목받고 있는 데는 한국보다 먼저 등장한 이들 해외 사례의 영향도 크다.

그렇다면 앞으로도 서점이나 북카페가 부동산시장의 귀인으로 계속 남을 수 있을까. 일단 당분간은 이 같은 추세가 계속될 것으로 보인다. 최근 상업시설 개발에 있어 고려해야 할 가장 중요한 두 가지로는 '물건이 아닌 순간을 모으는 것Collect Moments, NOT Things'과 '임대가 아닌 인스타그램에 올리고 싶은 공간From Leasable Area to Instagrammable Place'을 꼽을 수 있다. 상업시설 활성화를 위해서는 물건을 파는 것보다 우선 사람들이 스스로 찾아 오고 싶은 매력적인 장소로 만드는 것이 먼저라는 것이다.

인스타그램이
리테일 부동산의 지형을 바꾼다

'인스타그램'과 같은 소셜네트워크서비스의 발달도 부동산의 지형에 큰 영향을 미치고 있다. 인스타그램은 부동산 시장의 오래된 진리인 '입지의 중요성'을 약화시키고 '콘텐츠'의 중요성을 부각시키고 있다. 과거에는 상업시설의 성패에 입지가 큰 영향을 미쳤지만 이제는 그 영향력이 점점 줄어들고 있다. 최근에는 인스타그램 등에서 공유된 정보를 바탕으로 발품을 팔아 기꺼이 골목 상권을 찾아나서는 사람들이 늘어나고 있기 때문이다. 머지않은 미래에 부동산 관련 광고에서 '역세권'이라는 문구를 보기 어려워질지도 모른다.

서울의 '경리단길', '망리단길', '송리단길'의 공통점도 인스타그램에서 찾을 수 있다. 이들 동네들은 인스타그램 게시물이 수만에서 수백만 개에 이르는 소위 핫한 동네. 인스타그램이 특정 지역이나 가게를 핫플레이스로 변모시키는 일등공신이 되고 있는 것이다. 비단 이들 지역뿐만 아니라 최근 뜨는 동네들은 공통적으로 인스타그램에서 사진이 공유되면서 상권이 커졌다. 인스타그램 해시태그로 핫플레이스가 공유되고 쉽게 검색할 수 있다 보니 후미진 골목, 산꼭대기라도 사람들이 찾아오게 되고 입지와 유동인구로 결정되는 기존 상권과 달리 새로운 상권 지형이 만들어지는 것이다.

셀렉다이닝
'오버더디쉬(OTD)'가 보여주는
콘텐츠의 중요성

오버더디쉬는 일종의 맛집 편집숍 개념인 '셀렉다이닝'을 선보인 업체다. OTD는 2014년 7월 건대 스타시티 활성화를 맡으면서 출발했다. 지상 3층짜리 상업시설인 스타시티는 좋은 입지에도 불구하고 애초 기획을 잘못해 좀처럼 활성화가 되지 않았다. 2층에 영화관이 들어서 있다 보니 사람들이 3층까지는 아예 올라올 생각을 하지 않았기 때문이다. 그러다 보니 3층은 3년 동안 방치돼 있었다. 대충해서는 해결할 수 없는 어려운 프로젝트였다. 기존과 다른 새로운 접근 방식이 필요했다.

OTD는 소비자들이 기존 대기업들이 독점하고 공급하는 천편일률적인 프랜차이즈 매장에 식상함을 느끼고 보다 독특하고 새로운 것을 원한다는 것을 알고 있었다. 그리고 그 생각을 구체화시켜 보고 싶었다. OTD 1호점은 그렇게 탄생했다. OTD는 건물주로부터 공간을 빌린 다음 다시 여러 맛집을 유치해 그들에게 매장을 임대하는 방식으로 운영된다. 당시 OTD는 물리적인 구조의 문제를 안고 있는 스타시티를 활성화하기 위해서는 어디서나 볼 수 있는 흔해 빠진 브랜드를 유치해선 한계가 있다고 판단했다. 소비자들이 어려운 발걸음을 해서까지 찾아가는 지역 내 맛집들을 유치하기로 하고 이를 실행에 옮겼다.

오버더디쉬 스타시티점은 판교 아비뉴프랑에서 유명해진 망고빙수집 '로이즈', 냉면과 바싹불고기로 유명한 압구정 '장사랑', 가로수길의 '교동짬뽕' 등 곳곳에 숨겨진 지역 맛집 10여 곳을 유치했다. 결과는 대성공이었다. 사람들의 발길이 끊겼던 3층은 한 달 만에 발 디딜 틈을 찾을 수 없을 정도로 많은 사람들이 찾는 공간으로 변했으며 3층이 살아나면서 건물 전체가 활성화되는 효과도 나타났다.

OTD는 회사명과 같은 오버더디쉬 외에도 '파워플랜트', '마켓로거스', '디스트릭트', '성수연방' 등 공간과 지역에 따라 최적화된 플랫폼을 선보이고 있다. 오버더디쉬가 한국 사람들 누구나 좋아할 수 있는 맛집이나 디저트 가게 등을 주로 입점시켰다면 파워플랜트와 마켓로거스는 목표로 하는 소비자층이 보다 명확하다. 2015년 10월 광화문에 위치한 대형 오피스빌딩 디타워에 처음으로 문을 연 파워플랜트는 수제 맥주와 맥주에 어울리는 음식을 만드는 이태원의 맛집 다섯 곳을 한자리에 모아놓은 편집숍이다. 또 2016년 9월에 선보인 마켓로거스는 해당 지역에서 이름이 알려진 맛집들로 공간을 구성한다. 실제 하남 스타필드에 위치한 마켓로거스는 하남에서 유명한 쭈꾸미집과 국숫집·빈대떡집을 유치했다. 오피스빌딩에 특화된 공간 플랫폼도 있다. 바로 '디스트릭트'다.

1호점은 여의도 SK증권빌딩에 들어선 '디스트릭트 Y'다. 디스트릭트 Y는 지하 2층부터 지상 2층까지 오피스빌딩의 리테일 공간을 통으로 빌려 맛집을 유치하는 것뿐만 아니라 미국 뉴욕의 그랜드 센트럴 터미널을 닮은 인테리어까지 OTD가 직접 맡았다. 디스트릭트 Y에는 오버더디쉬와 파워플랜트와 같은 기존의 공간 플랫폼들과 OTD가 자체적으로 개발한 브랜드, 새롭게 발굴한 맛집 등 지금까지 OTD가 쌓은 역량이 집약돼 있다. OTD는 SK증권빌딩 외에도 도심 곳곳에 디스트릭트를 선보이고 있다. 명동에 위치한 대신금융센터에는 '디스트릭트 M'을 선보였다. 또 성수동에서는 생산부터 소비까지 한 공간에서 이뤄지는 새로운 공간 플랫폼 '성수연방'을 선보였다. 참고로 KTB자산운용이 보유했던 SK증권빌딩은 최근 역대 여의도권역 최고가인 3.3제곱미터 당 2,060만 원에 KB자산운용에 매각됐다.

분양에서 운영으로
변화하는 상업시설

지금까지 부동산 디벨로퍼들은 주로 상업시설을 개발한 후에 분양을 통해 투자금을 회수해왔다. 하지만 최근 들어 이 같은 전통적인 방식에 변화의 흐름이 나타나고 있다. 상업시설을 분양하는 것이 아니라 직접 운영하면서 활성화를 꾀하는 디벨로퍼들이 증가하고 있다. '네오밸류'가 대표적이다. 네오밸류는 상업시설을 분양하는 것이 아니라 직접 운영하는 것을 표방한다. 상업시설 활성화를 위해서다. 네오밸류가 처음부터 상업시설을 운영한 것은 아니다.

　네오밸류가 상업시설을 운영하기로 마음먹은 것은 2012년 서울 세곡동에서 추진했던 '강남 푸르지오시티' 분양 사업에서 분양된 상업시설이 활성화되지 않고 망가지는 것을 봤기 때문이다. 이후 네오밸류는 어떻게 하면 상업시설을 활성화 시킬 수 있는지를 고민하기 시작했으며, 순차적으로 상업시설 운영을 확대했다. 우선 2013년에 분양한 '위례 아이파크1차' 때는 네오밸류가 임대대행수수료를 부담하고 책임 임차를 했다. 이 방식도 한계는 있었다. 소유권이 구분돼 있다 보니 전체적인 관점에서 임차인을 유치하는 데 어려움이 있었다. 이어 '위례 아이파크2차' 때는 전체 상업시설의 지분 40%를 소유하고 네오밸류가 상업시설을 관리했다. 이때부터 자체 상업시설 브랜드인 '앨리웨이'를 도입했다. 구리 갈매 사업까지 이 방식을 적용했다. 하지만 이 방식도 다수의 수분양자가 존재하기 때문에 한계가 명확했다. 이후 2018년에 선보인 '광교 아이파크'의 경우 아예 100% 지분을 소유해 운영하기로 했다.

네오밸류의 이 같은 상업시설 개발 및 운영 방식은 부동산 간접투자 시장에도 긍정적인 영향을 미칠 것으로 예상된다. 분양형 상가의 경우 상업시설 전체 활성화보다 분양 수익 극대화가 주된 목적이다 보니 분양 후 사후관리가 제대로 되지 않아 상업시설 전체가 망가지는 사례를 흔하게 볼 수 있다. 이와 달리 네오밸류가 체계적으로 조성하고 관리하면서 활성화시킨 상업시설의 지분을 부동산펀드나 리츠에 매각하면 개인들도 우량 리테일 상품에 투자할 수 있기 때문이다. 이는 은퇴자들이 치킨집이 아닌 리테일 리츠에 투자해 노후를 대비할 수 있는 환경을 조성하는 길이기도 하다. 상가 임대료를 바탕으로 투자자들과 수익을 공유하는 상업시설 리츠가 꾸준하게 배당을 하기 위해서는 상가들이 안정적인 매출을 올릴 수 있는 환경이 조성돼야 하기 때문이다.

개인들이 친숙한 리테일에
투자하는 해외 리츠

지난 2016년 초 이 책과 같은 제목의 기획 기사(리츠로 은퇴월급 만들기)를 서울경제신문에 연재한 바 있다. 호주 시드니와 싱가포르를 열흘 동안 방문해 현지 리츠 회사, 금융당국, 회계법인, 거래소 관계자 등 다양한 사람들을 인터뷰하면서 호주와 싱가포르 리츠의 성장 배경을 취재했다. 당시 인상적인 장면 중에 하나는 호주와 싱가포르 모두 도심 한복판에 위치한 대형 쇼핑몰이 개인들도 투자할 수 있는 리츠 형태로 증권거래소에 상장되어 있었다는 점이다.

이를테면 호주 시드니 도심에는 '웨스트필드Westfield 시드니'라는 유명한 쇼핑센터가 있다. 시드니 도심에서 가장 큰 웨스트필드 시드니 쇼핑센터는 평일과 주말 할 것 없이 항상 많은 사람들로 붐비는 곳이다. 총 임대면적이 16만 7,660㎡에 달하는 이 쇼핑센터에는 350개가 넘는 유명 매장이 들어서 있으며, 언제 가더라도 유동인구가 많아 장사가 잘 되는 곳이라는 것을 알 수 있었다. 실제 당시 조사한 결과에 따르면 2015년 웨스트필드 시드니의 리테일 매출액은 10억 8,300만 호주 달러(약 9,678억 원)에 달했다. 롯데백화점의 2015년 국내 33개 점포의 평균 매출액이 2,587억 원이라는 점을 감안하면 그 규모가 얼마나 큰지 짐작이 간다.

웨스트필드 시드니는 호주증권거래소 ASX 에 상장된 '센터그룹 Scentre Group '이 투자하고 운용하는 쇼핑센터다. 센터그룹 주식을 사면 일반 개인투자자들도 호주에서 가장 목 좋은 곳에 있고, 장사가 잘 되는 웨스트필드 시드니 쇼핑센터에 투자해 매년 임대수익에서 나오는 배당을 꾸준히 받을 수 있다는 뜻이다. 센터그룹은 호주와 뉴질랜드에서 40여 개의 쇼핑센터에 투자하고 있으며, 2018년 5월 말 기준 시가총액은 222억 호주 달러(역 18조 원)에 달한다.

웨스트필드 시드니 쇼핑센터를 기초자산으로 가지고 있는 센터그룹 리츠의 특징 중 하나는 개인투자자들이 이해하기 쉬운 부동산에 투자한다는 점이다. 웨스트필드 시드니 쇼핑센터는 도시를 상징하는 건물 중에 하나다. 웨스트필드라는 이름이 박힌 시드니 타워 바로 밑에 위치한 이 쇼핑센터는 시드니 도심 어디서 봐도 눈에 띈다. 출장 당시 만난 마르쿠스 크리스토 호주증권거래소 시니어 매니저(펀드&투자 상품 담당)는 이와 관련해 "기본적으로 리츠에 편입된 많은 자산들이 웨스트필드, 스톡랜드와 같이 사람들이 잘 아는 브랜드명을 가진 리테일이라는 점이 사람들이 리츠에 투자하는 이유"라며 "리테일은 호주인들이 투자하기에 편하고 적절하다고 생각하는 부동산"이라고 설명했다.

실제 호주 쇼핑센터의 약 60% 정도가 리츠 형태로 상장되어 있으며, 쇼핑센터에 투자하는 리츠는 거래도 활발한 편이다. ASX에 따르면 통상적으로 센터그룹, 비시니티, 머백 등과 같이 쇼핑센터에 투자를 많이 하는 리츠가 거래량이 많은 편이다.

　개인들에게 친숙한 리테일 리츠를 선호하는 현상은 호주에만 국한된 얘기가 아니다. 아시아 국가 중에서 리츠 시장이 가장 발달한 싱가포르의 경우에도 리테일 리츠가 리츠 활성화에 중요한 역할을 하고 있다. 실제 싱가포르 현지에서 만난 리츠업계 관계자들은 리츠에 담긴 자산의 성격을 리츠 시장 성공의 요인으로 꼽기도 했다. 쇼핑센터나 도심 내 랜드마크 오피스빌딩 등과 같이 누구나 알 만하고 좋은 자산들을 편입했기 때문에 개인투자자들의 관심을 유도할 수 있었다고 보는 것이다.

　실제 2002년 6월 싱가포르 1호로 상장한 리츠인 '캐피탈랜드몰트러스트CMT'의 경우 싱가포르 시청역 인근에 위치한 '래플스시티'를 기초자산으로 담고 있다. 래플스시티는 호텔·오피스·쇼핑몰이 결합된 복합 건물로 싱가포르인들뿐만 아니라 관광객들에게도 잘 알려진 유명한 자산이다. 취재 당시 싱가포르 현지에서 만난 에드윈 유 DBS은행 부은행장은 "싱가포르에서 CMT를 처음 상장시킨 이유는 사람들이 잘 알고 있는 자산이기 때문"이라고 설명했다. 싱가포르에는 CMT외에도 에이알에이ARA가 운용하는 '선텍 리츠' 등 리테일에 투자하는 다수의 리츠가 상장되어 있다. 선텍 리츠는 싱가포르의 가장 큰 쇼핑몰 중 하나인 선텍시티와 마리나베이 금융센터 타워1을 포함해 다양한 자산을 담고 있다. 비즈니스나 관광을 목적으로 싱가포르에 방문하게 되면 어렵지 않게 눈으로 볼 수 있는 싱가포르의 랜드마크와 같은 자산들이다.

리츠 시장이 가장 먼저 발달한 미국에도 리테일 리츠가 다수 상장되어 있다. 한국에도 잘 알려진 터브먼 센터스Taubman Centers, 사이먼 프라퍼티 그룹Simon Property Group 등이 뉴욕증권거래소에 상장되어 있어 개인들도 손쉽게 투자할 수 있다. 터브먼 센터스의 시가총액은 50억 달러, 사이먼 프라퍼티 그룹의 시가총액은 600억 달러 수준이다. 한국거래소 유가증권시장에 상장된 웬만한 대기업과 맞먹는다.

한국 유통사 중에도 리츠 상장을 추진했던 곳이 있다. 롯데그룹은 지난 2014년 롯데쇼핑의 18개 점포를 묶어 싱가포르증권거래소SGX에 상장을 추진한 바 있다. 당시 롯데쇼핑이 한국이 아닌 싱가포르를 택한 것은 한국 리츠 시장의 규모가 너무 작고 성숙되지 않아 제대로 된 평가를 받기 어렵다고 판단했기 때문이다. 다만 롯데쇼핑은 당시 미국의 양적완화 축소 여파로 싱가포르 증시 상황이 나빠지면서 리츠 상장 계획을 철회했다. 공모가격이 기대에 못 미칠 가능성이 커졌기 때문이다.

이처럼 아직까지 한국에서 리테일에 투자하는 공모 리츠는 거의 찾아보기 힘들다. 하지만 2018년 이후로는 관련 상품이 계속해서 등장할 것으로 예상된다. 우선 코람코자산신탁이 2018년 6월에 뉴코아아울렛 3개 매장을 기초자산으로 한 'E리츠코크렙'을 공모 후 상장했으며, 사모펀드 운용사인 MBK파트너스는 홈플러스 40여 개를 기초자산으로 하는 리츠 상장을 추진하고 있다. 지금까지 상장된 리츠와는 달리 뉴코아아울렛이나 홈플러스 모두 사람들에게 친숙한 브랜드인 만큼 어떤 결과가 나올지 주목된다.

난이도 높지만
매력적인 투자처: 호텔

연 10% 이상의 고수익으로 유혹하는
분양형 호텔 투자의 그늘

지하철을 타다 보면 매월 몇백만 원씩 꼬박꼬박, 연 10% 이상의 수익률을 제공한다는 분양형 호텔 광고 전단이 끼어 있는 것을 종종 볼 수 있다. 시중은행의 예금금리가 1%대에 머무는 저금리 시대에 연 10% 이상의 수익률에 사람들은 쉽사리 유혹당한다.

하지만 분양형 호텔 광고에 표시된 수익률을 곧이곧대로 받아들여서는 곤란하다. 분양형 호텔 광고에서 제시하는 수익률은 실제보다 과장된 경우가 많기 때문이다. 분양형 호텔의 문제점을 알기 위해서는 우선 분양형 호텔이 어떤 투자 상품이고, 어떤 구조로 수익을 배분하는지를 알아야 한다. 분양형 호텔이란 개인투자자들에게 객실을 분양하고 향후 호텔 운영 수익금을 나눠 갖는 수익형 부동산 상품의 일종이다.

분양형 호텔 시행사들이 투자자들을 유혹하는 방법은 여러 가지다. 우선 가장 중요한 수익률이다. 앞서 말했듯이 연 10% 이상의 고수익으로 투자자들의 눈길을 사로잡는다. 아울러 수익형 부동산의 대표격인 오피스텔과 달리 직접 임차인을 구하지 않아도 되고 호텔관리나 운영을 전문업체가 전담하기 때문에 관리가 쉽다는 점도 장점으로 내세운다. 또 투자금액이 1억~3억 원 선으로 아파트와 같은 주거형 상품에 비해 상대적으로 저렴하다는 점도 시선을 끈다.

하지만 연 10% 이상의 고수익이라는 단어에는 과장이 많다. 분양업체는 연 10% 이상의 수익률을 절대 보장하지 않는다. 일반적인 호텔과 마찬가지로 분양형 호텔도 투숙객들이 많아야 수익을 낼 수 있는 구조이기 때문에 결국은 장사가 얼마나 잘 되느냐가 관건이다. 실제로 지난 2015년 5월 한국은행 제주본부가 분양형 호텔의 리스크를 점검하면서 객실 가동률에 따른 투자자 수익률을 추정한 바 있는데 연 10% 이상의 수익률을 올리는 것은 사실상 불가능에 가까운 것으로 나타났다.

당시 한국은행 제주본부가 중저가 호텔의 평균적인 조건을 고려해 △분양가 1억 6,000만 원 중 실투자액 8,000만 원 △대출금리 4% △호텔 객실료 8만 6,800원 △매출 연간 65억~111억 원 등으로 가정해 객실 가동률에 따른 수익률을 시뮬레이션을 해본 결과 마이너스 0.3%(객실가동률 50%)에서 12.3%(85%)까지 편차가 컸다. 분양형 호텔 사업자들이 제시하는 10% 이상의 고수익을 올리기 위해서는 객실 가동률이 80%를 넘어야 했다. 호텔 객실 가동률이 평균 80%를 넘는 것은 쉽지 않은 일이다. 비수기에는 객실가동률이 절반 이하로 떨어지는 경우가 많고, 중동호흡기증후군MERS나 고고도미사일방어체계THAAD와 같은 사태가 발생할 경우 객실 가동률이 크게 떨어지기 때문이다.

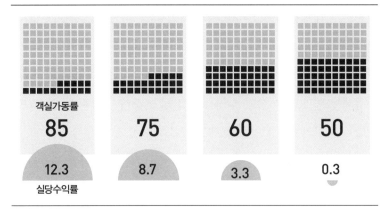

호텔 객실 가동률에 따른 수익률 추정(단위: %)

객실가동률	실당수익률
85	12.3
75	8.7
60	3.3
50	0.3

*분양가 1억 6,000만 원, 객실당 평균요금 8만 6,800원,
연간 운영비 60억 원 내외로 가정

출처: 한국은행 제주본부

하지만 대부분의 분양형 호텔 업체들은 하나 같이 예상 투숙률을 근거 없이 너무 높게 잡는 경향이 있다. 객실 요율도 해당 지역 성수기의 최고급 호텔을 기준으로 책정하는 등 현실과 맞지 않는 부분이 많다.

여기에 시행사와 건설업체들이 분양형 호텔 사업에 우후죽순 뛰어들면서 공급이 크게 늘어나 수익률을 내기가 점점 더 어려워졌다. 전국에서 분양형 호텔 공급이 가장 활발했던 제주의 경우 2011년 분양형 호텔이 257실 공급되는 데 그쳤으나 2013년에는 1,716실, 2014년에는 5,092실로 크게 늘어났다.

시행사나 분양업체들이 얘기하는 확정 수익률도 꼼꼼히 들여다봐야 한다. 시행사들은 일반적으로 통상 연 10~15%의 확정수익

리츠로 은퇴월급 만들기

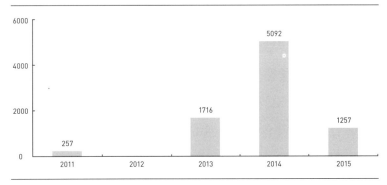

제주 분양형 호텔 공급추이(단위: 실)

*2015. 4월 말 기준. 분양 준비 중인 호텔 포함

출처: 제주자치도, 한은 제주본부 자체 조사

률을 제시하지만 실제 계약서를 잘 살펴보면 확정 수익률 기간이 1~2년인 경우가 대부분이다. 분양업체들은 분양형 호텔 판매 시 이 같은 단서 조항들을 제대로 설명하지 않는 경우가 많다. 분양형 호텔 광고지에도 '확정', '보장'이라는 자극적인 단어는 큼지막하게 표시되어 있지만, '투자금 대비 수익률' 혹은 '1년 동안'이라는 문구는 아주 작은 글씨로 쓰여있어 유심히 살펴보지 않으면 놓치기 쉽다.

이에 공정거래위원회도 최근 수익형 부동산을 분양할 때 수익률 산출근거를 함께 밝히도록 하는 '중요한 표시·광고사항 고시'를 개정했으며, 과장광고를 하다 적발되면 최대 1억 원의 과태료를 부과할 수 있도록 했다. 또 국토교통부는 2018년 1월 발표한 업무계획을 통해 분양형 호텔을 비롯한 수익형 부동산의 분양피해 규율 방안을 마련하겠다고 밝혔다. 물론 분양형 호텔 운영이 잘 되면 높은 수익률을 올릴 수 있지만 그렇지 않은 경우가 많아 수분양자들이 피해를 입는 경우가 많았다. 실제 대표적인 분양형 호텔로 꼽히는 서울 '라마다 호텔 앤 스위트 남대문' 운영업체인 폴앤파트너스가 2016년 초 서울중앙지방법원에 기업회생절차(법정관리)를 신청했으며, 해운대 센텀호텔의 경우 애초 8%의 확정수익을 보장했지만 개장 후 실적이 좋지 않아 지난 2016년 투자자와 법정 다툼까지 가기도 했다. 또 2016년 10월 31일 제주지방법원 경매법정에는 제주 서귀포시 서귀동 오션펠리스 호텔 14개 호실이 경매에 나오기도 했다. 경매시장에 분양형 호텔이 등장한 것은 처음이었다.

기관들도 꺼려하는 호텔 투자

호텔은 개인뿐만 아니라 기관투자자들도 어려워하는 투자 상품이다. 오피스 등 타 상품보다 재투자가 많이 필요하고 영업에 따른 수익의 편차가 너무 크기 때문이다. 실제 과거 호텔에 투자한 기관투자자들도 별로 재미를 보지 못했다. 국내 기관들이 호텔에 관심을 가지게 된 것은 그리 오래 되지 않았다.

2010년 중순까지만 하더라도 기관들의 주 투자대상인 서울 주요 권역의 프라임 오피스 공실률이 5% 내외에서 움직였으나 2011년 이후 10% 이상으로 치솟으면서 오피스 대안으로 호텔에 관심을 가지기 시작했다. 오피스 공실률이 크게 치솟았던 2012~2013년이 국내 기관들의 비즈니스호텔 투자 절정기였다. 여기에 호텔 운영 경험이 풍부한 호텔 체인들이 마스터리스(책임임차)를 통해 4% 수준의 최소 수익률까지 보장해준다고 나서면서 기관들이 앞다퉈 호텔 투자에 뛰어들었다. 특히 신라스테이와 롯데시티호텔이 공격적으로 업을 확장하면서 기관들로부터 투자를 많이 받았다. 또 당시 중국인 관광객들이 크게 늘고 도심 내 숙박 시설이 부족하다는 지적이 나오면서 투자를 부추겼다.

하지만 이후 공급 과잉으로 경쟁이 심화 된데다 메르스와 사드 사태 등으로 비즈니스호텔 경기가 나빠지면서 기관들은 호텔 투자에서 생각만큼 높은 수익률을 거두지 못했다. 당시 호텔 투자에 참여했던 기관들은 오피스보다 높은 7~8% 수준의 수익률을 기대하고 들어갔지만 최소 수익률도 맞추기 어려운 상황에 직면하기도 했다. 더군다나 국내 비즈니스호텔의 경우 객실을 제외한 다른 부분에서 수익을 내기 힘든 구조다. 호텔은 크게 객실과 연회장 시설 두 가지로 수익을 내는데 국내 비즈니스호텔의 경우 객실 이용 수익을 극대화하기 위해 객실을 채우는 데만 급급해 부대시설을 갖추는 데는 소홀했기 때문이다. 호텔 경기가 어려워지면 더 큰 역풍을 맞을 수밖에 없는 구조였다.

상황이 이렇다 보니 당시 호텔에 투자했던 기관들은 투자 회수도 여의치 않아 매각이 지연되는 경우가 허다했다. 또 초창기 호텔 투자의 트랙레코드가 좋지 않다 보니 지금도 기관들은 호텔 투자를 꺼려하는 분위기다.

호텔 투자가 어려운 이유 중에 하나는 수요 예측이 쉽지 않기 때문이다. 지난 몇 년간 국내 호텔 객실 수는 꾸준히 증가했다. 지난 2012년 7월부터 시행된 '관광숙박시설 확충을 위한 특별법'이 2016년 말까지 이어지면서 호텔 공급이 크게 늘었기 때문이다.

서울시에 따르면 서울 시내 호텔 수는 2016년 9월 말 기준 329개, 객실 수는 4만 5,551실로 2011년 말에 비해 호텔 수로는 181개, 객실 수는 2만 391실이 늘어났다. 특별법 시행 이후 개발과 기존 증축 건을 합쳐 서울 시내 126개 호텔, 2만 5,822실이 용적률 인센티브를 받았으며 이 가운데 일부는 아직 착공도 못했다.

반면 수요는 들쭉날쭉했다. 한국관광공사에 따르면 지난 2003년 국내 입국한 외국인 수는 475만 명 수준이었으나 이후 2014년까지는 매년 꾸준히 증가해 1,420만 명까지 늘었다. 하지만 2015년에는 전년 대비 6.8% 감소한 1,323만 명을 기록했으며 2016년에는 다시 30.3%나 늘어 1,724만 명으로 급증했다. 그리고 2017년에는 다시 22.7% 감소한 1,334만 명에 그쳤다. 외국인 입국자 중에서 가장 큰 비중을 차지하는 중국인 관광객도 마찬가지다. 중국인 입국자 수는 2013년 433만 명에서 2015년 598만 명, 2016년 807만 명으로 늘었다가 2017년에는 전년의 절반 수준인 417만 명으로 급감했다. 특히 중국인 관광객의 경우 최근 사드 등 정치적인 이슈에 따라 크게 출렁이면서 호텔 시장 예측을 더욱 어렵게 만들고 있다.

여기에 최근 에어비앤비와 같은 대체 숙박시설이 증가하면서 기존 호텔 수요가 분산된 점도 호텔 투자의 변수로 작용하고 있다.

특히 국내 호텔 투자에 있어서는 수요와 공급을 예측하기가 더 어렵다. 이는 정부와 지방자치단체의 체계적인 호텔 통계가 부족하기 때문이다. 정부는 국내 숙박시설 부족을 이유로 특별법을 마련했지만 정작 전체 호텔 공급 현황은 제대로 파악하지 못하고 있다. 관광호텔은 문화체육관광부에서, 모텔과 분양형 호텔은 보건복지부에서 관리하는 등 부처별로 숙박시설을 따로 관리하고 있기 때문이다. 이 같은 정부의 관리 소홀도 호텔 시장이 온탕과 냉탕을 왔다 갔다 하는 이유다.

리츠 IN 리츠

사드 무풍지대
판교 호텔 시장이 주는 시사점

지난 2017년 5월 입찰을 실시한 성남 판교지구 택지개발사업 특별계획구역(알파돔시티) 내 현대백화점 바로 옆에 위치한 호텔 부지(7-3블록)는 호텔 개발에 관심을 가진 투자자들이 몰리면서 큰 인기를 끌었다. 치열한 경쟁 끝에 최종적으로 SK D&D와 이지스자산운용·신세계조선호텔 컨소시엄이 사업자로 선정됐다.

앞서 말했듯이 호텔 투자는 기관이나 개인이나 모두 꺼려할 정도로 어렵다. 그런데 판교에 들어서는 호텔 부지 개발 사업에 이렇게 투자자들의 관심이 높았던 것은 무슨 이유일까. 찬바람이 불고 있는 서울 호텔 시장과 달리 판교 호텔 시장에 대한 관심이 이처럼 큰 이유는 판교 호텔 시장의 특수성 때문이다. 서울의 경우 '관광숙박시설 확충을 위한 특별법' 때문에 지난 몇 년간 호텔 객실 수가 크게 늘었다. 여기에 사드 사태 이후 중국 정부와의 불편한 관계가 이어지면서 중국인 관광객 수요도 크게 줄었다. 이에 따라 기존 호텔이 매물로 나오는 사례가 속출했으며, 호텔 투자도 어려움을 겪었다.

하지만 판교는 이 같은 사드 후폭풍에서 비켜나 있었다. 판교의 경우 그간 호텔 공급이 거의 없었던 데다 인근에 위치한 다음카카오·네이버·엔씨소프트 등 정보기술 회사 등을 찾는 비즈니스 방문객의 수요가 꾸준히 이어졌기 때문이다. 실제 호텔 검색 사이트인 인터파크 투어를 통해 판교에 위치한 호텔을 찾아보면 '코트야드 메리어트 서울 판교' 단 한 곳에 불과하다.

코트야드 메리어트 서울 판교에 투자하는 부동산펀드인 '미래에셋 맵스아시아퍼시픽 부동산공모 1호 투자회사'의 수익률은 눈이 부실 정도다. 미래에셋운용에 따르면 지난 2013년 3월부터 지금까지 누적 수익률은 30.1%다. 평균 객실 가동률도 85~90% 수준을 꾸준히 유지하고 있다.

호텔 투자 시 명심해야 할 사항

따라서 이처럼 위험한 상품에 투자하고자 하는 투자자라면 최소한

다음 몇 가지 사항을 명심해야 한다. 첫째, 정확한 수요 예측이다. 호텔은 철저히 수요를 기반으로 성장하고 수익을 내기 때문에 어떤 상품보다 수요예측이 정확하게 이루어져야 한다. 투자대상인 호텔의 수요예측이 정확한지 판단하기 위해서는 광고하는 호텔이 전문적인 노하우와 시장 분석을 바탕으로 한 운영 전략을 갖추었는지, 전문 운영사가 참여했는지 등을 꼼꼼히 살펴야 한다.

둘째, 환대Hospitality 산업이라는 특수 비즈니스를 이해해야 한다. 만약 당신이 특정 호텔에서 불친절한 직원을 만났던 경험이 있다면 두 번 다시 그곳에는 가고 싶지 않을 것이다. 반면 당신이 환영받은 곳이라면 다음에 또 머물고 싶을 것이다. 호텔은 투숙객을 대하는 직원들의 자질과 이를 개발하는 교육 프로그램 등 소프트웨어가 무엇보다 중요한 사업이다. 일반 투자자들은 이런 호텔업의 특성을 세세히 알 수 없기 때문에 운영노하우를 갖춘 전문 운영사의 존재가 중요하다.

셋째, 부대시설의 존재 여부다. 호텔은 마이스MICE·전시 및 국제회의 산업의 일부이다. 분양형 호텔은 대부분 부대시설이 없거나, 그 비중이 매우 작다. 하지만 호텔에 오는 손님 중 여행만을 목적으로 하는 손님은 전체의 50%가 채 안 된다. 나머지 손님들은 호텔에서 열리는 행사에 참석하거나, 인근에서 행사가 있어서 오는 손님, 기업체 손님, 단체 여행객 등 행사장 손님이 대부분이다. 단순 여행객만을 대상으로 영업하는 호텔은 광고에서 보여주는 높은 투숙률을 절대 기대할 수 없다. 이 때문에 기본 객실 외에도 다양한 부대시설이 있는지, 운영계획에 해당 시설을 바탕으로 한 고객 유입률 등이 고려되어 있는지도 살펴야 한다.

호텔은 초기 투자비용도 많고, 직원들의 인건비도 많이 들며, 정기적으로 가구와 인테리어 등에 재투자가 필요하다. 그만큼 복잡한 비즈니스다. 호텔 투자 시에는 수익률에 현혹되지 말고 입지·규모·부대시설·운영사, 그리고 무엇보다 현실적인 현금흐름을 계산해보고 결정해야 한다.

호텔에 투자하는
부동산간접투자 상품

최근 들어 개인들도 호텔을 기초자산으로 하는 리츠나 부동산펀드에 투자할 기회가 조금씩 생겨나고 있다. 부동산자산운용사들이 관련 상품들을 하나둘씩 내놓기 시작했기 때문이다. 최근에 나온 공모형 부동산간접투자 상품 중에서 호텔을 기초자산으로 한 대표적인 상품은 하나자산운용이 지난 2016년 7월 서울 중구에 위치한 '티마크그랜드호텔 명동(예전 인송빌딩)'을 기초자산으로 내놓은 부동산펀드가 있다.

앞서 잠깐 소개했지만 이 상품은 판매 하루 만에 600억 원이 다 팔렸다. 당시 티마크그랜드호텔 명동이 인기를 끌었던 이유는 해당 호텔이 꼭 우량 자산이어서 만은 아니다. 여러 가지 상황이 티마크그랜드호텔 명동 공모에 유리하게 돌아갔다. 우선 저금리 상황이 큰 영향을 미쳤다. 시중 예금금리가 1% 대인 상황에서 5% 중반의 수익률이 투자자들의 마음을 흔든 것이다. 또 하나투어 자회사인 ㈜마크호텔이 20년간 임대하고, 여기서 발생하는 임대료로 배당금을 지급한다는 점도 개인투자자들을 끌어들인 요인이었다.

사실 기관투자자라면 이 부분이 투자 의사 결정에 큰 영향을 주지 않았을 것이다. 개인투자자들을 대상으로 한 상품이었기에 이름 있는 기업의 임대차 계약이 큰 영향을 미쳤다. 기관이라면 하나투어가 임대한다는 사실보다는 티마크그랜드호텔 명동이라는 자산이 가지는 본질적 가치를 더 중요하게 고려했을 것이다. 해당 자산의 매입 가격이 지나치게 높지는 않은지, 명동 호텔 시장의 수요와 공급 전망은 어떤지를 더 신경 썼을 것이다.

티마크그랜드호텔 명동에 투자하는 부동산펀드를 제외하고는 투자자들의 반응이 별로 신통치 않았다. 코스닥 상장사인 여행사 모두투어를 최대주주로 둔 모두투어리츠는 2016년 9월 스타즈호텔 Staz Hotel 3곳(명동 2곳, 동탄 1곳)을 기초자산으로 유가증권시장에 상장했다. 모두투어리츠는 4년 만의 공모 상장 리츠로 주목을 받았으나 상장 과정은 순탄치 않았다. 상장 당시 진행된 청약에서는 0.98대 1의 저조한 경쟁률을 기록하면서 상장이 연기되기도 했으며, 상장 이후에도 주가가 크게 떨어지면서 공모가인 6,000원을 크게 밑돌고 있다.

또 지난 2017년 3월 신한금융투자는 명동에 위치한 나인트리

프리미어호텔Ⅱ를 기초자산으로 하는 '신한 BNPP 나인트리 부동산 투자신탁'을 판매했지만 애초 목표인 465억 원을 전부 소진하지 못하고 자체적으로 100억 원가량을 집행했다. 당시 사드 사태 여파로 호텔 시장에 대한 불안 심리가 확산됐기 때문이다. 이외 리츠 자산 관리회사인 제이알투자운용은 지난 2016년 매물로 내놓은 '스카이파크호텔 2호점(제이알 5호)'과 '스카이파크 센트럴점(제이알 8호)'을 공모 상장 리츠로 만들 계획을 세웠으나 시장 상황이 여의치 않아 무산되기도 했다.

미래에셋의 호텔 리츠 상장 도전

미래에셋자산운용은 과거 해외에 투자한 호텔을 기초자산으로 하는 리츠 상장을 시도한 바 있다. 미래에셋운용은 지난 2017년 싱가포르투자청이 소유하고 있던 미국 하와이의 '그랜드 와일레아Grand Wailea' 호텔이 포함된 1조 5,000억 원 규모의 해외 부동산 포트폴리오 인수를 추진한 바 있다. 미래에셋운용은 인수 완료 후 호텔을 기초자산으로 하는 리츠 상장을 추진했다. 미래에셋은 그간 증권사 자기자본PI을 활용해 해외 부동산 투자를 공격적으로 진행해왔는데 점점 PI가 고갈되고 있어, 리츠 상장을 통해 회수한 자금으로 투자를 지속하고 지분을 일부 소유하면서 영향력도 유지할 필요성이 있었기 때문이다.

이에 미래에셋운용은 그랜드 와일레아 호텔과 함께 2015년에 인수한 하와이 페어몬트오키드호텔과 페어몬트샌프란시스코, 2016년에 블랙스톤으로부터 사들인 하이엇리젠시와이키키 호텔 등을 묶어 호텔 리츠를 상장하려고 했었다. 당시 미래에셋운용은 리츠 시장의 규모를 감안해 한국이 아닌 싱가포르나 홍콩 증시 상장을 준비했었다. 하지만 그랜드 와일레아 호텔 인수가 무산되면서 리츠 상장 계획도 미뤄졌다.

미래에셋운용은 앞서 지난 2013년에도 호주 시드니에 위치한 포시즌스호텔을 매입한 후 여러 개의 부동산을 묶어 해외 증시에 리츠로 상장하는 방안을 추진한 바 있다. 하지만 당시에는 리츠의 성격이 뚜렷하지 않고 자산규모가 크지 않다는 이유로 무산됐다.

큰손들도 주목하는
투자처: 임대주택

지금까지 주택 투자는 재개발, 재건축, 분양권, 갭투자 등 시세 차익을 노리는 투자가 대부분이었다. 하지만 최근 들어 조금씩 변화의 조짐이 나타나고 있다. 시세 차익이 아니라 임대수익에 관심을 두고 주택에 투자하려는 사람들이 늘고 있다. 또한 저금리 상황이 길어지면서 전세보다는 월세로 임대수익을 올리려는 집주인들도 늘어나고 있다. 실제 전체 임대주택 중 월세가 차지하는 비중은 꾸준히 증가하는 추세다. 국토교통부에 따르면 지난 2017년 전월세 거래량 중 월세 비중은 42.5%로 전년(43.3%) 대비 소폭 감소했으나 3년 전인 2014년의 38.8%에 비해서는 증가하는 등 추세로 보면 증가하고 있다.

이 같은 상황은 사람들이 직접 투자가 아닌 리츠를 통해 간접 투자 형태로 주택에 투자할 수 있는 여건을 조성해주고 있다. 실제 일부 리츠 자산관리회사들은 사람들이 오피스텔이나 임대주택 등 수익형 부동산에 관심을 가지고 있다는 점에 착안해 임대주택리츠를 선보일 계획도 가지고 있다. 한 예로 코람코자산신탁은 지난 2016년

연간 월세 비중 표(단위: %)

2014년	2015년	2016년	2017년
38.8	42.2	43.3	42.5

출처: 국토교통부

8월 조직 개편을 통해 '임대주택투자운용실'과 '임대주택운영팀'을 신설한 바 있다. 전통적인 투자처인 오피스·리테일·물류센터·호텔 등에서 벗어나 향후 성장 가능성이 높은 임대주택 시장을 겨냥한 것이다. 또 마스턴투자운용은 최근 롯데자산개발과 임대주택사업을 위한 업무협약을 맺기도 했다.

실패한 정책 '뉴스테이'

최근 들어 임대주택에 대한 관심이 높아진 계기 중에 하나는 박근혜 정부 당시 추진된 기업형임대주택, 이른바 '뉴스테이New Stay' 정책 때문이다. 뉴스테이는 정부가 중산층을 위한 임대주택을 표방하며 추진한 정책으로, 전세 위주의 주택임대차 시장에서 벗어나 시세보다 낮은 월세 형태의 임대주택을 공급하기 위해 도입됐다. 중산층의 주거안정을 위해 그동안 자가보유를 촉진하던 정책에서 벗어나 이들 계층에게 정부의 지원으로 소득수준에 맞는 적절한 임대료의 기업형 월세 임대주택을 공급하고자 했다. 민영 아파트 주거수준과 차이가 나지 않는 임대주택에 8년 이상 장기간 안정적으로 거주할 수 있게 해줌으로써 중산층의 주거안정을 도모하고자 했다.

다만 뉴스테이 정책은 순조롭게 안착하지 못했다. 초창기 뉴스테이에는 정책 자금이 많이 투입됐다. 주택도시기금이 융자뿐만 아니라 주요 출자자로 참여하면서 사업을 떠받치는 구조였다. 뉴스테이 사업의 수익성이 검증되지 않아 기관투자자들의 참여를 이끌어 내기가 어려웠기 때문이다. 정부는 연기금과 금융회사 등 재무적투 자자들이 뉴스테이 사업에 참여하면서 장기적으로 시장을 키우는 동시에 초창기 주요 출자자인 주택도시기금이 자연스럽게 투자를 줄일 것으로 기대했지만 뜻대로 되지 않았다.

당시 FI들의 참여가 저조했던 이유는 인허가 및 공사 기간, 최 소 임대기간 등을 포함해 최소 12년 동안 투자금을 회수할 수 없음 에도 불구하고 사업 기간 동안 매년 안정적인 배당을 받을 수 있을 지 확신이 서지 않았기 때문이다. 기관들이 12년 동안 배당을 받지 못하는데도 향후 시세 차익만 보고 투자에 나서기에는 사업 리스크 가 너무 컸다. 더군다나 12년 후에 주택 가격이 오를지도 장담하기 어려운 상황이었다. 특히 뉴스테이가 정부의 수량 확보라는 목표를 맞추는 데에만 급급했던 점도 민간투자자를 유치하기 어려웠던 이 유다. 임대주택에 관심이 있는 투자자들의 기대수익률을 맞추려면 어느 정도 수준의 임대료를 받을 수 있고 임차 수요가 있는 도심과 같은 곳에 뉴스테이가 공급돼야 하는데 일부 사업장을 제외하고는 FI들이 관심을 갖기 어려운 곳에 사업장이 들어섰기 때문이다.

뉴스테이를 추진하던 당시 정부는 기관뿐만 아니라 개인투자자 들까지 투자할 수 있는 상품을 내놓을 준비를 하고 있었다. 이를 위 해 여러 개의 뉴스테이 자子리츠를 담은 모자母子리츠인 허브리츠를 만들어 연기금·공제회·보험사 등을 유치하고, 장기적으로 대국민 공모방안을 마련하겠다고 밝히기도 했다. 하지만 이러한 정부의 계획 역시 사실상 불가능한 것이었다.

　이처럼 지지부진하던 뉴스테이 사업은 문재인 정부 들어 추진 동력을 확실히 잃었다. 정부가 공급목표를 달성하기 위해 민간기업에 과도한 지원을 제공했다는 지적이 제기되는 등 특혜 논란 시비가 끊이지 않았다. 때문에 정책이 크게 변경되면서 민간사업자들이 참여할 유인이 거의 사라졌기 때문이다.

　뉴스테이 정책은 실패로 끝났지만 이것 하나만은 분명하다. 임대주택에 대한 사람들의 인식이 변했다는 것이다. 뉴스테이가 등장하기 이전까지만 하더라도 임대주택은 소득 수준이 낮은 사람들이 거주하는 공간이라는 인식이 강했다. 당연히 임대주택으로 투자 수익을 올릴 것이라는 생각을 잘 하지 못했지만 뉴스테이가 나타나면서 비로소 임대주택을 투자 상품으로 인식하기 시작했다.

1인 가구의 증가와 세분화되는 주택 수요

앞으로 임대주택 시장은 커질 것으로 예상된다. 주택에 대한 인식이 과거와 크게 달라지고 있기 때문이다. 과거에는 주택 '소유'를 중시했으나 최근에는 '거주'를 중시하는 경향이 커지고 있다. 또 1~2인 가구가 크게 늘어나고 있는 점도 임대주택 시장 형성에 도움이 되고 있다. 통계청에 따르면 한국 총 인구는 2015년 5,101만 명

전체 가구 수 변화(단위: 만가구)

2015년	1,901.3(518.0)
2017년	1,952.4(556.2)
2025년	2,101.4(670.1)
2035년	2,206.7(763.5)
2045년	2,231.8(809.8)

출처: 통계청

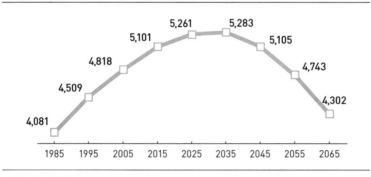

가구 수와 인구 추이: 총 인구 추이(단위: 만 명)

5,261 5,283
5,101
4,818   5,105
4,509   4,743
4,081   4,302

1985 1995 2005 2015 2025 2035 2045 2055 2065

*괄호 안은 1인 가구 수

출처: 통계청

에서 2065년에는 4,302만 명으로 15.7% 줄어들 전망이다. 반면 전체 가구 수는 2015년 1,901만 가구에서 2045년에는 2,231만 가구로 17.4% 늘어난다. 특히 1인 가구는 2015년 518만 가구에서 2045년에는 809만 8,000가구로 56.2% 늘어 가장 빠른 속도로 증가할 전망이다. 인구 감소는 주택 수요를 감소시키는 요인이지만 이보다 더 빠르게 가구 수가 늘어나고, 특히 1인 가구가 급격하게 증가하면서 임대주택에 대한 수요는 오히려 증가할 것으로 예상된다.

이와 함께 최근 들어서는 젊은 층을 중심으로 임대주택 거주를 희망하는 비중도 높아지고 있다. 서울시정개발연구원이 최근 서울시에 거주하는 1,680가구를 대상으로 향후 주거이동 의향을 조사한 결과 20대 중 57.8%는 임대주택 거주를 희망한다고 밝혔으며, 분양주택을 구입하겠다고 밝힌 응답자는 7.5%에 불과했다. 30대는 임대주택 거주를 희망한다고 밝힌 응답자가 45.2%, 분양주택 구입 의사를 밝힌 응답자는 21.6%였다. 반면 60대 이상에서는 임대주택으로 옮기겠다고 밝힌 응답이 11.9%에 불과했다.

젊은 층으로 갈수록 임대주택 선호 현상이 강하게 나타나는 것이다. 주택 가격이 지속적으로 상승하면서 주거 구입비용이 크게 높아진 점도 젊은 층이 임대주택을 선호하는 이유 중 하나로 꼽힌다. 게다가 인구 감소 등으로 인해 주택 가격 상승에 대한 기대감은 낮아지는데다 과거에는 찾아볼 수 없었던 다양한 수요들이 생기면서 임대주택 시장의 세분화와 다양화가 빠르게 진행될 것으로 보인다.

최근 임대주택사업에 본격적으로 뛰어든 한 대기업 계열의 사업 담당자는 이미 4~5년 전부터 짧게는 5~6년, 길게는 15~20년 안에 기존 분양 중심의 주택 시장이 임대주택 중심으로 바뀔 것을 예상하고 준비를 해왔다고 밝히기도 했다. 특히 임대주택 사업자들은 소비자들의 세대 변화도 임대주택 시장 성장에 도움을 줄 것이라고 내다봤다. 정규직이 감소하고 결혼 선호도가 줄어드는 등 새로운 세대가 주거 시장의 변화를 가져올 것이라는 전망이다.

대기업의 진출

이처럼 임대주택 시장이 커지면서 대기업들의 시장 진출도 늘고 있다. 가장 먼저 임대주택에 눈길을 돌린 곳은 KT다. KT에스테이트는 지난 2016년 초 기업형 임대주택 브랜드인 '리마크 빌Remark Vill'을 선보이고 기업형 임대주택 사업에 본격적으로 진출했다. KT에스테이트는 2016년 7월 797가구 규모의 '리마크빌 동대문'을 시작으로 '리마크빌 영등포'(760가구), '리마크빌 부산 대연'(546가구), '리마크빌 관악'(128가구)을 잇달아 선보였다.

롯데그룹도 임대주택 사업에 적극 뛰어들고 있다. 롯데의 경우 롯데건설과 롯데자산개발 등 그룹 내 두 개의 계열사가 임대주택 사업을 추진하고 있다. 롯데건설은 2017년 말 민간임대 주거서비스 브랜드인 '엘리스Elyes' 상표등록을 하고, 롯데렌탈·롯데카드·롯데하이마트 등 계열사들과 힘을 합쳐 주거 관련 서비스를 제공할 계획이라고 발표했다. 비슷한 시기 롯데자산개발도 주거임대사업 브랜드인 '어바니엘Urbani L'을 출시하고, 롯데몰·롯데시네마·롯데리아 등 계열사와 연계해 다양한 생활편의 서비스를 제공하겠다고 밝혔다.

롯데건설은 박근혜 정부의 뉴스테이 정책에 발맞춰 임대주택 사업에 뛰어들었으며, 2016년 5월 신동탄 롯데캐슬을 시작으로 동탄2 롯데캐슬, 문래 롯데캐슬, 독산역 롯데캐슬 등의 임대주택을 선보였다. 반면 롯데자산개발은 일본의 미쓰이부동산·다이와하우스·다이토켄타쿠 등 임대주택 관련 업체들의 사례를 연구하면서 도심에 위치한 1~2인 가구를 겨냥한 임대주택을 준비해왔다. 2018년 초 서울시 금천구 가산디지털단지에서 '어바니엘 가산'을 선보이면서 임대주택 사업을 본격화했으며 충정로에 들어서는 역세권 청년임대주택(어바니엘 충정로)의 운영을 맡을 예정이다.

또 코오롱글로벌이 설립한 '코오롱하우스비전'은 지난 2017년 2월 여성들을 대상으로 하는 임대주택 '커먼타운Common Town'을 선보였다. 커먼타운은 다세대, 빌라, 오피스텔 등 기존 재고주택을 소유하고 있는 집주인과 계약을 맺고 임대주택으로 개발한 다음 코오롱이 임대운영까지 맡아 하는 사업이다. 직장과의 거리를 중시하는 밀레니얼 세대의 특징을 고려해 압구정, 청담동, 한남동, 여의도, 방배동의 서래마을 지역을 중심으로 여성 전용 임대주택을 선보이고 있다.

SK그룹 계열의 부동산 디벨로퍼 'SK 디앤디D&D'도 진출했다. SK D&D는 투자부터 개발 및 운영, 중개, 관련 서비스 등 임대주택 사업과 관련된 전 사업을 아우르는 플랫폼을 구축할 예정이다. 이를 위해 리츠 자산관리회사인 '디앤디인베스트먼트'도 설립했다. SK D&D는 서울 서초, 수유, 신촌 등 역세권 중심으로 임대주택사업을 추진하고, 향후 리츠로 유동화할 계획을 세워두고 있다. 또 미래에셋금융그룹도 서울 합정역 인근에서 역세권 청년임대주택 사업을 추진하고 있으며 은행들도 지점 부지를 활용해 임대주택사업을 추진하고 있다. 앞으로 자산을 많이 보유한 대기업들을 중심으로 자산 효율화를 추구하는 과정에서 임대주택 사업에 진출하는 경우가 늘어날 것으로 예상한다.

공유 오피스 업체들도 임대주택 시장에 큰 관심을 보이고 있다. 이미 해외에서는 공유 오피스 업체인 위워크가 임대주택 브랜드인 '위리브_{WeLive}'를 선보이고, 뉴욕, 워싱턴 등에서 임대주택 사업을 진행하고 있다. 국내에서도 공유 오피스 업체인 패스트파이브가 임대주택 시장 진출을 선언했으며, 모임공간 토즈로 유명한 공간 서비스 업체 피투피시스템즈도 임대주택 시장 공략을 위해 '토즈 리브'를 선보일 계획이다. 이처럼 앞으로 대기업과 공유 오피스 업체뿐만 아니라 다양한 사업자들이 다양한 유형의 임대주택을 선보일 것으로 예상된다.

일본 업체들의 한국 진출

임대주택 시장이 발달한 일본 업체들의 한국 진출도 눈여겨볼 부분이다. 일본 업체들이 한국 시장에 진출하는 것은 향후 한국 시장이 더 커질 것이라는 점을 예상해 볼 수 있는 대목이기 때문이다.

지난 2012년 국내에 진출한 다이와리빙은 KT와 손잡고 'KD리빙'을 세웠다. KD리빙의 경우 KT가 자사 보유 토지를 개발해 임대주택 사업을 추진하는 과정에서 일본 업체의 노하우를 배우기 위해 설립한 회사다. 또 2013년에는 일본에서 주로 소형 주택 임대관리를 하는 레오팔레스21이 국내 업체인 우리관리와 함께 '우리레오_{PMC}'를 설립하기도 했다. 일본 최대 임대주택 건설업체인 '다이와하우스공업'은 지난 2016년 2월 유가증권시장에 상장된 리츠인 케이탑리츠에 지분 투자를 하면서 한국 임대주택 시장에 진출했다. 당시 케이탑리츠와 다이와하우스공업은 국내에서 도심형 임대주택 사업을 하겠다고 밝힌 바 있다.

또 종합부동산 서비스회사인 젠스타는 2016년 말 일본의 임대주택전문기업인 '하세코라이브넷'과 기업형 임대주택 사업을 공동으로 추진하기 위한 업무협약을 맺었다. 지난 1986년에 설립된 하세코라이브넷은 도쿄증권거래소에 상장된 하세코 코퍼레이션의 자회사로 임대주택 관리·임대경영 컨설팅 등을 전문으로 하는 회사다. 젠스타는 업무협약을 통해 '서브리스Sublease' 시장을 공략하겠다고 밝힌바 있다. 서브리스란 특정기업이 임대주택 건물 전체를 임차한 후 개별 임차인에게 재임대하는 것을 말한다.

이처럼 일본 업체들이 국내 임대주택 시장에 관심을 보이는 이유는 최근 들어 한국 주택 시장에서도 임대주택 사업이 향후 성장 가능성이 높은 신산업으로 관심을 받고 있기 때문이다. 특히 한국의 임대주택 사업은 이제 시작 단계라는 점에서 향후 성장 잠재력이 무궁무진하다는 평가를 받고 있다.

분양이 아닌 임대주택에 관심 나타내는 주택사업자들

지금까지 한국 건설사들과 시행사들은 주로 분양형 주택 사업을 해왔다. 하지만 최근 들어 조금씩 변화가 나타나고 있다. 건설사들도 임대주택 사업에 적극 뛰어들고 있다. 가장 적극적인 곳은 대림산업이다. 대림산업은 지난 2016년 건설사 중에서는 최초로 리츠 자산관리회사를 설립했다. 당시 대림은 기존 분양이라는 제도 안에서 주택을 팔고 끝내는 게 아니라 지속적인 수익을 낼 수 있는 임대주택 사업 플랫폼을 만드는 게 목표라고 밝힌 바 있다. 대림의 리츠 자산관리회사 설립은 주택시장 변화와 궤를 같이한다.

저성장 시대의 도래와 인구구조 및 주거문화의 변화로 주택시장도 소유에서 거주 중심으로 빠르게 변하고 있다. 매년 2만~3만 가구를 분양해온 대림도 이 같은 시장 변화 속에서 큰 전환을 꾀하고 있다. 대림은 그동안 임대주택 사업 진출을 위한 준비를 착실하게 해왔다. 지난 2014년에는 경기도 의왕에서 미분양된 아파트를 리츠로 매입, 운용해 임대관리업과 유동화에 대한 경험을 쌓았다. 지난 2015년 9월에는 업계 최초로 '기업형 임대주택' e편한세상 도화를 선보였다.

현대산업개발도 적극적이다. 현대산업개발 계열의 자산운용사인 HDC자산운용이 2017년 리츠 자산관리회사 인가를 받았다. 건설사 중에서는 대림에 이어 두 번째다. HDC운용은 리츠 자산관리회사 인가 후 '에이치디씨 민간임대주택 제1호 위탁관리부동산투자회사'를 설립했으며, 이 리츠는 탄현역 인근 부지에 개발하는 임대주택에 투자한다. 또 그간 주택 분양 사업을 주력으로 해 온 디벨로퍼 엠디엠도 임대주택에 관심을 나타내고 있다. 엠디엠이 임대주택 사업을 추진하는 곳은 고양 삼송 도시지원시설 내에 확보한 오피스텔용지다.

임대주택 리츠의 등장

임대주택 리츠도 하나둘씩 모습을 드러내고 있다. 싱가포르계 리츠 자산관리회사인 ARA코리아는 디벨로퍼 신영과 손잡고 서울 신설동, 서초동 등에 들어서는 임대주택을 기초자산으로 하는 리츠를 설립했다. 또 하나자산신탁은 최근 성장세가 꺾인 할인점을 활용해 임대주택으로 개발하는 첫 사례를 내놓았다. 하나자산신탁은 울산 중구 학성동 349-15번지 일대에 있는 이마트 울산 학성점을 공공지원 민간임대주택으로 개발하는 '신세계하나 제1호 기업형 임대주택 관리 부동산투자회사'를 설립했다.

또 한국자산신탁은 이랜드그룹이 서울 광흥창역 인근 이랜드리테일 사옥 부지에 공급하는 역세권 청년임대주택을 기초자산으로 리츠(이베데스 제1호 위탁관리 부동산투자회사)를 설립했다. 이마트와 이랜드는 앞으로도 그룹 내 유휴부지를 활용해 임대주택리츠 사업을 확대할 계획이라고 밝힌 바 있다. 또 SK D&D가 설립한 리츠 자산관리회사인 디앤디인베스트먼트도 서울 역세권 인근 땅을 활용해 임대주택리츠를 선보일 계획이다.

기관들의 임대주택 참여

그간 국민연금·교직원공제회·지방행정공제회 등 국내 기관투자자들은 주로 오피스·리테일·물류센터 등의 상업용 부동산에 주로 투자해왔다. 외국과 달리 임대주택 시장이 전세 위주로 발달해온 한국에서는 기관들이 요구하는 수익률을 맞추기가 쉽지 않기 때문이다. 하지만 최근 들어 국내에서도 기관들의 임대주택 투자가 본격화될 움직임이 나타나고 있다.

한 예로 부동산자산운용 규모 기준 업계 1위인 이지스자산운용은 최근 인천 십정2 주거환경개선사업 기업형임대주택(뉴스테이) 사업자로 선정됐다. 또 구재상 전 미래에셋자산운용 부회장이 설립한 케이클라비스, 미래에셋대우 등도 그간 임대주택 사업 투자에 꾸준히 관심을 나타내 왔다.

일본 임대주택 리츠의 교훈

지난 2016년 한국의 임대주택 시장이 커지고 있는 점을 감안해 한국보다 앞서 임대주택 시장이 성장한 일본의 사례를 살펴보기 위해 도쿄로 출장을 간 적이 있다. 한국과 비슷한 시기에 리츠를 도입한 일본, 도쿄증권거래소에는 현재 56개의 리츠가 상장되어 있다 (2018년 6월 기준). 이중 임대주택 리츠에만 투자하는 리츠는 9개이며,

주택을 포함한 다양한 자산에 투자하는 복합리츠가 24개나 된다. 전체의 43%에 가까운 리츠가 임대주택에 투자하고 있다.

일본 임대주택 리츠의 특징 중 하나는 이들이 투자하는 자산이 도쿄와 같은 대도시에 위치한데다, 고급 임대주택이 많다는 점이다. 일본 최대 부동산회사인 미쓰이부동산이 스폰서로 참여하는 임대주택 리츠 '니폰 어커머데이션 펀드'가 대표적이다. 미쓰이부동산은 1960년대부터 50년 가까이 분양 위주로 주택사업을 해온 회사다. 하지만 미쓰이부동산은 2000년대 들어 공공기관 등이 주로 공급하던 임대주택 사업으로 눈길을 돌렸다. 버블경제 붕괴로 자산 가격이 하락하면서 소유에서 거주로 주택 문화가 변하고, 인구 구조의 변화로 소형 가구가 크게 증가하는 등 부동산 시장의 패러다임이 크게 변하고 있다고 판단했기 때문이다.

니폰 어커머데이션 펀드는 전체 자산의 87.5%가 도쿄 23구 안에 위치하고 있다. 다른 임대주택 리츠도 대도시 위주로 투자를 하고 있다. 일본 부동산증권화협회에 따르면 전체 임대주택 리츠가 담고 있는 자산의 약 75%가 도쿄·오사카·아이치현 등 대도시 권역에 있다.

임대주택 리츠의 자산이 대도시에 집중된 것은 고가의 임대료를 감당할만한 수요층이 탄탄하기 때문이다. 실제 임대주택 리츠에만 투자하는 9개 리츠의 객실점유율은 평균 95%를 웃돈다. 종합상사 이토추그룹이 스폰서로 참여하는 임대주택리츠 '어드밴스 레지던스 인베스트먼트'의 도모유키 기무라 디렉터는 "도심의 경우 젊은 층 인구

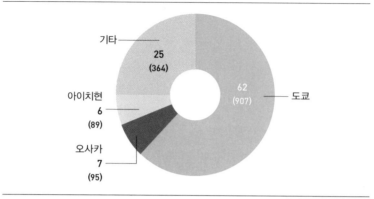

일본 임대주택리츠 자산의 지역별 분포현황(단위: %, 건)

기타
25
(364)

아이치현
6
(89)

오사카
7
(95)

도쿄
62
(907)

*전체 1,455개 빌딩, ( )안은 건

출처: 일본 부동산증권회협회(ARES)

의 유입이 많고, 고가의 임대주택 리츠를 감당할 수 있는 외국계 회사의 직원들도 많아 수요층이 탄탄하다"고 설명했다.

도쿄와 같은 대도시를 중심으로 공급되는 일본 임대주택 리츠의 성장세는 당분간 이어질 것으로 예상한다. 전체적인 일본 인구 감소에도 불구하고 대도시 인구의 감소 폭은 크지 않고, 1인 가구도 계속 증가하고 있기 때문이다. 일본 국립인구사회보장제도연구소IPSS에 따르면 일본 전체 인구는 지난해 1억 2,660만 명을 기록했다. 매년 꾸준히 줄어 2040년에는 1억 728만 명으로 15.3% 감소할 전망이다. 도쿄 역시 인구가 줄어들기는 마찬가지만 일본 전체와 비교하면 그 폭이 크지 않다. 도쿄 인구는 2017년 1,335만 명에서 2040년에는 1,231만 명으로 7.8% 줄어들 전망이다. 또 지난해 도쿄 지역의 1인 가구 수는 268만 가구로 10년 전인 2005년의 244만 가구에 비

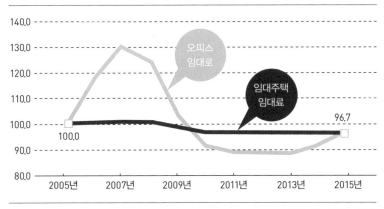

일본 임대주택과 오피스 임대료 변동률 지수

오피스
임대료

임대주택
임대료

100.0

96.7

출처: 일본 부동산연구소

해 10% 가까이 증가했으며, 오는 2030년에는 287만 가구로 늘어날 것으로 전망된다.

임대주택 리츠의 성장은 금융시장에도 긍정적인 영향을 미치고 있다. 임대주택 리츠가 마이너스 금리까지 떨어진 일본에서 안정적인 배당수익을 줄 수 있는 상품으로 부각되고 있기 때문이다. 투자상품 측면에서 임대주택 리츠가 가진 장점은 안정성이다. 주택은 거주를 목적으로 하고 있어 수요가 안정적이기 때문에 임대주택 리츠는 현금 흐름이 꾸준하다는 장점이 있다. 또한 임대주택의 경우 임차인이 나가더라도 공실률이 크게 떨어지는 경우가 없으며 공실률이 발생했을 때 새 임차인을 구하기가 쉽다는 점도 장점이다.

또한 임대주택 리츠 등장 이후 일본 전체 임대주택시장은 질적으로 한 단계 도약했다는 평가를 받고 있다. 미쓰이부동산이나 도큐

부동산그룹과 같이 임대주택 리츠의 스폰서로 참여하고 있는 대형 부동산 회사들이 자체적으로 보유한 땅을 개발하는 것뿐만 아니라 외부 자산도 편입하면서 임대주택의 수준을 높이고 있기 때문이다. 실제 콤포리아레지덴셜리츠에 포함된 자산 중 29.8%는 도큐부동산 그룹 계열이 아닌 외부 자산을 편입한 것이다.

임대주택시장이 양적·질적으로 성장하면서 일본인들의 임대주택 선호도도 높아지고 있다. 노무라연구소에 따르면 일본 전체 주거 유형 중 민간 임대주택에 거주하는 비중은 지난 1988년 9%에 불과했으나 2013년에는 20%까지 증가했다.

리츠 IN 리츠

일본 최대 잡화점 '도큐핸즈'와 시너지 내는 임대주택 리츠

일본 도쿄 신주쿠역 다카시야마 타임스퀘어에 위치한 잡화점 '도큐핸즈Tokyu Hands'는 2~8층, 총 7개 층을 사용하고 있다. 일본 방문 당시 찾았던 도큐핸즈는 제품 한 종류당 수십~수천 개의 다양한 상품들이 구비돼 있어 '눈이 즐겁다'라는 말이 절로 나올 정도였다. 도큐핸즈는 한 가지 제품을 다량으로 선보이는 것이 아니라 같은 제품이라도 최대한 다양한 상품을 선보이는 데 초점을 두고 있다. 이 같은 도큐핸즈의 판매 철학은 1~2인 가구가 증가하고 비싼 주거비용을 지불하고 집을 사는 것보다 임대주택을 선호하는 시대에 적합하다는 평가를 받고 있다.

콤포리아레지덴셜리츠 사진

실제 도큐핸즈의 모그룹인 '도큐부동산홀딩스그룹'은 그룹 내 임대주택사업과 연계해 시너지를 내고 있다. 도큐부동산그룹의 계열사들은 도쿄증권거래소에 상장된 임대주택리츠인 '콤포리아레지덴셜리츠'에 스폰서로 참여하고 있다. 콤포리아레지덴셜리츠의 임대주택리츠에 거주하는 임차인들은 도큐핸즈에서 제품을 구매할 경우 할인 혜택을 받을 수 있다.

이처럼 일본에서 임대주택산업은 다양한 분야와 시너지를 내고 있다. 콤포리아레지던셜리츠의 입주민들만 사용할 수 있는 주거 관련 서비스인 '웰박스WELBOX'에는 2,000개가 넘는 서비스들이 나열돼 있다. 웰박스에는 렌터카, 가사대행 서비스 등은 물론이고 영어회화 학원, 영화관, 해외 호텔, 리조트 이용 등 단순히 주거를 넘어 삶에 필요한 모든 서비스가 연계돼 있다.

좋은 입지의 힘,
영화관

떠오르는 틈새시장, 영화관에 투자하기

사람들이 자주 찾는 영화관도 리츠의 투자대상이 될 수 있다. 실제 최근 매물로 나온 영화관이 기관투자자들로부터 큰 인기를 끌고 있다. 한 예로 2018년 초 입찰을 실시한 'CGV대학로'의 경우 중소형 운용사 15곳 정도가 참여하면서 경쟁이 치열했다. 중소형 운용사들이 영화관에 관심을 가지는 이유는 자산규모가 크지 않아 투자자를 모으기 쉬운 데다 신용도가 높은 대기업 계열의 멀티플렉스들이 장기간 임차하고 있어 안정적인 수익률을 올릴 수 있기 때문이다.

특히 CGV대학로의 경우 서울 핵심 상권 중 하나인데다 구분소유 건물을 임차하고 있는 경우가 많은 다른 영화관과 달리 소유권이 구분되지 않아 자산 관리가 쉽다는 점도 경쟁이 치열했던 이유로 꼽힌다.

실제 지난해 현대인베스트먼트자산운용이 서울시 광진구 구의동에 위치한 'CGV강변'을 400억 원에 사들이고 LB자산운용이 구리시에 위치한 'CGV구리'를 499억 원에 인수하는 등 최근 중소형 부동산자산운용사들의 영화관 투자가 이어지고 있다. 페블스톤자산운용도 성남시 분당구에 위치한 'CGV구미동'을 610억 원에 매입했으며, 리치몬드자산운용은 지난 2016년 'CGV해운대'와 'CGV전주고사점'을 각각 107억 원과 223억 원에 사들이는 등 극장에 적극적으로 투자하고 있다.

특히 최근에는 개인투자자들의 부동산 간접투자상품에 대한 관심이 높아지고 있기 때문에 은행이나 증권사의 고액자산가를 통해 자금을 모집하는 사례도 늘어날 것으로 보인다. 신용도가 높은 대형 멀티플렉스들이 임차하는 극장은 대부분 입지가 좋고 15~20년 장기 임차하고 있는데다가 연 최소 6% 정도의 수익률이 나오는 경우가 많다. 게다가 자산규모도 크지 않기 때문에 앞으로도 기관이나 고액자산가들을 대상으로 하는 상품이 계속 나올 것으로 전망된다. 실제 우리은행은 지난 2017년 초 부산과 광명 소재 롯데시네마를 기초자산으로 하는 부동산펀드를 출시해 110억 원의 자금을 모은 바 있다.

고액자산가들을 위한 사모형 상품뿐만 아니라 공모형 상품도 출시되고 있다. 2018년 6월 이지스자산운용은 건대CGV(몰오브케이)에 투자하는 '이지스리테일부동산투자신탁 194호' 공모 상품을 출시해 208억 원을 전부 모았다. 펀드가 투자하는 건대CGV는 2018년 1월 준공된 신축건물로 서울 핵심상권 중 하나인 건대 상권 내 위치해 있으며, 임대율 100%를 기록하고 있다. 국내 1위 멀티플렉스 운영사인 CJ CGV가 핵심임차인으로 15년 장기 임대차계약(전체면적의 약 33%)을 맺고 있어 안정적인 임대수익이 기대되는 상품이다. 최소 가입금액은 500만원이었으며 KB국민은행을 통해 판매했다.

리츠의 다음 단계: 인프라

인프라에 투자할 수 있는 기회가 열린다

장기적으로 리츠를 통해 오피스나 리테일, 물류센터, 임대주택뿐만 아니라 인프라 시설에 투자할 수 있는 기회도 열릴 것으로 예상된다. 지난 2016년 말 서울에서 인터뷰를 가진 피터 버워 아시아태평양부동산협회APREA 회장은 그간 질적·양적 성장을 거듭해 온 리츠가 다음 단계second stage로 나아가고 있다며, 앞으로 리츠 자산의 다변화가 빠르게 진행되면서 그간 정부가 담당했던 사회적 영역social sector에서 리츠를 통한 자금 조달이 늘어날 것으로 전망했다.

피터 버워 APREA 회장은 당시 인터뷰에서 "향후 10~15년 안에 '인프라스트럭처'에 투자하는 리츠가 부동산을 앞지를 것으로 예상한다"고 단언하기도 했다. 그는 그 근거로 "과거에는 정부가 세금을 거두거나 채권 발행을 통해 사회기반시설을 짓는 등 모든 일을 도맡았지만 세금이나 채권 발행만으로 충당하기에는 한계가 있다"며 "특히 최근 들어 인도·중국 등과 같은 나라에서는 그간 유례를 찾아볼 수 없을 정도로 빠르고 광범위하게 도시화가 진행되면서 이들 수요를 최대한 빨리 충족시키기 위해 리츠를 새로운 파이낸싱 수단으로 주목하고 있다"고 말했다.

또 전통적으로 정부가 담당했던 교육·의료·교통시설·사회기반시설 등에서 리츠의 역할이 커질 것으로 예상되며, 한국처럼 도시화가 진전된 나라들은 과거에 건설했던 인프라 시설이 노후화돼 새로 지어야 할 시기가 다가오고 있어 리츠의 역할이 생길 것으로 예상된다. 실제 SH공사가 출자한 리츠 자산관리회사인 서울투자운용이 향후 서울시의 낙후된 기반 시설을 개선하는 과정에서 리츠를 활용하는 방법을 모색하고 있으며, 이 과정에서 공모로 자금을 조달하는 것도 검토 중이다. 이외에도 민간 리츠 자산관리회사들도 향후 부동산뿐만 아니라 인프라를 새로운 투자 상품으로 적극 발굴할 것으로 예상된다.

4장

리츠에
투자하기 위해
알아야 할
지식들

리츠의 종류:
자기관리리츠와 위탁관리리츠, CR리츠

리츠는 크게 자기관리리츠와 위탁관리리츠, 기업구조조정CR 리츠 3가지 종류가 있다. 자기관리리츠란 자산운용 전문 인력을 포함해 임직원을 상근으로 두고 자산의 투자 및 운용을 직접 수행하는 실체가 있는 회사를 말한다. 현재 한국거래소에 상장된 케이탑리츠, 에이리츠, 모두투어리츠가 모두 자기관리리츠다. 반면 위탁관리리츠는 자산의 투자 및 운용을 리츠 자산관리회에 위탁하는 명목형 회사다. 기업구조조정리츠는 위탁관리리츠와 동일한 구조지만 투자 대상 부동산이 기업구조조정용 부동산으로 한정된다.

자기관리리츠는 일반적인 상장 회사에 투자하는 것과 비슷하며, 금융상품에 보다 가까운 것은 위탁관리리츠다. 그런 측면에서 보면 자기관리리츠의 경우 개인투자자들이 투자하기에 다소 어려운 점이 있다. 현재 상장된 자기관리리츠의 인지도가 높지 않기 때문이다. 유가증권시장에 상장된 삼성전자나 아모레퍼시픽, 포스코 등과 같은 대형주와 비교하면 자기관리리츠의 존재감은 미미하다.

한국거래소에 따르면 2017년 말 기준(마지막 거래일인 12월 28일) 전체 코스피 시가총액 1,605조 원을 상장 종목 887개로 나누면 종목 하나당 시총은 1조 8,104억 원 정도 된다. 반면 자기관리리츠 3개의 총 시총은 900억 원, 평균 300억 원 정도다.[33] 코스피 평균 시총의 60분의 1에 불과한 수준이다. 다른 코스피 상장 종목과 비교하면 거래도 잘 되지 않는다. 지난 2017년 코스피 전체 상장사의 일평균 거래량은 38만 3,800여 주다. 반면 같은 기간 에이리츠의 일 평균 거래량은 1만 7,500주에 그쳤으며, 모두투어리츠는 하루 평균 7,400여주 밖에 거래되지 않았다. 그나마 케이탑리츠의 일 평균 거래량이 56만 5,700여주로 코스피 평균보다 높아 체면치레를 했다.

다만 리츠 전문가 중에서는 리츠의 거래량이 적은 것은 리츠가 시세차익이 아닌 배당주이기 때문이라는 의견을 내놓는 이들도 있다. 리츠 자체가 주가 변동이 큰 주식이 아니기 때문에 거래가 적을 수밖에 없다는 뜻이다. 이러한 점은 향후 리츠 상장을 준비하는 운

---

33 참고로 2018년 5월 말 기준 유일하게 상장되어 있는 위탁관리리츠인 '트러스 제7호'의 시가총액은 290억 원 규모다.

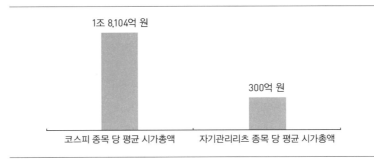

상장 리츠의 시가총액

1조 8,104억 원

300억 원

코스피 종목 당 평균 시가총액   자기관리리츠 종목 당 평균 시가총액

출처: 한국거래소

상장 리츠의 거래량

코스피 전체 상장사의 일 평균 거래량	38만 3,800주
에이리츠의 일 평균 거래량	1만 7,500주
모두투어리츠 일 평균 거래량	7,400주
케이탑리츠 일 평균 거래량	56만 5,700주
트러스 제7호 일 평균 거래량	1,765주

*2017년 기준

출처: 한국거래소

용사들에게 고민이 될 것으로 보인다. 주로 안정적인 배당을 기대하고 리츠에 투자하는 사람들이 많은 것은 사실이지만, 주식이라는 점을 감안 할 때 투자자를 유인하기 위해서는 주가 변동성도 어느 정도 필요하기 때문이다.

전체 리츠 시장을 보면 위탁관리리츠의 비중이 가장 크다. 국토교통부와 한국리츠협회 등에 따르면 2017년 말 기준 전체 193개의 리츠 중 위탁관리리츠가 157개로 81.3%를 차지하고 있다. 기업구

자기관리리츠, 위탁관리리츠, CR리츠 비교

종류	자기관리리츠	위탁관리리츠	기업구조조정리츠
투자대상	일반부동산/개발사업	일반부동산/개발사업	기업구조조정용 부동산
영업개시	국토교통부 영업인가(공모, CR리츠는 금융위 사전협의)		
설립주체	발기인(발기설립)		
감독	국토부·금융위	국토부·금융위	국토부·금융위
	개발전문리츠는 국토부의 감독만 받음		
회사형태	실체회사(상근 임·직원)	명목회사(상근없음)	명목회사(상근없음)
최저자본금	70억 원	50억 원	50억 원
주식분산	1인당 50% 이내	1인당 50% 이내	제한없음
주식공모	주식 총수의 30% 이상	주식 총수의 30% 이상	의무사항 아님
상장	요건충족시	요건충족시	의무사항 아님
자산구성 **(매 분기 말)**	부동산: 70% 이상 (부동산, 부동산 관련 증권 및 현금 80% 이상)	부동산: 70% 이상 (부동산, 부동산 관련 증권 및 현금 80% 이상)	기업구조조정부동산: 70% 이상 (부동산, 부동산 관련 증권 및 현금 80% 이상)
자산운용 **전문인력**	5인(리츠 상근 고용)	자산관리회사(5인)에 위탁운용	자산관리회사(5인)에 위탁운용
배당	90% 이상 (50% 이상 배당 '18.12.31까지)	90% 이상 의무배당 (초과배당가능)	90% 이상 의무배당 (초과배당가능)
처분제한	1년	1년	제한없음
	개발사업 후 분양하는 경우에는 처분 제한기간 없음		
자금차입	자기자본의 2배 이내(주총 특별결의 시 10배)		
회사존속	영속	선택적	한시적

조조정리츠는 31개, 자기관리리츠는 5개다. 자산규모 기준으로 보면 전체 34조 9,000억 원 중 위탁관리리츠가 29조 1,000억 원으로 83.4%를 차지한다. 이어 기업구조조정리츠가 5조 5,000억 원, 자기

리츠 종류별 현황(2017. 12월 말, 조 원, 개)

리츠종류 REITs TYPE	리츠수 No. of REITs	자산규모 Amount of asset (조 원)
기업구조조정리츠 CR REITs	31	5.5
위탁관리리츠 AM REITs	157	29.1
자기관리리츠 SM REITs	5	0.4
합계 Total	**193**	**34.9**

관리리츠가 4,000억 원 정도다.

참고로 자기관리리츠와 위탁관리리츠, 구조조정리츠는 자본
금 요건과 주식분산 의무, 상장 요건 등에 있어 차이가 있다. 그 중
에서 한 가지 예를 들면 현재 배당 관련 규정이 다르게 적용되고 있
다. 위탁관리리츠와 구조조정리츠는 배당 가능이익의 90% 이상을
의무 배당하도록 되어 있는데 자기관리리츠의 경우 2018년 말까지
한시적으로 50% 이상 배당하는 것으로 규제를 완화해주고 있다.

리츠는 누가 만들고 누가 운용하나

국토교통부에 따르면 지금까지 35개의 리츠 자산관리회사가 설립인
가를 받았으며 이 중 8곳은 해산하거나 취소됐다. 코람코자산신탁
을 비롯해 마스턴투자운용, ARA코리아, 제이알투자운용, 퍼시픽투
자운용, 케이리츠앤파트너스, 인트러스투자운용 등 독립계 리츠 자

산관리회사들과 한국토지신탁, KB부동산신탁, 한국자산신탁, 하나자산신탁, 대한토지신탁 등 부동산신탁사 계열, 신한리츠운용과 엔에이치농협리츠운용 등 금융지주 계열, 대림에이엠씨, HDC자산운용 등 건설사 계열, KT의 자회사인 KT 자산관리회사 등 다양한 리츠 자산관리회사 27곳이 리츠를 꾸준히 만들고 있다.

한국토지주택공사LH와 SH공사 산하 서울투자운용 등 공기업들도 리츠 자산관리회사를 설립하고 리츠를 만들고 있다. LH와 서울투자운용은 리츠를 주로 주택 공급 수단으로 활용하고 있다. 그런 측면에서 보면 한국 리츠 시장은 다소 기형적인 구조다. 현재 리츠 시장에서 리츠 수나 규모 면에서 가장 큰 비중을 차지하고 있는 곳이 LH이기 때문이다. 2017년 말 기준 LH는 리츠 자산관리회사 중 가장 많은 34개의 리츠를 운용하고 있다. 자산규모도 10조 6,000억 원으로 전체 리츠 중 약 33.65%를 차지한다.

참고로 주택도시기금HUG도 지난 2016년 말 도시재생 뉴딜사업에 참여하기 위해 리츠 자산관리회사 설립을 추진한 바 있다. 하지만 도시재생 사업에 출자와 융자를 통해 기금을 지원하는 HUG가 직접 리츠 자산관리회사 업무를 하는 것이 적절치 않다는 지적이 일면서 무산된 바 있다. 이들 외에도 최근 각 지방자치단체와 공기업들이 리츠를 적극적으로 활용하려는 움직임을 보이고 있다.

리츠 자산운용사 현황(2017. 12월 말 기준)

자산관리회사 AMC	운용리츠수 NO. OF REITs	수탁규모 Amount of asset (억 원)	비율 Ratio
한국토지주택공사	38	123,072	35.6
코람코자산신탁	26	65,017	18.8
대한토지신탁	17	20,822	6.0
제이알투자운용	15	18,939	5.5
케이비부동산신탁	17	18,202	5.3
서울투자운용	3	13,480	3.9
마스턴투자운용	10	12,238	3.5
한국자산신탁	8	12,045	3.5
에이알에이코리아	6	11,615	3.4
케이리츠앤파트너스	4	11,165	3.2
케이티에이엠씨	7	10,157	2.9
코레이트투자운용	5	7,553	2.2
인트러스투자운용	6	5,231	1.5
생보부동산신탁	5	5,124	1.5
퍼시픽투자운용	6	4,833	1.4
한국토지신탁	7	2,367	0.7
하나자산신탁	2	1,476	0.4
하나에이아이템투자운용	2	1,274	0.4
한국경우에이엠씨	1	324	0.1
HDC자산운용	1	312	0.1
제이티투자운용	1	37	0.0
대림에이엠씨	1	3	0.0
자산관리회사 소개	188	345,286	100.0
자기관리리츠	5	3,548	
리츠전체합계	193	348,834	

코람코자산신탁은 지난 2001년 10월에 설립된 국내 1호 리츠 자산
관리회사다.[34] 2017년 말 기준 전체 임직원은 170여 명이며, 리츠 부
문의 운용 자산규모는 약 6조 5,000억 원이다. 코람코신탁은 자회사
인 코람코자산운용을 통해 부동산펀드를 운용하고 있기도 하다. 코
람코운용의 전체 임직원은 40여 명가량이며, 운용 자산규모는 약
3조 6,000억 원이다. 주요 경영진은 재무부 장관을 지낸 이규성 회
사발전협의회장, 외환은행장을 지낸 윤용로 회장, 금융감독원 부원
장보를 지낸 정용선 대표 등이 있다.

코람코는 설립 이후 꾸준히 자산운용 규모를 키워왔다. 지난
2002년 3,000억 원에 불과했던 자산운용 규모는 2017년 6조 5,000억
원으로 20배 이상 성장했다. 2017년 12월 기준으로 한국토지주택공
사를 제외하면 시장점유율 29.7%로 1위를 기록하고 있다.

코람코의 대표적인 상품은 '코크렙KOCREF' 시리즈가 있다. 2017년

---

34 코람코신탁은 부동산자산운용업계의 사관학교와 같은 곳이다. 부동산자산운용업계
1위인 이지스자산운용을 설립한 김대영 이사회 의장과 조갑주 경영총괄부문 대표, 김대형
마스턴투자운용 대표 등이 코람코신탁의 창립 멤버다. 김대영 의장은 지난 2001년 설립된
국내 1호 리츠 AMC인 코람코의 초대 대표를 맡았다. 경제기획원 경제기획국 국장, 대한주
택공사 사장, 해외건설협회 사장을 역임한 그는 2001년부터 2007년까지 코람코를 이끌며
리츠 전도사 역할을 했다.

말 기준 38개가 설립됐다. 코크렙의 투자 유형별로 살펴보면 오피스가 43.0%로 가장 많고, 개발형프로젝트가 39.9% 리테일 시설이 16.8%, 임대주택이 0.12%를 차지하고 있다. 또 투자 지역은 서울이 74.5%를 차지해 가장 많으며 수도권이 21.4%, 비수도권이 4.0%다. 코크렙이 지금까지 투자한 부동산은 서울 도심의 한화장교빌딩, YTN타워, STX남산타워, 눈스퀘어, 그랑서울, 파인에비뉴, 센터포인트 광화문 등이 있다. 또 강남권에는 플래티넘타워, 그레이스타워, 골든타워, 강남타워, 시그마빌딩, 나라빌딩에 투자했으며, 여의도에선 타임스퀘어 업무시설, 하나금융투자빌딩, 대한빌딩, 한화증권빌딩 등에 투자하는 등 서울 핵심 권역 내에서만 수십 개의 자산에 투자한 경험을 가지고 있다.

코람코는 코크렙 1호와 2호 등 지금까지 6개의 공모 상장 리츠를 선보였다. 다만 2010년 1월 29일에 상장한 코크렙 15호를 끝으로 공모 상장 리츠를 내놓지 않고 있으며, 지금까지 상장된 리츠들도 해산 사유 발생 등으로 전부 상장폐지 됐다.

하지만 코람코는 2018년 6월 약 8년여 만에 공모 상장 리츠 'E리츠코크렙'을 선보였다. 특히 이번에는 과거와 달리 상장 후 우량 자산을 계속해서 편입해 안정적인 배당을 줄 수 있는 상장 리츠로 키워나갈 계획이다. 현재 한국리츠협회장을 맡고 있는 정용선 코람코 대표는 리츠업계가 새로운 성장 동력을 공모 상장 리츠에서 찾아야 한다고 수차례 강조한 바 있다. 이를 감안하면 코람코는 앞으로도 리츠 상장에 많은 공을 들일 것으로 예상된다. 참고로 코람코는 최근 패션 기업 LF가 인수하기로 했다.

개발에 강점을 가진 '마스턴투자운용'

마스턴투자운용은 2009년 2월에 설립됐으며, 코람코에서 부사장을 지낸 김대형 씨가 대표를 맡고 있다. 서울 광화문의 센터포인트, 동작구 노량진의 메가스터디 타워, 신도림의 센터포인트 웨스트(옛 서부 금융센터), 이천 DHL 물류센터, 평택 물류센터 개발, 명동 판매시설 및 근린생활시설 개발, 논현 공동주택 및 근린생활시설 개발, L7 호텔 강남타워에 투자하는 등 지금까지 27개의 프로젝트에 참여했다.

　2017년 말 기준 누적자산운용 규모는 4조 6,300억 원으로 5년 전인 2012년의 4,100억 원에 비해 10배 이상 성장했다. 복합시설 투자가 전체의 45.4%를 차지하고 있으며, 오피스가 22.2%, 물류센터가 9.3%, 리테일이 7.2%, 주거시설이 6.0%를 차지하고 있다. 투자 전략으로 살펴보면 고위험-고수익을 추구하는 오퍼튜너티 투자에 강점을 가지고 있는 운용사다. 전체 자산에서 오퍼튜너티 투자가 절반 이상인 58.5%를 차지하고 있다. 또 프로젝트 유형별로 보면 개발사업이 61.1%를 차지하고 있으며, 실물 부동산이 22.5%를 기록하고 있다.[35]

　2018년 초 인터뷰를 가졌던 김대형 대표는 공모 리츠 상품 출시에 대한 강한 의지를 내비쳤다. 실제 마스턴운용은 그간 공모 상장 리츠 출시를 꾸준히 시도해왔다. 2016년에는 경기도 안양 평촌에 위치한 지스퀘어, 2017년에는 서울 중구에 위치한 씨티센터타워, 판교 알파돔시티 6-4구역 등을 기초자산으로 공모 상장 리츠를 설립하려고 했으나 입찰에서 떨어져 무산된 바 있다.

계속된 실패에도 불구하고 김 대표가 공모 리츠에 대한 희망을 놓지 않는 것은 시장 환경이 우호적으로 변한데다 미래 성장 동력을 위해 반드시 필요하다고 보기 때문이다. 마스턴운용은 향후 기대수익률이 높은 사모 부동산펀드나 프로젝트금융투자회사PFV를 안정적인 수익률이 나올 수 있는 상품으로 만들어 공모 리츠에 매각하는 것도 검토하고 있다.

업계 최초로 해외에 투자하는 리츠를 선보인 '제이알투자운용'

지난 2008년에 설립된 제이알투자운용은 현대자동차 대표이사와

---

35 마스턴투자운용은 운용사 중에서 개발팀을 처음으로 만들었으며, 전체 운용역 50명 중 3분의 1 정도가 개발 전문 인력으로 구성되어 있을 정도로 개발 사업에 강점을 보이는 운용사다. 특히 마스턴운용의 개발 운용역들은 SK건설·삼성물산에서 10년간 근무한 김 대표를 비롯해 대부분 다양한 개발 및 시공 관련 경험이 있어 개발 과정을 꿰뚫고 있다는 점이 장점이다. 20% 이상의 고수익을 추구하는 오퍼튜너티 투자자인 미국계 안젤로고든도 마스턴운용과 다수의 프로젝트를 진행하고 있다. 마스턴운용은 시장에서 알맞은 가격에 좋은 실물 자산을 찾기가 점점 어려워지고 있는 만큼 투자자들이 원하는 상품을 만들기 위해 앞으로 밸류애드와 오퍼튜너티 투자 비중을 계속해서 높여갈 계획이다.

현대산업개발 부회장 등을 지낸 이방주 씨가 회장을 맡고 있으며, 한양대학교 부동산학과 교수 출신의 김관영 씨가 사장을 맡고 있다. 전체 임직원 수는 30여 명이며, 현재 리츠 19개를 통해 약 3조 원 정도의 자산을 운용하고 있다.

지난 2009년 청담동의 고급 오피스텔 '피엔폴루스' 2~3층을 사들여 차병원과 함께 건강검진센터와 피부관리·노화방지클리닉으로 운영하고 있는 '제이알 제2호'는 국내 최초로 병원에 투자한 리츠다. 또 2011년에 매입한 을지로 와이즈빌딩을 리모델링해 비즈니스호텔로 바꾼 '제이알 제5호'는 최초의 호텔 리츠다. 리츠의 경우 해외투자에 제약이 많아 부동산펀드와 달리 해외 부동산 투자가 활발하지 않지만 제이알운용은 업계 최초로 해외 자산에 투자하는 리츠를 선보이기도 했다. 제이알운용은 2014년 3월 '제이알글로벌 제1호'를 통해 일본에 위치한 오피스 빌딩(스타게이트 빌딩)에 투자했으며, 2015년 6월에는 '제이알글로벌 제2호'를 통해 일본 물류센터에 투자했다.

지금까지 제이알운용이 투자한 자산들을 살펴보면 신도림의 디큐브백화점과 디큐브시티, 김포 고촌의 티제이물류센터, 충무로 티마크호텔, 강서 홈플러스 사옥 및 강서점 등 20여 개 이상이다. 제이알운용도 공모 상장 리츠에 관심이 많다. 2017년 말 한국토지주택공사가 공모 상장 리츠 설립을 위해 매각한 판교 알파돔시티 6-4구역 입찰에 참여해 마지막까지 신한리츠운용과 경쟁을 벌이기도 했다. 이에 앞서 명동 스카이파크와 명동 센트럴호텔을 기초자산으로 하는 상장 리츠를 준비하기도 했었다. 2018년 초 기준 총 운용 자산규모는 2조 9,500억 원 수준이며, 이 중 오피스가 33%, 주거시설이 29%, 병원이 20%, 호텔이 11%, 리테일이 5%, 물류센터가 2%를 차지하고 있다.

국내 유일의
싱가포르계 리츠 자산관리회사 'ARA코리아'

ARA코리아는 싱가포르계 리츠 자산관리회사이며, 대주주인 ARA는 싱가포르에서 다수의 상장 리츠를 운용하고 있는 회사다. ARA코리아의 전신은 맥쿼리리얼에스테이트코리아다. MREK는 지난 2003년 외국계 회사로는 최초로 국토교통부로부터 리츠 자산관리회사 영업인가를 받았다. 국내 리츠 도입 초기부터 활동해 온 리츠 자산관리회사다. 2014년 ARA가 인수하면서 ARA코리아로 이름이 바뀌었다. ARA코리아는 최근 세빌스인베스트먼트코리아를 인수해 사모 부동산펀드도 운용할 수 있게 됐다.

현재 'ARA NPS 리츠', 'ARA NPS 리츠 II', 'ARA 신영 리츠', 'ARA 신영 리츠 II', 'ARA 알파리움 리츠', 'ARA 글로벌 리츠'등을 운용하고 있으며, 서울역 인근의 ING센터, CJ제일제당센터, 알파리움타워 등 다수의 자산에 투자했다. 오피스뿐만 아니라 임대주택리츠, 해외재간접리츠 등 다양한 상품을 선보이고 있다. 현재 자산 운용 규모는 약 1조 3,000억 원 수준이다.

본사인 ARA는 아시아 퍼시픽을 기반으로 부동산 분야에 특화된 다국적 기업으로, 싱가포르 증시에 상장된 대형 자산운용사이다. 2018년 6월 1일 기준 홍콩·중국·한국 등 20개 국가 62개 도시에 투자를 하고 있으며 총 운용 자산 규모만 7,772억 싱가포르 달러(약 63조 원)에 달한다. ARA코리아는 본사가 운용하고 있는 리츠 및 펀드와 연계함으로써 다양한 투자기회를 국내 기관투자가에게 제공하고 있기도 하다. ARA코리아는 최근 세빌스코리아의 자회사인 SIK자산운용을 인수하고 사명을 ARA코리아자산운용으로 변경했다.

부동산신탁사 계열의 리츠 자산관리회사

부동산신탁회사 중에서도 리츠 자산관리회사 인가를 받은 곳이 있다. 지난 2001년 설립된 코람코자산신탁의 경우 리츠를 먼저 시작하고, 이후인 2006년에 부동산신탁업에 진출한 경우지만 코람코를 제외한 다른 부동산신탁사들은 신탁업을 위주로 하다가 리츠 자산관리회사 인가를 받았다. 코람코를 비롯해 대한토지신탁, KB부동산신탁, 한국자산신탁, 생보부동산신탁, 한국토지신탁, 하나자산신탁, 국제자산신탁, 코리아신탁, 무궁화신탁(케이리츠앤파트너스 인수) 등

11개 부동산신탁사 중 10개가 리츠 자산관리회사를 겸하고 있다.

다만 이중 국제자산신탁과 코리아신탁은 아직 리츠 설립 실적이 없다. 코람코를 제외하고 대부분의 부동산신탁사에서 리츠 사업부는 주류가 아니다. 때문에 아직까지 리츠업계 내에서 부동산신탁사 계열의 리츠 자산관리회사가 시장을 주도한다고 보기는 힘들다. 한국리츠협회에 따르면 2017년 말 기준 대한토지신탁이 운용 리츠 수 17개, 자산 규모 2조 822억 원으로 리츠 시장점유율 3위를 기록하고 있지만 대한토지신탁이 설립한 리츠는 대부분 뉴스테이 리츠다. 대한토지신탁 다음으로는 케이비부동산신탁이 운용 리츠 수 17개, 자산 규모 1조 8,202억 원으로 부동산신탁사 중에서는 2위, 리츠업계 전체로는 5위에 올라 있다.

건설사·디벨로퍼가 설립한 리츠 자산관리회사

최근에는 건설사와 디벨로퍼들도 리츠 자산관리회사 설립에 나서고 있다. 가장 먼저 스타트를 끊은 것은 대림그룹이다. 대림이 지난 2016년 설립한 리츠자산관리회사인 '대림에이엠씨'는 임대주택 리츠를 중심으로 리츠 사업을 확장하고 있다. 대림에이엠씨에 이어 현대산업개발 계열의 자산운용사인 HDC자산운용도 리츠 자산관리회사 인가를 받았다. HDC운용은 일산 탄현역 인근 부지에 개발하는 임대주택에 투자하는 리츠를 1호로 설립했다. 향후 모기업인 현대산업개발과 함께 임대주택뿐만 아니라 개발사업에도 참여하는 등 다양한 리츠를 선보일 것으로 예상된다.

또 부동산디벨로퍼인 SK D&D와 엠디엠(MDM)도 리츠 자산관리회사를 설립했다. SK D&D는 2017년 말 '디엔디인베스트먼트'를 설립했으며, 임대주택을 포함해 다양한 자산에 투자하는 리츠를 준비하고 있다. 디엔디인베스트먼트는 서울시 성동구 성수동2가 280번지 일원에서 개발하고 있는 성수동 지식산업센터(W센터데시앙플렉스, SK V1센터 I·II)의 저층부 리테일을 기초자산으로 하는 리츠를 1호 리츠로 준비하고 있다. 대지면적 1만 6,986㎡에 연면적 14만 2,132㎡로 조성되는 성수동 지식산업센터는 총 3개동으로 구성되며 리테일 시설 전체 연면적은 약 1만 6,100㎡ 규모다. 준공 후 안정적인 임대 수익이 나오는 단계에서는 공모 상장을 통해 개인들도 투자할 수 있는 상품을 만들 계획도 세워두고 있다.

또 MDM은 2018년 2월 '엠디엠투자운용'을 설립했다. 이처럼 디벨로퍼들이 리츠 자산관리회사 설립에 나서는 것은 최근 부동산 시장이 공급자 중심에서 수요자 중심으로 바뀌면서 자산운용의 중요성이 날로 높아지고 있기 때문이다. 또 신도시나 대규모 택지 개발에서 도시재생 중심으로의 변화, 개발 후 분양 위주에서 임대운영 등으로 전환되고 있는 부동산 시장의 변화에 발 빠르게 대응하기 위해서다. 이외 롯데그룹 계열사인 롯데자산개발도 리츠 AMC 설립을 준비하고 있다.

신한리츠운용과 NH농협리츠운용

신한리츠운용은 2017년 10월에 설립된 신생 리츠 자산관리회사다. 신한금융지주의 자회사로 자본금은 300억 원이며 대표이사는 신한금융투자 출신의 남궁훈 씨가 맡고 있다. 신한리츠운용의 설립 목표는 개인투자자들도 쉽게 투자할 수 있는 우량 공모 상장 리츠 출시다. 실제 신한리츠운용은 이 같은 목적을 달성하기 위해 설립 초기부터 공모 상장 리츠에 담을만한 자산 인수에 적극적으로 뛰어들었다.

신한리츠운용과 비슷한 시기 NH농협금융지주도 리츠 AMC를 설립했다. NH농협리츠운용은 NH농협금융지주가 100% 출자한 NH농협금융지주의 8번째 자회사다. NH농협리츠운용은 농협금융지주 계열사 간의 협업을 통하여 우량 부동산에 투자·운용하고, 더 나아가 리츠 주식의 공모를 통하여 리테일 고객에게 안정적인 투자상품을 제공하여 고객가치를 제고하겠다고 밝힌 바 있다.

아울러 농협그룹(중앙회, 금융지주, 경제지주)이 전국에 보유하고 있는 유휴부동산 중에서 리츠로 유동화하여 농협그룹의 부동산 관리효율성을 제고할 계획이다. 향후 하나로마트를 비롯한 그룹 내 자산은 물론 외부 우량 부동산까지 활용해 리츠 상품을 출시할 것으로 예상된다. 하나로마트의 경우 2016년 기준 전체 2,183개가 운영되고 있으며, 이중 경제지주(중앙회)가 보유하고 있는 63개 중 2~3건을 우선 투자 대상으로 검토하고 있는 것으로 알려졌다. 신한리츠운용과 NH농협리츠운용 두 회사는 최근 삼성물산 서초사옥 입찰에 나란히 참여하며 눈길을 끌기도 했다. 앞으로 두 회사가 서로 경쟁적으로 공모 리츠 상품을 출시하면서 리츠 시장의 질적 성장에 기여할 것으로 예상된다.

부동산펀드 1·2위를 다투는 '이지스자산운용'과 '미래에셋자산운용'

자산운용규모 기준 국내 1·2위를 기록하고 있는 이지스자산운용과 미래에셋자산운용도 리츠 자산관리회사를 만든다. 특히 이지스의 리츠 AMC 설립은 리츠업계에도 남다른 의미로 다가온다. 현재 이지스 공동 대표를 맡고 있는 김대영 이사회 의장과 조갑주 경영총괄부문 대표가 국내 1호 리츠 AMC인 코람코의 창립 멤버이기 때문이다.

리츠를 통해 부동산간접투자 시장에 발을 들이고, 부동산펀드를 통해 성장한 그들이 다시 한 번 리츠와 인연을 맺게 된 것이다. 김 의장은 지난 2001년 설립된 국내 1호 리츠 AMC인 코람코의 초대 대표였다. 경제기획원 경제기획국 국장, 대한주택공사 사장, 해외건설협회 사장을 역임한 그는 2001년부터 2007년까지 코람코를 이끌며 리츠 전도사 역할을 했다. 코람코 설립 당시 함께 참여한 인물이 바로 조갑주 대표다. 코람코자산신탁이 발간한 '코람코자산신탁 10년사'를 보면 당시 조 대표의 직책은 차장이었다. 회사 대표와 직원으로 만난 둘은 이후 대표적인 리츠 상품인 '코크렙' 시리즈를 선보이며 국내 리츠 시장의 성장을 이끌었다.

김 의장이 코람코를 떠난 것은 2007년이다. 이후 그는 2010년 5월 이지스의 전신인 PS자산운용을 설립했다. 2011년 4월에는 조 대표도 이지스에 합류했으며, 이후 둘은 이지스를 국내 1위 부동산자산운용사로 키웠다. 이지스의 리츠 AMC 설립 추진으로 김 의장은 딱 11여 년 만에, 조 대표는 7년 만에 다시 한 번 리츠와 연을 맺게 됐다. 이지스는 향후 공모 상장 리츠를 적극 출시할 것으로 예상된다.

미래에셋자산운용 역시 투자 기구와 자산 다각화를 위해 리츠 자산관리회사 설립에 나섰다.

다시 돌아오는 리츠 시장 개척자들

그간 공백기를 가졌던 리츠 자산관리회사들도 최근 들어 다시 적극적인 움직임을 보이고 있다. '인트러스투자운용'과 '퍼시픽자산운용'이 대표적이다. 지난 2005년 설립된 인트러스는 초창기부터 리츠 시장에서 활발하게 활동했으나 최근 몇 년간 리츠 설립 실적이 없었다. 인트러스는 2017년 서울 종로구 서린동에 있는 알파빌딩을 기초자산으로 하는 '트러스트에이 제11호 위탁관리부동산투자회사(리츠)'를 설립하면서 6년 만에 리츠 시장에 복귀했다.

또 2007년에 설립된 퍼시픽자산운용도 최근 조직을 재정비했다. 퍼시픽자산운용은 삼성생명에서 부동산금융 업무를 하고 코람코자산신탁에서 부사장을 지내며 리츠 부문을 맡았던 박종필 씨를 대표로 영입했다. 퍼시픽은 2015년 9월 이후 신규 리츠 설립이 없었으나 앞으로 다시 적극적인 활동에 나설 것으로 예상된다.

또 국토교통부 출신이 설립한 케이리츠앤파트너스는 최근 무궁화신탁으로 대주주가 바뀌었다. 케이리츠 역시 지난 2016년 2월 이후 신규 리츠 설립이 없었으나 다시 활발한 움직임을 보일 것으로 전망된다. 2011년 말만 하더라도 케이리츠(15.6%), 인트러스(8.2%), 퍼시픽(3.1%)의 리츠 시장 점유율은 30%를 웃돌았지만 지난 2017년 말에는 3분의1 수준인 8.9%로 떨어진 상태다. 경영진 교체 등으로 분위기를 쇄신한 이들이 반등에 성공해 다시 한 번 리츠 업계의 주류로 부상할 수 있을지 주목된다.

국내 최대 규모의 리츠자산관리회사 'LH'

한국토지주택공사LH는 국내 최대의 리츠자산관리회사다. 한국리츠협회에 따르면 2017년 말 LH는 총 38개의 리츠를 운용하고 있으며, 자산 규모는 12조 3,072억 원으로 시장점유율 35.6%를 차지하고 있다. 2위인 코람코자산신탁의 두 배에 달할 정도로 규모가 크다. LH의 리츠 운용 규모가 이처럼 큰 것은 그간 정부가 리츠를 매력적인 배당 상품이 아닌 임대주택 공급 등 정책 목적으로 사용해왔기 때문이다. LH가 운용하는 리츠는 임대주택 공급 등 공익적 목적에 따라 활용하는 경우가 대부분이기 때문에 임대료 상한 제한 등 여러 제약이 있다. 따라서 투자자들에게 매력적인 상품이 될 수 있을지는 여전히 의문이다.

이 같은 공공기관이 운용하는 리츠의 한계를 여실히 보여주는 사례가 있다. 2017년 국토교통부 국정감사에서 국회교통위원회 소속의 한 의원이 주택도시기금 전문투자기관의 운용수익률이 '공공임대리츠'에 비해 낮다며, 기금이 공공임대주택리츠에 적극적인 투자를 해야 한다고 주장한 적이 있다. 당시 의원실 자료에 따르면 NHF 1~12호의 연평균 수익률이 4~6% 중반에 달했기 때문이다.

이 같은 주장에는 문제가 있다. 의원실에서 계산한 수익률은 매각 시 시세차익을 투자기간으로 나눈 평균 수익률이다. 매년 지급되는 배당금이 아니다. 이를 감안하면 공공임대리츠 투자자는 시세차익을 노리고 투자하는 수밖에 없다. 의원실에서 대안으로 제시한 공공임대리츠 NHF는 준공 후 10년간 임대로 운영한 후 분양을 해야 하는데 건설 및 임대 기간에는 배당수익이 나오지 않는다. 임대료보다 감가상각비나 유지비 등에 들어가는 비용이 더 많아 배당을 할 수 없는 구조이기 때문이다. 사업대기성 자금인 주택도시기금 여유자금이 투자하기에는 한계가 있다. 해당 의원실은 주택도시기금이 공공임대리츠에 투자해야 한다고 한 바로 다음날 공공임대리츠의 수익률이 너무 높다며 임대료를 낮춰야 한다고 주장하기도 했다.

참고로 LH는 공공임대리츠, 주택개발리츠, 행복주택리츠, 귀농귀촌 주택단지 리츠, 제로에너지 단독주택 임대리츠, 한옥마을리츠, 주택 세일즈&리스백 리츠 등 다양한 리츠를 선보였다. LH는 리츠 설립의 효과에 대해 주로 저리에 민간자금을 조달해 공공임대주택을 리츠 방식으로 공급하고, LH의 부채를 크게 감축했다는 점을 강조하고 있다. 이것만 보더라도 LH가 운용하는 리츠의 목적이 어디에 있는지를 분명하게 알 수 있다.

물론 LH가 리츠 공모 상품에 대한 의지가 전혀 없었던 것은 아니다. 국토교통부와 LH는 2017년 초 업무계획을 통해 여러 개의 임대주택 리츠를 묶은 '뉴스테이 허브리츠 4호'를 공모해 개인투자자들을 유치할 계획이라고 밝힌 바 있다. 이를 위해 허브리츠 4호는 임대수익이 가능한 도심형 뉴스테이 위주로 편입할 계획이었다. 이는 사실상 공모나 상장이 불가능한 뉴스테이 허브리츠 1·2·3호의 문제점을 개선하기 위한 목적이기도 했다. 뉴스테이 리츠는 대부분 보증금이 높고 임대료가 낮은 구조라 운영기간 동안 배당수익을 올리기가 쉽지 않은 사실상 전세나 마찬가지인 임대구조다.

---

36 주택도시기금은 국민주택채권, 청약저축, 융자금 회수 등으로 자금을 조성하여 국민주택 및 임대주택 건설을 위한 주택사업자와 주택을 구입 또는 임차하고자 하는 개인수요자에게 자금을 지원하는 데 쓰인다. 국민주택채권의 만기가 돌아오거나 청약저축을 해지하면 언제든지 돌려줘야 하는 사업대기성 자금이다. 때문에 주택도시기금 여유자금으로 투자 시에는 공공성과 수익성을 우선해 안정성과 유동성을 최우선으로 고려한다. 주택도시기금은 부동산의 경우 투자 기간을 최대 7년으로 제한하고, 매년 배당수익률이 들어오는 상품에 투자할 수 있도록 하고 있다.

공모형 허브리츠는 이 같은 한계를 극복하기 위해 추진되었다. 문제는 공모형 허브리츠가 일회성 프로젝트에 그칠 가능성이 크다는 점이다. 통상 허브리츠는 15~20개 정도의 자리츠를 편입한다. LH에 따르면 자리츠 하나당 평균 가구수는 700~800가구 수준이다. 이를 고려하면 허브리츠 하나당 1만 500가구~1만 6,000가구가 편입된다. 반면 국토부가 밝힌 2015~2017년 뉴스테이 공급목표는 15만 가구(사업지확보 기준)였다. 공모형으로 추진하는 허브리츠 4호가 성공하더라도 운영기간 동안 배당수익을 올리기 어려운 다수의 뉴스테이가 남게 된다. 이는 정부가 뉴스테이 수량 확보라는 목표에 집중하다 보니 빠지게 된 딜레마다. 공공기관이 운용하는 리츠를 매력적인 금융 상품으로 만들기가 쉽지 않다는 점을 보여주는 사례이기도 하다.

또한 LH는 한국 리츠가 나아가야 할 방향[37]으로 제시되는 앵커리츠Anchor-REITs 설립을 추진하기도 했다. 앵커리츠란 개발·건설업자, 호텔·유통 대기업, 금융기관, 연기금 등이 최대주주Anchor가 돼 리츠의 자금조달과 자산운용·시설관리 등을 전반적으로 지원하고 안정성·신뢰성을 높여주는 리츠다. 미국에서는 스폰서드Sponsored 리츠라고 불리기도 한다.

---

37 정부는 2016년 2월 일반 국민의 투자 기회를 확대하기 위한 상장 리츠 육성 계획을 발표하면서 LH와 같은 신뢰할 수 있는 기관이 참여하는 앵커리츠(Anchor-REITs)를 육성하겠다고 밝힌 바 있다.

LH가 대주주로 참여하는 앵커 리츠를 만들려는 시도는 당시가 처음이었다. LH가 앵커 리츠 설립을 추진한 것은 신뢰할 수 있는 공기관을 대주주로 참여시켜 우량 상품을 만들겠다는 취지였다. LH가 앵커로 참여하려고 했던 프로젝트는 신한리츠운용이 상장을 추진 중인 경기도 성남시 판교 알파돔시티 6-4블록 오피스 빌딩이었다. LH는 리츠 자산관리회사에 매각해 공모 상장 리츠 상품을 만들고, 전체 에쿼티 중 20%를 투자할 계획이었다.

다만 LH의 이 같은 시도는 결실을 보지 못했다. 국토부에서 LH공사법을 근거로 LH의 출자를 반대했기 때문이다. LH공사법 제8조 1항과 2항에 따르면 LH는 공공토지·주택건설용지·산업시설용지·공용·공공건축물 등 공익성이 수반되는 사업이나 이와 유사한 사업을 행하는 법인에 대해서만 출자할 수 있다고 나와 있다. 이를 두고 정부 내와 학계, 업계에서는 다양한 의견이 나온다. LH가 민간 리츠에 투자하는 것은 적절치 않다는 지적이 있는 반면 일각에서는 리츠 활성화를 위해 LH와 같은 신뢰도 높은 공기관의 참여가 필요하다는 목소리도 나오고 있다.

5장

미국, 호주, 싱가포르에서 리츠에 투자하는 이유

지난 2016~2017년 한국 리츠 시장의 발전 방향을 고민해보기 위해 한국보다 리츠 시장이 먼저 발달한 나라들을 방문한 적이 있다. 리츠라는 금융상품이 가장 먼저 탄생한 미국을 비롯해 호주, 싱가포르, 일본 등을 찾아리츠 상품을 만드는 회사와 거래소, 금융당국, 부동산 컨설팅사, 부동산 시장 전문가 등 다양한 사람을 만나 리츠 시장의 성장 배경과 금융 상품으로서의 역할 등에 대해 이야기를 듣고 왔다.

이들 나라에서 리츠는 은퇴자들을 위한 금융상품으로서뿐만 아니라 부동산 시장의 안정에 기여하고, 부동산 금융 및 서비스업의 발달을 통해 고용 창출 효과를 일으키는 등 사회에 긍정적으로 기여하는 부분이 많았다. 이번에는 우리보다 리츠 상품이 발달한 나라들의 사례를 살펴봄으로써 앞으로 한국 리츠 시장의 미래를 예상해보고자 한다.

리츠의 시작:
미국

지난 2017년 6월 미국 리츠 시장을 취재하기 위해 뉴욕 맨해튼을 찾았다. 뉴욕에서 리츠를 접하는 것은 아주 쉬운 일이었다. 맨해튼에 위치한 많은 대형 빌딩이나 상업시설들이 리츠에 담겨 있었다. 한 예로 뉴욕 맨해튼 5번가 센트럴파크 인근에 위치한 'GM빌딩'은 지난 2008년 역대 최고가인 29억 달러에 거래됐는데 인수자는 미국의 상장 리츠인 보스턴 프라퍼티Boston Properties였다. 맨해튼을 대표하는 오피스 빌딩 중 하나가 개인들도 투자할 수 있는 상장 리츠에 담겨 있는 것이다. 이외에도 맨해튼에는 대형 오피스 빌딩, 리테일, 호텔, 주거시설, 데이터센터, 셀프스토리지, 헬스케어 등 다양한 자산 수백여 개가 상장 리츠에 담겨 있었다. 미국리츠협회NAREIT에 따르면 미국 전역에서 리츠가 편입하고 있는 자산은 29만 개이며, 자산 규모는 3조 달러에 달한다.

미국 리츠의 시작

미국은 1960년대 전 세계에서 가장 먼저 리츠를 도입했다. 1960년 부동산투자신탁법Real Estate Invesment Act이 제정되고 미국 의회에서 일

미국 리츠 지도. 뉴욕 맨해튼에서부터 하와이, 알래스카 등 미국 전역에 다양한 자산들이 리츠에 담겨 있다

록펠러 센터에서 바라 본 뉴욕 맨해튼 남쪽 전경

정 요건을 갖춘 리츠에 법인세를 면제하는 법안을 통과시키면서 미국 리츠의 역사가 시작됐다.

　미국도 한국과 마찬가지로 소액 투자자자들이 배당 수익을 올리고, 대형 부동산에 투자할 수 있는 기회를 제공하기 위해 도입됐다.[38] 미국 리츠 시장은 60여 년이 지난 지금 시가총액 1조 달러, 총자산규모 3조 달러로 성장했다. 미국 리츠협회NAREIT에 따르면 현재 8,000만 명의 미국인들이 여러 가지 방법을 통해 리츠에 투자하고 있다. 미국 전체 인구 3억 2,000만 명의 4분의 1에 해당하는 수치다.

하지만 한국과 마찬가지로 미국도 처음부터 리츠 시장이 크게 성장했던 것은 아니다. 리츠 도입 후 수십 년간은 주로 모기지 Mortgage 채권에 투자하는 모기지 리츠가 대세를 이뤘고, 1990년대 초반부터 우리가 흔히 알고 있는 부동산 실물 자산에 투자하고 운용하는 에쿼티Equity 리츠가 대거 등장하기 시작했다.

이 시기 미국 리츠 시장에 큰 변화가 일어났던 이유는 제도와 부동산 투자 시장의 변화 등이 맞물렸기 때문이다. 우선 1986년 당시 미국 정부는 조세개혁법을 통해 리츠 회사가 직접 부동산을 개발하고 운영할 수 있도록 했으며, 1993년에는 양도세 과세를 이연해주는 업리츠UPREIT를 도입했다. 또 1980년대 말 부동산 시장의 공급 과잉과 은행·보험사 등 전통적인 대출 기관들의 부실으로 부동산 투자가 어려워지면서 리츠가 성장할 수 있는 계기가 마련됐다. 당시 리츠가 저평가된 자산을 대거 사들일 수 있는 기회를 갖게 됐고, 금융기관들의 위기로 리츠 공모를 통해 자금 조달을 할 필요가 생겼기 때문이다.

---

38 미국이 도입한 리츠는 이후 한국을 포함해 전 세계 35개 나라에서 도입됐다.

이 시기를 '현대 리츠 시대의 시작The beginning of modern REITs era'이라고 부른다. 1991년 '킴코 리얼티 코퍼레이션Kimco Realty Corporation'를 시작으로 에쿼티 리츠 상장이 본격화되기 시작했으며, 그 해 처음으로 상장 리츠 시가총액이 10억 달러를 넘어섰다. 이어 1992년에는 상업시설에 투자하는 터브먼 센터스Taubman Cneters가 기업공개IPO를 했다. 터브먼 센터스는 최초의 업리츠 상장 사례다. 바로 이어 1993년에는 터브먼 센터스와 경쟁 관계인 사이먼 프라퍼티 그룹Simon Property Group이 미국을 넘어 전 세계에서 역대 최대 규모인 8억 3,990만 달러 규모의 IPO를 성공했다. 이후로도 리츠 IPO 규모는 계속해서 커졌다. 보스턴 프라퍼티스는 1997년 9억 280만 달러 규모로 상장했으며, 이후에도 계속해서 대형 리츠가 등장하면서 미국 리츠 시장을 키우고 있다.

2000년에는 리츠를 기초자산으로 하는 상장지수펀드인 'iShares Dow Jones U.S. Real Estate Index Fund'가 처음으로 등장해 리츠 투자를 보다 수월하게 만들어 주었으며, 현재는 30여 개가 넘는 리츠 상장지수펀드ETF가 있다.[39] 이어 2001년에는 3대 지수 중 하나인 스탠더드앤드푸어스S&P 500도 리츠를 편입하기 시작하는

---

[39] 미국뿐만 아니라 리츠 시장이 발달한 대부분의 나라는 ETF 상품을 개발하고 있다. 개인투자자들이 보다 다양한 방법으로 리츠에 투자할 수 있도록 하기 위함이다. 공모 상장 위주로 리츠 시장이 성장한 싱가포르의 경우도 지난 2017년 처음으로 'S-Reit ETF'를 상장시켰다. 앞서 싱가포르는 2015년 11월 'SGX S-REIT 인덱스'와 'SGX S-REIT 20 인덱스' 등 리츠로만 구성된 ETF 상품 2개를 선보인 바 있다.

등 리츠가 대중적인 투자 상품의 하나로 자리 잡았다. 또 2016년에는 뉴욕 증시에서 부동산 부문Real Estate Sector이 11번째 섹터로 추가됐다. 그간 금융 부문Financial Sector에 속해 있던 리츠도 리얼 에스테이트 섹터로 이동했다.

주식시장 상장 활발한 미국 리츠

세계 최대의 사모펀드 운용사인 블랙스톤은 2017년 초 임대형 단독주택을 기초자산으로 하는 '인비테이션 홈즈Invitation Homes 리츠'를 미국 뉴욕증권거래소NYSE에 상장했다. 블랙스톤은 인베테이션 홈즈 기업공개를 통해 증시에서 15억 4,000만 달러를 조달했다. 이는 지난 2014년 11월 파라마운트 그룹이 상장시킨 오피스 리츠 이후 최대 규모다.

리츠 상장에 앞서 블랙스톤은 지난 2012년 사모 부동산펀드인 '블랙스톤 리얼에스테이트 파트너스 VIIBREP VII'를 통해 인비테이션 홈즈를 설립해 임대형 단독주택을 대거 사들였다. 블랙스톤은 2008년 금융위기 이후 미국 주택 시장이 붕괴된 것을 기회로 삼아 약 100억 달러를 들여 임대주택 4만 8,000여 가구를 사들이는 대규모 투자를 단행했다.

블랙스톤은 1,110억 달러 규모의 부동산 자산을 운용하는 큰손으로 주로 전 세계 기관투자자들을 대상으로 부동산을 사고판

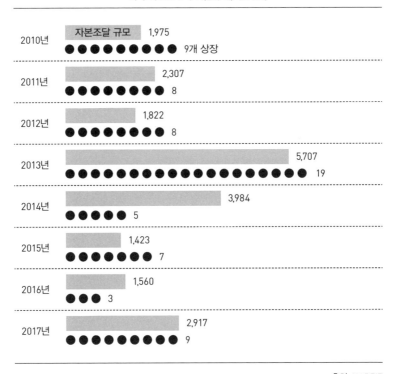

미국 리츠 IPO 추이(단위: 개, 백만 달러)

연도	자본조달 규모	상장
2010년	1,975	9개 상장
2011년	2,307	8
2012년	1,822	8
2013년	5,707	19
2014년	3,984	5
2015년	1,423	7
2016년	1,560	3
2017년	2,917	9

출처: NAREIT

다. 블랙스톤이 사모가 아닌 공모 시장을 선택한 것은 대형 부동산 거래에서 공모 시장이 보다 유리하다고 판단했기 때문이다. 2017년 상장 후 미국 뉴욕 맨해튼에 위치한 블랙스톤 사무실에서 만난 존 바틀링 인비테이션 홈즈 최고경영자는 "세제 혜택이나 유동성 확보 차원에서 유리하기 때문에 주저 없이 리츠 상장을 선택했다"며 "특히 큰 규모의 부동산 거래의 경우 IPO를 통한 가치평가(밸류에이션)가 보다 효과적"이라고 말하기도 했다.

이는 리츠 상장을 부담스러워 하는 한국과는 상반된 모습이다. 블랙스톤이 주저 없이 리츠 상장을 선택할 수 있었던 것은 미국 자본시장의 규모가 워낙 큰 데다 리츠 가치평가도 적절하게 받을 수 있을 정도로 시장이 잘 발달되어 있기 때문이다. 미국 뉴욕증권거래소와 미국리츠협회 등에 따르면 10월 말 기준 뉴욕증권거래소에 상장된 전체 리츠의 시가총액은 약 1조 달러(1,120조 원)이며, 현재 189개의 리츠가 거래되고 있다.

반면 한국 상장 리츠의 시가총액은 약 4,000억 원 규모이며, 현재 5개의 리츠가 상장되어 있다. 또 한 해에 상장 리츠 하나도 구경하기 어려운 한국과 달리 미국은 2010년 이후 2018년까지 총 68개의 리츠가 상장하는 등 매년 평균 9개에 가까운 신규 상장 리츠가 나오고 있다. 이 기간 동안 리츠 상장을 통해 조달한 자금만 216억 달러, 매년 평균 27억 달러에 달한다. 이와 관련해 캘빈 쉬너르 미국 리츠협회 시니어 이코노미스트는 "미국에서 리츠는 대형 포트폴리오를 관리하는 데 있어서 매우 효율적인 시스템이며, 적은 비용으로 대규모 자금을 조달하기 쉽다"고 리츠의 장점을 설명하기도 했다.

은퇴자들을 위한
노후상품으로 각광 받는 미국 리츠

상장 리츠 시장의 발달에 따른 수혜는 개인투자자들에게 고스란히

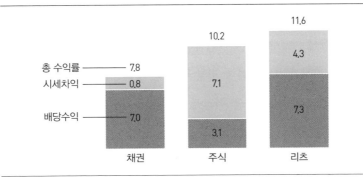

미국의 리츠, 주식, 채권 수익률 비교(단위: %)

총 수익률 ——— 7.8
시세차익 ——— 0.8
배당수익 ——— 7.0

채권   주식   리츠

10.2
7.1
3.1

11.6
4.3
7.3

*1972~2016년 연간 평균 수익률

출처: 모닝스타

돌아간다. 주식보다 위험도가 낮고 채권보다는 수익률이 높은 중위험·중수익 상품에 투자할 수 있는 기회를 투자자에게 제공한다.

미국리츠협회에 따르면 지난해 미국 상장 리츠에서 지급한 배당금은 557억 달러(약 62조 원)에 달한다. 지난해 코스피와 코스닥 상장사의 총 배당금 21조 원에 세 배에 달한다. 주식이나 채권에 비해 수익률도 양호하다. 미국의 펀드평가회사인 모닝스타에 따르면 1972년부터 2016년까지 리츠 총 수익률은 매년 11.6%, 주식은 10.2%, 채권은 7.0%를 기록했다.

특히 미국에서 리츠는 은퇴자들의 노후 대비용 상품으로 각광받고 있다. 모닝스타가 은퇴자들의 노후 포트폴리오를 시뮬레이션해 본 결과 리츠 투자 비중이 높을수록 오랫동안 안정적으로 자산을 관리할 수 있는 것으로 조사됐다. 65세에 은퇴를 하고 자산규모가 100만 달러라고 가정했을 때 매년 은퇴 자산에서 생활비로 지출

되는 비중이 4%라고 가정할 경우 주식(45%)·채권(45%)·현금(10%)으로만 포트폴리오를 구성할 경우 92세까지 자산을 유지할 수 있는 반면, 주식(35%)·채권(35%)·현금(10%)·리츠(20%)로 포트폴리오를 구성하면 97세까지 자산을 유지할 수 있는 것으로 나타났다.

이 같은 장점 덕분에 리츠에 대한 투자자들의 인지도와 선호도도 갈수록 높아지고 있다. 미국리츠협회에서 투자자 교육을 맡고 있는 커트 월턴 부사장은 "등록된 투자자문 회사의 70%가 고객에게 리츠를 추천하고 있으며, 미국 근로자들이 퇴직연금 운용 시 가입하는 타깃데이트펀드Target Date Fund의 경우 10년 전만 하더라도 20%만 리츠에 투자했으나 지금은 90%가 리츠에 투자하고 있다"고 강조했다.

미국 경제에
긍정적인 영향을 미치는 리츠

리츠는 미국 경제에 광범위한 측면에서 긍정적인 영향을 미치고 있다. 은퇴자들을 위한 노후 상품으로서의 기능뿐만 아니라 고용 창출, 부동산 시장의 안정 등에 기여 하는 등 지역 사회에 미치는 영향도 크다. 미국리츠협회에 따르면 현재 약 7,000만 명의 미국인이 퇴직연금이나 펀드 등을 통해 리츠에 투자하고 있을 정도로 대중적인 투자 상품이 되었다. 고용 창출 효과도 뚜렷하다. 지난 2016년 미국 리츠 업계가 고용한 인력은 200만 명에 달하며, 이들에게

1,186억 달러 규모의 인건비가 지급됐다.

부동산 시장 발전에 미치는 영향도 크다. 지난 2016년 리츠에서 새로운 프로젝트 건설이나 기존 자산 유지를 위해 투입한 비용은 528억 달러 규모다. 또 현재 리츠가 미국 전역에 보유하고 있는 자산은 20만 개 수준이며, 자산 가치는 3조 달러에 달한다. 이 중 상장되어 거래되는 리츠에 담긴 자산은 2조 달러 규모다. 상장사의 경우 회사의 경영 현황에 대해 보다 많은 정보를 투명하게 제공해야 할 의무가 있기 때문에 상장 리츠가 많아질수록 부동산 시장의 투명성도 높아질 수 있다. 아울러 모기지 리츠mREITs를 통해 180만 명에 달하는 미국인들의 주택 구입 자금을 대출해주기도 했다.

증시 영향력도 크다. 미국 상장 리츠의 시가총액은 약 1조 달러 규모로 전체 시가총액의 약 5% 수준이며, 지난 2016년 상장 리츠의 총 배당금은 557억 달러 규모다. 또 미국 증시 3대 지수 중 하나인 스탠다드앤드차타드S&P 500지수 안에는 32개의 리츠가 편입되어 있다.

다양한 자산에 투자하는 리츠

지난 2015년 1월 미국 뉴욕증권거래소에는 텍사스에 기반을 둔 '인프라리츠Infra REITs'가 상장했다. 인프라리츠는 송전선·변전소·송전탑 등을 자산으로 소유하고 있는 리츠 회사다. 인프라리츠의 자산들은 텍사스 기반의 전력생산 업체Sharyland Utilities가 임대해서 사용하고 인 프라리츠에 임대료를 지불한다.[40] 이에 앞서 2014년 12월에는 앨라 배마·조지아·플로리다 등 미국 전역에 50만 2,400에이커의 임야를 소유하고 있는 '캐치마크 팀버 트러스트'가 뉴욕증권거래소에 상장 했다. 이 리츠는 목재와 임야 매각을 통해 벌어들인 수익원을 가지 고 배당을 한다.

인프라리츠와 캐치마크 팀버 트러스트는 미국의 리츠가 투자 하는 자산이 얼마나 전문화되고 다변화돼 있는지를 잘 보여주는 사 례다. 미국의 경우 한국에서는 상상하기 어려운 자산들이 리츠에 담겨 있다. 미국리츠협회에 따르면 현재 주식형equity 리츠의 투자자 산은 총 12개 분야로 구분된다. 가장 많은 비중을 차지하는 것은 리테일이며 총 33개 리츠, 시가총액은 1,702억 달러 규모다. 이어 오 피스가 24개(시총 1,003억 달러), 주거시설이 22개(시총 1,479억 달러), 리 조트가 20개(시총 567억 달러)로 뒤를 잇고 있다. 이들 외에도 미국에 는 셀프 스토리지, 헬스케어, 임야, 데이터센터, 카지노, 극장 등 다 양한 자산에 투자하는 리츠들이 있다. 이는 오피스·호텔·리테일· 주택·물류센터 등 전통적인 부동산 자산 투자에만 국한돼 있는 한

---

40 인프라는 예상되는 내용연수가 있고, 임대기관과 임대료가 산정가능한 타 상업용 부 동산과 유사하다 판단해 리츠로 가능한 허용자산이라고 규정지었다. 현재 미국에는 '아메 리칸 타워 코퍼레이션AMT', '크라운 캐슬 인터내셔널CCI', '인프라리츠HIFR', '에퀴닉스EQIX', '듀퐁 파브로스 테크놀로지DFT' 등 18개 인프라리츠가 있으며, 시가총액은 2,000억 달러에 이른다.

미국 에쿼티 리츠 섹터별 현황(단위: 개, 백만 달러)

에쿼티 리츠	수	시가총액	에쿼티 리츠	수	시가총액
오피스	24	100,324	셀프 스토리지	6	56,102
인더스트리얼	12	74,283	헬스케어	19	101,053
리테일	33	170,284	임야	4	33,455
주거시설	22	147,995	인프라스트럭처	7	127,730
복합	19	63,954	데이터센터	5	72,343
리조트	20	58,719	극장, 카지노 등	11	39,514

*2017년 10월 말 기준

미국 주요 자산별 리츠 최초 상장 시기

1961년	쇼핑몰	1999년	시니어 하우징
1970년	리조트	2001년	주유소
1972년	오피스	2003년	은행지점
1985년	헬스케어	2004년	데이터센터
1986년	셀프 스토리지	2012년	임대형 단독주택
1993년	골프장	2013년	농장, 카지노
1997년	극장, 교도소	2015년	송전선

출처: NAREIT

국 리츠 시장과 크게 차이가 나는 부분이다.

　　미국에서 이처럼 다양한 자산들이 리츠에 편입될 수 있는 것은 리츠 설립 기준이 명확하고 간단하기 때문이다. 미국의 경우 국세청 IRS에서 요구하는 요건(회사 구조, 자산 구성, 소득 요건 등)만 충족하고 배당 재원이 임대소득에서 발생하는 경우 특별히 자산 종류의 구분

없이 리츠 설립이 가능하고 필요에 따라 상장을 추진하면 된다. 반면 한국은 리츠 설립을 위해서는 국토교통부, 상장을 위해서는 금융감독원과 한국거래소 등에서 요구하는 절차를 밟아야 한다. 주무부처의 이해관계가 서로 달라 리츠 설립과 상장이 원활하지 않은 편이다.

미국의 경우 많은 회사가 리츠 설립을 통해 사업을 확장하고 있다. 인프라리츠의 경우도 2015년 상장 당시 "기업공개를 통해 조달한 자금으로 텍사스를 넘어 애리조나·뉴멕시코 등으로 사업을 확장해나갈 것"이라고 밝힌 바 있다. 이외 한국에도 잘 알려진 미국의 리테일 부동산개발회사 사이먼 프라퍼티 그룹, 터브만 센터스 등도 모두 리츠로 상장해 자금을 조달하는 등 호텔·리테일 업체들은 대부분 부동산을 직접 소유하는 대신 주식 시장에서 유동화해 대규모 자금을 조달하고 사업을 키워나간다. 투자자 입장에서는 우량 자산에 투자할 수 있는 기회를 가질 수 있다. 한국의 신세계나 롯데 등과 같은 대형 유통 업체들이 자산 보유에 집착하는 것과 다른 점이다.

최근 들어 미국 리츠 시장에서 주목할 만한 변화 중 하나는 점점 더 자산별로 전문화된 리츠가 나타나고 있다는 것이다. 과거만하더라도 리츠가 투자할 수 있는 자산이 많지 않아 여러 지역의 여러 자산에 투자하는 복합 리츠가 많았지만 리츠 시장이 커지면서 점점 더 자산별·지역별로 특화된 리츠가 나타나고 있는 것이다. 한 예로 '워싱턴 리얼에스테이트 인베스트먼트 트러스트'의 경우 워싱턴

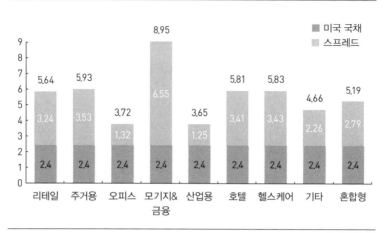

미국 리츠 섹터별 수익률(단위: %)

출처: Bloomberg, NH투자증권 리서치본부

지역에 위치한 오피스·리테일·주거시설에만 투자한다. 특히 헬스케어·임대주택 등 전문적인 자산관리 능력이 필요한 분야에서 특화된 리츠들이 속속 등장하고 있다. 올 초 블랙스톤이 상장시킨 임대형 단독주택에 투자하는 '인비테이션 홈스'도 그중 하나다. 아울러 인비테이션 홈스는 상장 후 최근 비슷한 사업을 영위하는 '스타우드 웨이포인트'와 합병하면서 초대형 임대주택 리츠로 거듭났다.

　미국의 리츠가 이처럼 점점 더 전문화된 형태로 발전하는 것은 시장의 요구 때문이기도 하다. 전문적이고 규모가 커질수록 개인 투자자들이 접근하기 쉽기 때문이다. 실제 한국의 경우 대부분 1물 1리츠로 규모가 작아 개인들이 투자하기에는 어려움이 있다. 미국의 경우도 리츠가 도입된 1960년대부터 2000년까지는 리츠 수가 많지 않았던 데다 상대적으로 규모가 작고 성장이 어려워 다양한 자산 유형에 투자하는 복합 리츠가 많았지만 시장이 성숙해지면서 특정 분야에 전문성을 보유한 리츠가 나타나기 시작했다. 현재 복합 자산에 투자하는 미국 리츠는 전체의 10%도 되지 않는다.

도시를 바꾸는 리츠

뉴욕 맨해튼 31~33번 스트리트, 8~9번 애비뉴 사이. 펜스테이션과 메디슨 스퀘어가든 맞은편에 위치하고 있는 '팔리 포스트 오피스 빌딩'. 1912년에 지어진 이 유서 깊은 우체국 빌딩은 인근 펜스테이션과 연결되는 초대형 기차역으로 재개발될 예정이다. 총 사업비만 16억 달러이며, 이 중 5억 7,000만 달러는 뉴욕증권거래소에 상장된 리츠인 '보네이도 리얼티 트러스트'가 설립한 합작회사 엠파이어스테이트디벨롭먼트ESD가 투자한다.

ESD는 8만 5,000㎡에 달하는 업무 및 상업 시설을 개발할 계획이다. 뉴욕 최대의 도심지 재개발 프로젝트에 리츠가 주도적으로 참여하고 있는 것이다. 보네이도는 팔리 포스트 오피스 빌딩 외에도 펜스테이션, 타임스퀘어, 유니온스퀘어, 5번가 등 맨해튼 전역에서 다수의 개발 프로젝트를 진행했거나 향후 추진할 예정이다.

또 미국 최대의 리츠 회사인 SL그린은 현재 맨해튼 그랜드 센트럴 역 바로 옆에서 '원 밴더빌트'를 개발하고 있다. 이 빌딩은 높이

426m, 58층 규모의 초대형 오피스 빌딩으로 엠파이어스테이트빌딩, 원 월드트레이드센터, 록펠러센터 등 뉴욕을 상징하는 빌딩에 버금가는 랜드마크가 될 것으로 전망된다. 국민연금이 투자자로 참여해 화제를 모으기도 했다.

이처럼 미국의 리츠는 도시의 다양한 대형 개발 프로젝트에 참여하면서 도시의 풍경을 크게 바꿔 놓고 있다. 보네이도의 경우 펜 스테이션 인근에 9개의 자산을 소유하면서 복합개발과 재개발 프로젝트를 다수 수행했으며, 이외에도 타임스퀘어, 소호, 5번가 등 뉴욕시에서 낙후되었거나 재개발이 필요한 지역의 오피스나 리테일, 주거 시설에 투자해 도심을 다시 활기찬 공간으로 만드는 데 기여한 프로젝트들이 많다. 2017년 6월 뉴욕 맨해튼에서 만난 캐서린 크레스웰 보네이도 인베스터릴레이션 디렉터는 "지난 2005년 준공된 731 렉싱턴 애비뉴 오피스 빌딩의 경우에는 당시만 하더라도 주변에 그 같은 대형 오피스 빌딩이 없었으나 완공 후 블룸버그 본사가 임차를 하면서 인근 지역이 활성화되기도 했다"고 설명하면서 "도심 재개발 사업은 정부와 시, 민간기업의 협력이 매우 중요하다"고 강조했다. 다만 그는 공모 상장 리츠로서 투자자들에게 일관성 있는 배당과 자본소득을 제공해야 하기 때문에 전체 포토폴리오에서 개발 프로젝트가 차지하는 비중은 금리변화와 부동산 시장의 사이클 변화 등 외부 리스크를 고려해 적정 수준을 유지하기 위해 노력한다고 밝혔다.

미국에서 리츠가 자연스럽게 도시재생 프로젝트에 참여하게 되는 이유는 가능성 있는 지역에 선제적으로 투자하고 개발하면 장기적으로 자산 가치를 높일 수 있기 때문이다. 또 부동산 시장의 사이클 변화로 수익률이 떨어진 자산의 가치를 높이기 위해 개발하는 경우도 있다. 철저하게 투자 수익률 관점에서 접근한다는 이야기다.

티에리 페레인 웰스파고 리츠 애널리스트도 "리츠가 도시재생 프로젝트에 참여해야 하는 의무가 있는 것은 아니지만 투자 관점에서 접근하다 보면 자연스럽게 도시의 변화에 영향을 미치게 된다"며 "최근 들어서는 밀레니얼 세대가 부동산 시장에서 중요한 수요자로 부상하면서 이와 관련된 프로젝트에 투자가 많이 이뤄지고 있다"고 설명했다. 이를테면, 최근 미국에서는 인구구조의 변화, 이커머스 등의 발달 등으로 이와 관련된 자산에 대한 관심이 높아지고 있다.

실제 지난 2013년부터 올해 현재까지 5년간 주식형equity 리츠의 기업공개 현황을 보면 물류센터가 6개로 가장 많고 주거시설(3), 헬스케어(3) 관련 리츠가 많이 상장되었다. 반면 전통적으로 가장 큰 비중을 차지하는 오피스는 1개, 리테일은 2개 상장하는 데 그쳤다. 또 올해 들어 10월 말까지 자산별 수익률을 살펴보면, 기반시설(32.61%)이 가장 높으며, 데이터센터(31.22%), 물류센터(20.27%), 주거시설(7.98%), 오피스(0.96%), 리테일(-14.37%) 등의 순으로 나타나고 있다. 부동산 시장의 수요와 공급 변화에 따라 자연스레 리츠가 투자하는 자산이 달라지고 이를 통해 도시와 지역 사회에도 변화가 일어나고 있는 것이다.

현재 미국 전역에서 리츠가 보유한 자산이 29만여 개, 자산 가치가 3조 달러에 달한다는 점을 감안하면 리츠 회사들의 투자 전략이 미국 사회에 미치는 영향을 가늠할 수 있다.

지속 가능성을 추구하는 미국 리츠

리츠가 단순히 부동산 개발과 투자를 통해서만 도시의 변화에 영향을 미치는 것은 아니다. 리츠는 도시가 가진 문제를 해결하는 데도 기여할 수 있다. 실제 지난 10년간 미국 리츠업계에서 갈수록 중요성이 높아지고 있는 화두 중에 하나는 환경·사회·지배구조ESG·Environmental, Social and Governance와 지속가능성 이슈다. 리츠가 소유한 자산의 에너지 효율성을 높이고, 물 소비량과 탄소 배출량 등을 줄이는 등 환경을 개선하려는 노력들이 임차인들의 만족도를 높이고 궁극적으로 자산의 수익률까지 높여 준다는 연구 결과가 쏟아지고 있기 때문이다.

지속 가능성 보고서를 작성하는 리츠들도 늘고 있다. 특히 규모가 큰 리츠일수록 지속가능성 이슈에 대해 높은 관심을 보이고 있다. 미국리츠협회에 따르면 시가총액 100억 달러 이상인 리츠의 63%가 지속가능성 보고서를 발간하고 있다. 반면 시총 50억~100억 달러의 리츠 중에서는 15%가 지속가능성 보고서를 내고 있다.

리츠 장기투자의
매력: 호주

호주는 은퇴자들의 천국으로 알려져 있다. '슈퍼애뉴에이션
superannuation'으로 불리는 퇴직연금 제도가 잘 발달 돼 있으며, 퇴직연
금을 굴리는 자산운용사들도 가입자들이 투자할 수 있는 상품들
을 경쟁적으로 내놓기 때문이다. 리츠도 그중 하나다.

호주퇴직연금협회ASFA에 따르면 총 운용자산 2조 2,700억 달러
중 개인들이 직접 퇴직연금 상품을 고르고 운용하는 '자기관리퇴직
연금SMSFs-Self Managed Superannuation Funds'을 제외한 1조 6,370억 호주 달
러 중 3%인 490억 호주 달러가 리츠와 같은 상장된 부동산 자산에
투자되고 있다(2018년 6월 기준). 실제 리츠에 투자하는 금액은 이보
다 더 클 것으로 보인다.

SMSFs를 통해 개인적으로 돈을 굴리는 가입자들도 리츠에 투
자할 수 있기 때문이다. 개인들이 리츠에 관심을 가지고 투자할 수
있는 이유는 호주 리츠의 총 시가총액이 1,000억 호주 달러로 전 세
계 리츠 시장의 약 8.5%를 차지할 정도로 크기 때문이다. 이는 전
세계 국내총생산GDP에서 호주의 비중이 1%라는 점을 감안하면 상
당히 큰 수치다.

꾸준히 배당을 주는 상품으로 인식되는 리츠

호주증권거래소_{ASX}에는 국내외 부동산에 투자하는 다양한 리츠가 상장되어 있다. 총 49개의 리츠가 상장되어 있으며, 이중 46개는 호주 국내 부동산에 투자하고 3개는 해외 부동산에 투자한다.

특히 호주에서 리츠가 은퇴자들이 선호하는 상품으로 자리 잡은 것은 꾸준하고 안정적인 배당을 주는 상품으로 증명됐기 때문이다. 호주의 경우 1971년에 기업공개를 한 GPT 그룹이 첫 리츠 상장사이며, 상장 이후 연평균 4.89%[41]의 배당수익률을 지급하고 있다. 최근 들어 저금리 시대가 길어지면서 이 같은 리츠의 꾸준하고 높은 배당수익률이 더욱 주목을 받고 있다. 한국과 마찬가지로 호주도 베이비부머 세대의 은퇴 시기 도래로 안정적으로 은퇴월급을 받을 수 있는 배당형 상품에 대한 갈증이 높아지고 있는 가운데 리츠가 그 역할을 해주고 있는 것이다.

실제 ASX에 따르면 시가총액 상위 50위 안에 포함된 주요 상장 리츠의 연평균 배당수익률은 4% 중반에서 6% 후반 수준이다. 시가총액 1위인 센터그룹의 경우 매년 4% 후반의 배당수익률을 지급했으며, 차터홀 리테일 리츠는 6% 중반의 배당수익률을 기록하고 있다. 이는 호주 기준금리의 2~3배 수준이다. 배당 강화 정책을 쓰고 있는 한국 증시의 배당수익률도 크게 앞선다. 지난 2017년 코스피

---

41 호주증권거래소의 2018년 5월 리서치 보고서 기준

호주 주요 상장 리츠 현황(단위 : 백만 호주 달러, %)

리츠	투자대상	시가총액	연 수익률	과거 5년간 총 수익률
센터그룹 Scentre Group	대형 쇼핑센터	22,255	5.20	14.16
굿맨그룹 Goodman Group	물류센터, 오피스, 비즈니스 파크 등	16,819	2.89	16.93
스톡랜드 Stockland	쇼핑센터, 주거시설 등	10,103	6.24	8.82
덱서스 Dexus	오피스, 리테일, 헬스케어 등	10,060	4.80	14.39
차터홀그룹 Charter Hall Group	오피스, 리테일, 물류센터 등	2,967	4.90	15.31
GPT 그룹	오피스, 리테일, 물류센터, 개발사업 등	9,078	4.89	10.40

*연 수익률은 상장 후 평균 연 수익률, 2018년 5월 말 기준

출처: 호주증권거래소

지난 10년간 호주 리츠와 국내 10년물 배당 수익률 비교(단위: %)

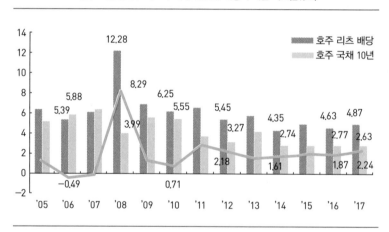

출처: Bloomberg, NH투자증권 리서치본부

리츠로 은퇴월급 만들기

200의 평균 배당수익률은 1.65%에 불과했다. 이를 감안하면 앞으로 한국에서도 호주와 같이 리츠 상장이 활성화된다면 투자자들의 관심이 커질 것으로 예상된다.

친숙한 자산에 투자하는 호주 리츠

웨스트필드 시드니는 센터그룹이 투자하고 운용하는 쇼핑센터다. 센터그룹은 지난 2014년 6월 웨스트필드 시드니를 운용하던 '웨스트필드 리테일 리츠'와 호주와 뉴질랜드의 웨스트필드 비즈니스를 총괄하는 매니지먼트 회사의 합병으로 탄생했다. 센터그룹은 현재 호주증권거래소에 상장된 '스테이플드 리츠Stapled REITs[42]'이기도 하다. 센터그룹 주식을 사면 일반 개인투자자들도 호주에서 가장 목 좋은 곳에 있고, 장사도 잘되는 웨스트필드 시드니 쇼핑센터에 투자하고 매년 임대수익에서 나오는 배당을 꾸준히 받을 수 있다는 뜻이다.

성공한 시장으로 평가 받는 호주 리츠 시장의 가장 큰 특징 중 하나는 웨스트필드 시드니와 같이 우량하고 접근성이 좋으며, 사람들이 이해하기 쉬운 부동산에 많이 투자한다는 점이다. 실제 웨스

---

42 스테이플드 리츠Stapled REITs란 일종의 결합형증권으로 리츠가 투자한 부동산과 그 리츠를 운용하는 자산운용사나 부동산회사가 결합된 형태의 리츠다. 리츠가 보유한 부동산에서 나오는 임대수익과 자산운용사의 운용 수익을 배당 재원으로 한다. 통상적으로 60%는 부동산 임대수익으로, 40%는 펀드매니저들의 운용 수익으로 배당한다.

트필드 시드니는 도시를 상징하는 건물 중에 하나다. 웨스트필드라는 이름이 박힌 시드니 타워 바로 밑에 위치한 이 쇼핑센터는 시드니 도심 어디에서 봐도 눈에 띌 정도다. 호주에서 만난 사람들이 하나 같이 리츠를 투자하기 쉬운 금융 상품으로 인식하는 이유 중 하나다.

마르쿠스 크리스토 호주증권거래소 시니어 매니저(펀드&투자 상품 담당)는 "기본적으로 리츠에 편입된 많은 자산들이 웨스트필드, 스톡랜드와 같이 사람들이 잘 아는 브랜드명을 가진 리테일이라는 점이 사람들이 리츠에 투자하는 이유"라며 "리테일은 호주인들이 투자하기에 편하고 적절하다고 생각하는 부동산"이라고 설명했다. 실제 호주 증시에 상장된 대표적인 리테일 투자 리츠인 센터그룹의 경우 호주와 뉴질랜드 등에서 40여 개의 쇼핑센터를 투자 및 운용하고 있으며, 스톡랜드도 42개의 쇼핑센터를 리츠에 담고 있다.

호주 리츠 시장의 성공 요인: 대형 상장사들

호주 리츠 시장이 성공할 수 있었던 또 하나의 요인은 시장을 이끌고 있는 대형사들의 존재다. 호주의 경우 대부분의 상장 리츠가 다수의 부동산에 투자하고 있는 영속형인데다 규모가 크다. 이는 개인 투자자들이 일시적인 주가 변동에 흔들리지 않고 리츠를 장기적으로 투자할 수 있는 상품으로 여기기 때문이다.

호주 상장 리츠 중 시가총액 1위인 센터그룹의 시총은 220억 호주 달러가 넘는다. 전체 호주 증시에서 13번째로 규모가 크다. 이는 코스피 시총 10위 안에 드는 네이버와 비슷한 수준이다. 센터그룹뿐만 아니라 유니베일 로담코 웨스트필드(8조 4,000억 원), 비시니티(8조 5,000억 원), 굿맨그룹(13조 9,000억 원), 스톡랜드(9조 원), 덱서스(8조 2,000억 원) 등 다수의 리츠가 시총 50위 안에 이름을 올리고 있다.

호주 전체 상장 리츠 48개의 총 시총은 1,300억 호주 달러(107조 원)에 달해 전체 호주 증시의 약 8.4%를 차지한다. 호주증시에서 리츠가 차지하는 위상이 얼마나 큰지는 ASX 대표 지수인 'ASX200'에 편입된 리츠 면면을 살펴봐도 잘 알 수 있다. GPT그룹, 차터홀그룹, 센터그룹 등 10여 개 이상의 리츠가 ASX200에 속해 있다. 이처럼 호주에서는 리츠 규모가 크고 시총 상위권에 포진하다 보니 대중적으로 친숙한 금융 상품으로 통한다.

규모도 크다. 차터홀이 운용하는 총 자산은 160억 호주 달러(14조 원), 덱서스는 210억 호주 달러(19조 원)에 달한다. 이처럼 규모가 크고 다양한 부동산간접투자 상품들이 있기 때문에 대형 부동산에 투자하기를 바라는 개인들도 리츠나 펀드 등의 상품을 쉽게 고를 수 있다.

리츠 브랜드 파워의 힘: 싱가포르

브랜드 파워 갖춘 '스폰서드 리츠(Sponsored REITs)'가 성장 동력

지난 2016년 2월 방문한 싱가포르의 탄종파가역 금융지구에 위치한 캐피털타워. 이 빌딩은 싱가포르를 대표하는 디벨로퍼이자 리츠를 운용하는 '캐피탈랜드'의 본사가 위치한 곳이다. 싱가포르에서 네 번째로 높은 이 빌딩의 고층부에는 캐피탈랜드라는 이름이 크게 박혀 있다. 길을 가는 사람들도 조금만 고개를 들면 쉽게 캐피탈랜드라는 브랜드를 확인할 수 있다. 캐피털타워뿐만 아니라 싱가포르에서 머무는 동안 여러 장소에서 캐피탈랜드의 이름이 눈에 들어왔다. 시청역 근처에 위치한 래플스시티, 오차드역에 위치한 오차드몰에서도 캐피탈랜드를 발견했다. 마치 한국 어딜 가도 삼성이나 현대차 브랜드가 눈에 띄는 것처럼 싱가포르에서 캐피탈랜드는 사람들이 쉽게 접할 수 있는 친숙한 브랜드로 통했다.

한국과 비슷한 시기인 2000년대 초반에 리츠가 도입된 싱가포르 리츠 시장은 우리와 전혀 다른 길을 걷고 있다. 전체 리츠 중 상장사의 비중이 5%에도 못 미치는 한국과 달리 싱가포르는 리츠가 100% 상장돼 있다. 이처럼 싱가포르에서 리츠가 빠르게 정착하게 된 데는 '브랜드 파워'를 갖춘 대형 스폰서의 존재가 큰 역할을 했다. 실제로 리츠를 운용하는 회사들의 스폰서 중 상당수는 싱가포르 국민들이라면 누구나 알만한 '정부 관계기업GLC·Government Linked Company'이다. '캐피탈랜드·아센다스·메이플트리'와 같은 회사들이 이에 해당한다.

이들 회사가 초창기 리츠 성장을 이끌었으며 지금도 리츠 시장의 든든한 버팀목이 되고 있다. 이들은 리츠의 주요 주주이기도 하다. 블룸버그에 따르면 '캐피탈랜드커머셜트러스트CCT'는 캐피탈랜드가 30% 이상, '메이플트리 로지스틱스 트러스트MLT'는 싱가포르 국부펀드인 테마섹이 약 40%의 지분을 보유하고 있다. '케펠리츠'는 케펠랜드가 최대주주로 지분율이 50%에 육박한다. 이처럼 신뢰할 수 있는 기업들이 주요 리츠의 주주로 참여하고 있기 때문에 개인들도 안심하고 투자를 할 수 있다.

부동산자산운용사인 에이알에이ARA그룹의 모세스 송 최고투자책임자CIO는 "기업공개에서 투자자들이 투자 결정을 내릴 때는 리츠에 편입되는 자산뿐만 아니라 누가 이 자산을 관리하는지를 살펴본다"며 "해당 매니저(관리자)가 자산의 가치를 높이고 규모를 키울 수 있는지가 중요하기 때문"이라고 설명했다.

리츠에 담긴 자산의 성격도 싱가포르 리츠의 성공 요인으로 꼽는다. 쇼핑센터나 도심 내 랜드마크 오피스빌딩 등과 같이 누구나 알만하고 좋은 자산들을 편입했기 때문이다. 실제 2002년 6월 싱가포르 1호로 상장한 리츠인 '캐피탈랜드몰트러스트CMT'의 경우 싱가포르 시청역 인근에 있는 '래플스시티'를 편입하고 있다. 래플스시티는 호텔·오피스·쇼핑몰이 결합된 복합 건물로 싱가포르인들뿐만 아니라 관광객들에게도 잘 알려진 유명한 건물이다. 싱가포르 현지 DBS은행의 에드윈 유 시니어 바이스 프레지던트는 "싱가포르에서 CMT를 처음 상장시킨 이유는 사람들이 잘 알고 있는 자산이기 때문"이라고 설명했다. ARA가 운용하는 '선텍 리츠'도 마찬가지다.

선텍 리츠는 싱가포르의 가장 큰 쇼핑몰 중 하나인 선텍시티와 마리나베이 금융센터 타워1을 포함해 88억 4,600만 싱가포르 달러(약 7조 5,000억 원) 규모의 자산을 담고 있다. 싱가포르에서 만난 모세스 송 ARA CIO는 "리츠 투자자들은 주로 배당 수익에 초점을 맞추고 투자를 하기 때문에 아주 좋은 핵심 자산Core Asset이어야 한다"고 강조했다. 실제 선텍 리츠에 담긴 자산 중 오피스의 경우 공실률이 1%가 채 안 되며 리테일도 2% 수준이다. 임차인들로부터 꾸준하게 임대료를 받아 안정적인 배당을 줄 수 있다는 의미다.

캐피탈랜드몰트러스트가 투자하는 래플스시티 전경

싱가포르 증시의 새로운 성장 동력

리츠 상장을 꺼려하는 한국거래소와 달리 싱가포르증권거래소_{SGX}는
리츠 상장을 적극 장려하고 있다. 싱가포르 현지 업체뿐만 아니라
해외 업체에도 리츠 상장을 권유한다. 한국 기업의 경우도 롯데쇼핑
이 롯데마트를 기초자산으로 하는 리츠를 싱가포르 증시에 상장 추
진한 적이 있으며, 이랜드도 SGX로부터 상장 권유를 받은 적이 있
다. SGX가 리츠 상장을 적극 유치하는 것은 리츠가 증시의 새로운
성장 동력이 되고 있기 때문이다.

신규 리츠 상장뿐만 아니라 투자자들에게 보다 다양한 투자수
단을 제공하기 위한 목적으로 최근 리츠 인덱스('SGX S-REIT Index'

싱가포르 리츠 현황(단위 : 백만 싱가포르 달러, %)

리츠	투자 대상	투자 지역	시가총액	배당수익률
Ascendas Real Estate Investment Trust	개발 프로젝트, 물류센터, 오피스, 비즈니스& 사이언스 파크 등	싱가포르, 호주	7,789	6.75
Mapletree Logistics Trust	물류센터	싱가포르, 한국, 호주, 일본, 중국, 말레이시아, 베트남 등	3,669	6.28
Ascott Residence Trust	서비스드 레지던스, 호텔 등	호주, 벨기에, 중국, 프랑스, 독일, 인도네시아, 베트남 등 14개국	2,523	6.06
Capitaland Mall Trust	리테일, 복합시설 등	싱가포르	7,380	5.37
Suntec Real Estate Investment Trust	오피스, 리테일 등	싱가포르	5,135	5.18

*2018년 3월 18일 기준

출처: 싱가포르증권거래소

최근 6년간 국채 10년물 배당수익률 비교(단위: %)

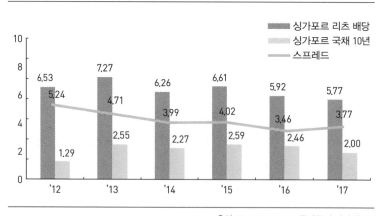

출처: Bloomberg, NH투자증권 리서치본부

리츠로 은퇴월급 만들기

와 'SGX S-REIT 20 Index')도 만들었으며 이를 기초지수로 해서 상장 지수펀드도 상장시켰다.

현재 싱가포르 증시 전체 시가총액에서 리츠가 차지하는 비중은 약 7% 수준이며, 대표 지수인 FTSE 스트레이츠타임스지수[STI]에서 리츠가 차지하는 비중은 약 30%에 달할 정도로 비중이 크다. 이처럼 증시에서 리츠가 차지하는 비중이 높다 보니 SGX도 리츠 관련 지수를 개발하는 등 투자자들에게 보다 다양한 투자 참고 자료나 상품을 공급하기 위해 노력하고 있다.

해외투자 기회 주는 싱가포르 리츠

태생적으로 나라가 작아 투자대상이 제한적인 싱가포르는 아시아의 다른 어떤 나라보다 리츠를 통한 해외 부동산 투자에 적극적이다. 리츠 대표 지수인 'SGX S-REIT 20 Index'에 편입된 리츠 중 싱가포르에 투자하는 리츠가 17개로 가장 많았으며 중국이 8개, 말레이시아가 5개, 일본이 4개로 뒤를 이었다. 세부적으로 보면 메이플트리 로지스틱스 트러스트의 경우 한국 물류센터에도 투자를 하고 있다. 특히 전 세계 데이터센터에 투자하는 '케펠 DC 리츠'의 경우 싱가포르를 포함해 독일·아일랜드·호주·네덜란드 등 전 세계 7개국에서 10개의 데이터센터에 투자하고 있을 정도다.

싱가포르 현지 DBS은행의 에드윈 유 부은행장은 "싱가포르는

구분	미국	호주	일본	싱가포르	홍콩
도입	1960년	1971년	2000년	2002년	2003년
규모	220개, 1,200조 원 (1개당 5.5조)	43개, 110조 원 (1개당 2.6조)	56개, 120조 원 (1개당 2.1조)	44개, 57조 원 (1개당 1.3조)	13개, 28조 원 (1개당 2.2조)
세제혜택 요건	주주 100명 −법인세 면제	100%배당 시 −원천세, 배당 소득세 면제	주주 50명 −법인세 면제	상장 (주주 500명) −인지세, 소득세 면제	상장 −수익세 면제

*2016년 7월 말 기준

출처: 국토교통부

나라가 작다 보니 홍콩이나 말레이시아·일본·대만과 비교해 보다 국제적인 리츠 포트폴리오를 가지고 있다"며 "이 같은 리츠들이 해외 부동산에 대한 투자 욕구를 채워주고 있다"고 말했다. 개인들이 현지 부동산을 직접 사는 것보다 안전한 투자 기회를 제공한다는 점도 장점이다. 한국도 싱가포르와 마찬가지로 리츠를 통해 해외 우량 자산에 투자할 수 있는 기회가 늘어날 것으로 예상된다.

이처럼 싱가포르 증시에 전 세계 핵심 자산에 투자하는 유망한 리츠들이 상장돼 있다 보니 내국인들뿐만 아니라 외국인들까지 많은 관심을 가진다. 리츠 상장 시 좋은 평가를 받을 수 있는 증시에 좋은 기업들이 몰리고, 또 좋은 기업들을 쫓아 투자자들이 몰리는 선순환이 이뤄지는 것이다. 실제 SGX에 상장된 주요 리츠의 주주 구성을 보면 블랙록·슈로더·뱅가드그룹·피델리티 등 세계적인 자산운용사들이 대거 투자를 하고 있다.

6장

한국 리츠 시장의 현재와 미래는

개인투자자 외면하는 사모 리츠 쏠림 현상

3,486억 원(상장 리츠) vs 34조 5,348억 원(비상장 리츠). 2017년 말 기준 한국 리츠 시장의 현 주소다. 지난 2001년 도입된 이래 20여 년 가까이 흘렀지만 개인 투자자들이 쉽게 투자할 수 있는 상장 리츠는 단 4개 밖에 되지 않는다.[43] 한국거래소 유가증권시장에 상장된 리츠는 '에이자기관리리츠', '케이탑자기관리리츠', '트러스 제7호 위탁관리리츠', '모두투어자기관리리츠'로 이들 4개 리츠의 시가총액은

---

[43] 2018년 5월 말 기준이다. 6월에는 코람코자산신탁이 뉴코아아울렛몰을 기초자산으로 하는 '티리츠코크렙'을 상장할 예정이며, 곧 이어 신한리츠운용이 판교와 용산에 위치한 오피스 빌딩을 기초자산으로 하는 '신한알파리츠' 상장을 준비하고 있다.

상장리츠	3,486
비상장리츠	345,348

*2017년 말 기준

출처: 한국리츠협회

2017년 말 기준 1,208억 원 수준에 불과하다. 2017년 말 코스피 전체 시가총액 1,606조 원의 0.0075% 밖에 되지 않는다.

개인 투자자들이 배당 수익을 얻을 수 있는 간접투자 상품을 만들겠다는 당초 목적은 제대로 지켜지지 않고 있으며, 주로 기관 투자자들의 투자 수단으로 활용되면서 '그들만의 리그'가 된 지 오래다. 다만 최근 들어 공모 상장 리츠가 증가하고 있는 점은 긍정적인 현상이다. 특히 올해 개인투자자들이 투자할 수 있는 우량 공모 리츠들이 상장을 앞두고 있어 한국 리츠 시장이 한 단계 성장하는 해가 될 수 있을 것으로 예상된다.

장기투자자 끌어들이지 못하는 '1물 1사 리츠'

그간 국내 리츠 시장의 문제점 중 하나는 대부분의 리츠 자산관리 회사들이 1물 1사(하나의 자산을 편입한 리츠) 리츠를 단기간 운용하면서 투자자들의 신뢰를 떨어뜨렸다는 점이다. 대다수의 상장 리츠가 자산 한 개 만을 담고 있었기 때문에 자산 매각 시점이 다가오면 상장폐지 되는 경우가 다반사였다.

국내 1호 리츠 운용사인 코람코자산신탁도 2018년에 상장하는 'E리츠코크렙'을 제외하고 지금까지 6개의 리츠를 상장시켰으나 운용 기간이 끝난 후 모두 상장 폐지됐다. 코크렙 1호는 2007년 5월 상장 후 5년 만에 상장폐지 됐으며, 코크렙 2호는 2005년 9월 3년도 안돼서 상폐됐다. 또 코크렙 3호도 5년 만에 주식시장에서 사라졌다.

한국거래소에 따르면 지금까지 상장된 리츠 총 19개 중 현재까지 상장되어 있는 6개(2018년 9월말 기준) 리츠를 제외하고 상장 리츠 존속 기간을 조사한 결과 4년 이상~6년 미만이 가장 많았으며, 3년 미만이 3개, 6년 이상이 1개로 나타났다. 해외의 경우 상장 리츠는 매년 안정적인 배당수익률을 제공하는 주식으로 주로 장기 투자 관점에서 접근하는 투자자들의 관심이 높은 편이다. 한 예로 한국과 비슷한 시기인 2000년대 초반 리츠 제도를 도입했지만 상장 리츠 중심으로 시장이 잘 발달된 싱가포르의 경우 지난 2002년 1호 리츠로 상장된 '캐피탈랜드몰트러스트CMT'가 상장 후 계속해서 자산을 편입해 2018년 6월 기준 자산 수 16개, 자산 규모 110억 싱가포르 달러, 시가총액 72억 싱가포르 달러(약 5조 9,000억 원)으로 성장했다. 반면 지금까지 한국 리츠는 짧은 기간 동안 운용되면서 리츠가 가진 특징과 매력을 잘 살리지 못한다는 지적을 받아 왔다.

다행스러운 사실은 최근 들어 긍정적인 변화가 나타나고 있다

리츠 상장 폐지 현황

번호	회사명	상장일	상장폐지일	상장폐지사유
1	코크렙15호	2010-01-29	2015-10-16	매출액 미달(50억 원 미만) 2년 계속
2	이코리아리츠	2011-03-10	2015-09-16	기업의 계속성, 경영의 투명성 및 기타 공익과 투자자 보호 등을 종합적으로 고려하여 상장폐지 기준에 해당한다고 결정
3	케이비부국위탁리츠	2012-06-12	2015-03-02	감사의견 부적정
4	코크렙8호	2006-06-15	2015-01-16	해산 사유 발생
5	에프지엔개발리츠	2010-05-03	2014-10-29	기업의 계속성, 경영의 투명성 및 기타 공익과 투자자 보호 등을 종합적으로 고려하여 상장폐지 기준에 해당한다고 결정
6	케이알제2호	2008-05-08	2012-04-17	자본잠식(자본금의 50/100 이상 잠식) 2년 계속
7	다산리츠	2010-09-09	2011-06-24	감사의견 의견거절
8	코크렙7호	2005-11-11	2010-12-29	존속기간 만료
9	맥쿼리센트럴	2004-01-08	2009-10-09	해산 사유 발생
10	코크렙제3호CR리츠	2003-08-29	2008-08-08	해산 사유 발생
11	유레스메리츠제1호	2003-08-29	2008-08-04	해산 사유 발생
12	리얼티코리아제1호	2003-05-13	2008-04-18	존속기간 만료
13	코크렙1호부동산투자	2002-05-30	2007-05-10	해산 사유 발생
14	교보메리츠	2002-01-30	2006-12-28	존속기간 만료
15	코크렙II	2002-11-11	2005-09-15	해산 사유 발생

출처: 한국거래소

는 점이다. 한 예로 지난 2017년 초 마스턴투자운용은 그간 리츠업계에서 쉽게 볼 수 없었던 장기간 운용하는 리츠 상장을 추진한 바 있다. 당시 마스턴투자운용은 첫 공모 상장 리츠로 추진했던 '마스턴프리미어위탁관리 부동산투자회사'의 영업인가를 국토교통부에 신청하면서 운용 기간을 20년으로 잡았다. 그간 국내 리츠의 평균 존속 기간이 5년 정도에 불과했다는 점을 감안하면 획기적인 시도였다. 마스턴투자운용은 표면적으로는 운용 기간을 20년으로 잡았지만 사실상 영구 상장 리츠를 설립해, 계속해서 추가로 자산을 편입하고 자산 규모를 키워 나갈 목표를 세웠다. 안타깝게도 마스턴투자운용의 첫 공모 상장 리츠는 기초자산이었던 서울 중구 저동에 위치한 오피스 빌딩 '씨티센터타워'를 인수하지 못해 무산됐다.

그럼에도 불구하고 마스턴투자운용의 이 같은 도전이 리츠업계에 던지는 의미는 작지 않다. 리츠업계가 나아가야 할 방향을 제시했기 때문이다. 실제 마스턴투자운용 이후 다수의 자산을 편입하고 장기간 운용하는 공모 상장 리츠를 만들려는 움직임이 활발하게 일어나고 있다. 코람코자산신탁이 2018년 6월에 상장한 'E리츠코크렙'과 신한리츠운용이 2018년 하반기에 상장한 '신한알파리츠'가 대표적이다.

불신 자초한 리츠의 어두운 과거

리츠가 투자자들의 신뢰를 받지 못하는 데는 리츠업계의 책임도 크다. 과거 상장 리츠들이 불미스러운 일로 상장폐지 되는 경우가 빈번했기 때문이다. 2011년 다산리츠 경영진의 배임 행위가 발생했다. 당시 대표인 조모씨가 재직기간 중 개인채무를 담보하거나 변제

할 목적으로 수십억 원에 달하는 배임 행위를 하고, 사문서를 위조했던 것이다. 2010년 9월 9일에 상장됐던 다산리츠는 9개월 만인 2011년 6월 상장폐지됐다.

또 같은 해 골든나래리츠의 주가 조작 행위가 발생하면서 가뜩이나 투자자들의 믿음을 사지 못했던 리츠에 대한 신뢰도는 땅에 떨어졌다. 당시 서울남부지법은 자본시장법 위반 혐의로 기소된 골든나래리츠 전 사주 최모씨와 주식 시세조종 전문가 박모씨에 대해 징역 1년에 집행유예 2년을 선고했다. 최씨는 대주주로 있던 2010년 말부터 2011년 4월까지 박씨 등과 함께 68개의 차명 증권계좌를 이용해 골든나래리츠 주식 498만 여주를 사들여 이를 대부분 되팔면서 통정매매와 고가매수주문 등을 통해 주가를 인위적으로 띄운 것으로 드러났다.

이처럼 불미스러운 사건들이 연달아 터지면서 리츠의 신뢰도는 추락했다. 한국거래소와 금융 당국도 리츠에 대해 색안경을 끼고 보기 시작했다. 리츠 상장 규정이 엄격해지고, 우량한 리츠까지 불이익을 당하는 경우가 발생했다. 한동안 리츠 상장도 끊겼다. 당시 피해를 본 회사 중에 하나가 자기관리리츠인 '아벤트리리츠'다.

아벤트리리츠는 지난 2014년 상장 규정에 맞춰 유가증권시장에 상장 심사를 청구했으나 한국거래소의 질적 심사 문턱을 넘지 못해 상장이 좌절된 바 있다. 이후에도 리츠 상장의 기회를 노렸으나 리츠에 대한 거래소의 부정적인 인식이 바뀌지 않으면서 결국 상장을 포기하고 지난 2016년 말 주주총회를 열고 해산을 결의했다. 아벤트리리츠가 리츠 인가를 자진 반납한 것은 상장이 무산되면서 리츠를 영위할 이유가 없어졌기 때문이다. 아벤트리리츠 이후에도 몇몇 리츠들이 상장을 준비했으나 금융당국의 리츠에 대한 부정적인 인식이 변하지 않아 번번이 무산됐다.

그런가 하면 지난 2002년에 인가를 받은 초기 리츠 자산관리회사인 '코리츠투자운용'은 지난 2016년 초 리츠 시장에서 퇴출됐다. 퇴출 이유는 자본잠식으로, 코리츠는 자본잠식으로 퇴출된 1호 리츠자산관리회사로 기록됐다. 국토교통부에 따르면 코리츠는 지난 2007년 이후 자산 운용 실적이 없으며 완전자본잠식(자기자본 마이너스 12억 원) 상태였다.

이 같은 전례들을 감안하면 앞으로 리츠 시장이 양적, 질적으로 성장하기 위해서는 리츠와 리츠 자산관리회사의 투명성과 신뢰도를 높이는 위한 노력도 필요하다. 리츠 주무부처인 국토교통부도 리츠에 신용등급을 매기고, 리츠 전용 회계기준을 마련하는 등 리츠 시장의 투명성을 강화하고 투자자를 보호하기 위한 방안을 찾고 있다. 아울러 공모 리츠뿐만 아니라 사모 리츠의 운용 실적도 투명하게 공개해 투자자들이 리츠 자산관리회사를 선별할 수 있는 기준을 마련해 줄 필요성도 있다. 참고로 현재 리츠 관련 정보는 국토교통부가 운영하는 리츠정보시스템(http://reits.molit.go.kr/)을 통해 확인할 수 있지만 얻을 수 있는 정보가 제한적이다. 향후 리츠를 객관적으로 평가할 수 있는 제3의 기관에 리츠 평가를 맡기고 정보를 제공하는 것도 검토해 볼 필요가 있다.

허술한 공모 규정,
하루만 하고 "모집 끝"

공모 규정 자체가 허술한 점도 문제다. 개인투자자들이 소액으로 대형 부동산에 투자할 수 있는 기회를 주겠다는 도입 취지와 달리 그간 공모를 피해갈 수 있는 빈틈이 너무 많았다. 한 예로 지난 2017년 7월 리츠 자산관리회사인 A사는 한 증권사를 통해 127억 원 규모의 리츠 공모를 실시했으나 투자자 모집에 실패했다. A사가 리츠 공모에 나선 이유는 부동산투자회사법에 따라 리츠의 경우 영업인가 후 2년 안에 공모를 실시해야 하기 때문이다. 부동사투자회사법 제14조의 8 제2항에 따르면 '부동산투자회사는 영업인가를 받거나 등록을 한 날부터 2년 이내에 발행하는 주식 총수의 100분의 30 이상을 일반에 청약제공 하여야 한다'고 나와 있다. A사가 공모에 나선 이유도 리츠(2015년 10월에 영업인가)의 공모 의무 기간이 도래했기 때문이다.

문제는 A사가 실질적인 공모 행위를 하지 않았다는 점이다. A사는 당시 한 증권사를 통해 단 하루 공모를 실시했다. 최근 판매된 대부분의 부동산간접투자 상품은 최소 5영업일 이상 판매 기간을 두고 있다. 이를 감안하면 A사는 사실상 공모를 할 의지가 없었다고 볼 수 있다. A사가 이처럼 공모 의무 규정을 성실히 이행하지 않은 것은 공모 규정 자체가 너무 허술했기 때문이다.

현재 공모 규정은 청약행위를 하는 것 자체만으로도 공모 요건을 갖춘 것으로 해석하고 있다. 공모가 무산되더라도 계속해서 사모 형태로 리츠를 운용하는 데는 아무런 영향이 없는 것이다. 그러다 보니 대부분의 리츠 자산관리회사들이 형식적으로만 공모행위를 진행하고 있는 것이다. 실제 리츠 자산관리회사 관계자들은 공모 리츠에 세제혜택을 비롯해 특별한 인센티브가 없고 기존 사모 투자자들도 가급적이면 공모 투자자들이 안 들어오기를 바라기 때문에 대부분 리츠 자산관리회사들이 공모에 소극적이라고 고백하기도 했다. 이와 관련해 국토교통부에서는 제도상의 허점을 인정하고, 공모 기간을 최소한 일주일 이상으로 하고 개인투자자들에게 적극적으로 알릴 수 있는 방향으로 유도하겠다고 밝힌 바 있다.

수명 다 한 '기업구조조정리츠'

한국 리츠 시장에서만 볼 수 있는 제도가 있다. 바로 '기업구조조정 CR 리츠'다. CR리츠란 외환위기 이후 기업 구조조정용 자산매각을 촉진하기 위해 도입된 제도로 기업이 채권금융기관에 대한 채무를 상환하기 위해 매각하는 부동산에 투자해야 한다.

지난 2000년대 초반 국내에 리츠 제도가 도입된 후 CR리츠는 초창기 시장에서 가장 큰 비중을 차지했다. 2001년 12월 국내 1호 리츠로 인가를 받은 '교보메리츠 퍼스트 기업구조조정리츠'도 대한항공의 서울 등촌동 연수원, 김해 내동 사원아파트 등 4개 자산을 담은 CR리츠였다. 2011년 3·4분기까지만 하더라도 CR리츠가 32개로 위탁관리리츠(16개)의 두 배에 달했으며, CR리츠의 자산규모도 4조 9,286억 원으로 위탁관리리츠(2조 4,974억 원)에 비해 두 배 이상 컸다.

그랬던 CR리츠가 최근 자취를 감추고 있다. 2017년 말 기준 위탁관리리츠는 157개로 CR리츠(31개)보다 다섯 배 가까이 많아졌으며, 자산규모도 역전됐다. 2017년 말 위탁리관리리츠의 자산규모(29조 1,000억 원)는 CR리츠(5조 5,000억 원)의 네 배를 웃돈다. 신규 CR리츠 설립도 끊겼다. 한국리츠협회에 따르면 2017년 4·4 분기에 신규 위탁관리리츠는 14개 설립됐지만 CR리츠는 하나도 없었다. 그동안 기업들이 소유하고 있던 대형 오피스빌딩이 많이 유동화된 데다 과거 외환위기 시절처럼 기업들이 대규모로 자산을 처분하는 경우가 많지 않아 CR리츠 설립이 갈수록 줄어들고 있는 것으로 풀이된다.

상황이 이렇게 되면서 한국에만 있는 독특한 제도인 CR리츠의 수명이 다했다는 의견도 나온다. 2000년대 초반 CR리츠를 도입할 당시만 하더라도 시장의 유동성이 풍부하지 않았지만, 현재는 저금리 기조로 인해 시장에 유동성이 넘쳐 흐르기 때문이다. 과거와 달리 지금은 부동산 간접투자 시장이 활성화되어 있기 때문에 CR리츠에 혜택을 주고 투자자를 끌어들일 이유가 없다.

특히 CR리츠의 경우 공모 상장 의무가 면제되기 때문에 공모 상장 리츠 활성화를 위해서는 폐지하는 것도 검토해 볼만하다. 정

CR리츠 현황(단위 : 개, 억 원)

	CR리츠	위탁리츠
2011년	32(49,286)	16(24,974)
2017년	31(55,000)	157(291,000)

*괄호 안은 리츠 자산 규모. 2011년은 3분기, 2017년은 4분기 기준

출처: 한국리츠협회

부는 지난 2001년 4월 리츠 도입의 근거가 된 '부동산투자회사법'을 제정하고 7월 1일 법 시행에 앞서 기업이 구조조정을 위해 내놓은 자산을 소화하기 위해 CR리츠 제도를 도입했다. 문제는 당시 투자자들의 관심을 끌기 위해 CR리츠의 경우 공모 상장에 대한 의무를 없앴다는 점이다. 실제 현재 상장 리츠 중 CR리츠는 없다. 이 때문에 당초 취지와 달리 기관 중심의 사모 시장으로 리츠가 성장하도록 제도가 뒷받침해준 꼴이 됐다. 더군다나 CR리츠는 개인 투자자들을 끌어들일 수 있는 유인책인 이익 배당 의무도 없다. 리츠 정착에 중요한 초창기 상장 의무가 없는 CR리츠가 시장을 주도했다는 점은 두고두고 아쉬운 부분이다.

다행스러운 사실은 정부에서도 CR리츠의 공모 상장 의무를 강화하는 방향으로 움직이고 있다는 점이다. 정부는 2017년 10월 '가계부채종합대책'을 발표하면서 CR리츠에 대해 설립 후 7년마다 재심사를 통해 공모 의무를 부여하는 것을 검토 중이라고 밝혔다. 또 CR리츠 설립 요건도 강화했다. 현재 CR 리츠로 인정받기 위해서는 리츠에 부동산을 매각하는 회사가 전체 매각대금의 50% 이상을 채

무상환을 위해 사용해야 하는데 앞으로는 이를 70% 이상으로 기준을 높여, 공모 의무가 없는 CR리츠 설립 기준 자체를 강화했다.

리츠에 대한 대중들의 낮은 인지도

지난 2017년 12월 연 5% 수준의 수익률을 추구하는 공모 리츠 상품이 투자자 모집에 실패했다. 시중 유동자금이 풍부해 기준금리 대비 높은 수익률을 거둘 수 있는 리츠 상품에 투자자들의 관심이 뜨거울 것으로 예상됐으나 리츠 상품에 대한 대중들의 인식 부족과 무관심으로 투자자 모집에 실패했다.

해당 상품은 신한금융투자가 2017년 12월 4일부터 8일까지 판매한 '김포 한강주택 위탁관리부동산투자회사(리츠)'다. 총 모집금액 85억 2,000만 원 중 18억 6,375만 원을 모집하는 데 그쳤다. 한국토지주택공사LH가 설립한 김포한강리츠는 GS건설이 경기도 김포시 한강신도시 운양동·마산동 일대에 짓고 있는 '자이더빌리지'를 기초자산으로 한 상품이다. 만기가 14개월로 짧은데다 연평균 기대수익률이 5% 초반으로 기준금리 대비 높다. 아울러 지난 3월 이미 수분양자들의 계약이 완료돼 투자 리스크가 크지 않아 투자자들의 관심이 높을 것으로 예상됐다. 이 같은 예상과 달리 김포한강리츠가 투자자 모집에 실패한 것은 아직까지 투자자들이 리츠 상품에 익숙하지 않기 때문으로 풀이된다.

아울러 2018년 6월 공모를 실시한 코람코자산신탁의 'E리츠코크렙' 성적도 신통치 않았다. 코람코는 2018년 6월 12~15일 E리츠코크렙의 일반 투자자 공모주 청약을 진행했으며, 모집 주식 수 632만 8,588주 중 284만 100주만 신청이 들어와 전체 일반투자자 배정물량 316억 원 중 142억 원만 모집됐다. 특히 E리츠코크렙의 공모 흥행실패는 경쟁이 치열했던 기관투자자 대상 공모와는 상반된 분위기로 눈길을 끌었다. 일반 공모에 앞서 진행된 기관투자자들을 대상으로 한 수요예측에서는 6.3대1의 높은 경쟁률을 기록한 바 있다. 이는 리츠에 대한 대중들의 인지도가 낮은 데다 현재 상장된 리츠의 투자 매력이 크지 않았기 때문으로 풀이된다.

리츠에 대한 대중들의 인지도를 높이기 위해서는 싱가포르의 사례를 참고해볼 만 하다. 싱가포르는 한국과 마찬가지로 2000년대 초반 리츠를 도입했다. 앞서 싱가포르 리츠에 대해 간단하게 소개했지만 20여년이 지난 지금 싱가포르의 리츠 시장은 한국과 사뭇 다르다. 이와 관련해 몇 해전 서엥옹 싱가포르 국립대학교 교수와 대화를 나눈 적이 있다.

당시 그는 한국과 달리 싱가포르 리츠가 국민들이 신뢰하고 투자할 수 있는 상품으로 자리 잡은 배경에 대해 도입 초기부터 정부·학계 및 업계가 나서 대중들을 위한 세미나, 광고 등을 통해 리츠를 알리는 데 큰 노력을 기울였기 때문이라고 강조했다. 서엥옹 교수가 몸담고 있는 싱가포르 국립대학의 경우 대중들을 위한 리츠 세미나를 개최했으며, 리츠 회사들도 기업 설명회를 통해 투자자들을 교육하는데 많은 시간을 할애했다. 언론도 리츠 활성화를 거들었다. 신문 기사를 통해 리츠의 혜택을 알리기 위해 노력했으며, 특히 텔레비전 뉴스 중간에 리츠 상품의 특성과 수익률 등을 자세하게 소개하기도 했다고 한다.

비판보다 무서운 것은 무관심이라고 했다. 대중들의 인지도를 높이는 것, 앞으로 공모 상장 리츠를 준비하는 모든 운용사들의 과제다. 앞으로 한국도 리츠 주무부처인 국토교통부, 한국리츠협회, 리츠자산관리회사 차원에서 리츠에 대한 대중들의 인지도를 높이기 위한 노력이 필요하다.

리츠 IN 리츠
ATM기로 투자하는 싱가포르 리츠

2016년 초 싱가포르 출장 당시 현지에서 만난 사람들에게 '리츠가 얼마나 친숙한 금융상품이냐'는 질문을 공통적으로 던졌다. 많은 현지 전문가들이 이 질문에 대답하면서 대뜸 은행 ATM기를 예로 들었다. 싱가포르의 경우 리츠 상장 시 길가에서 흔히 볼 수 있는 은행 ATM기를 통해서도 일반인들이 공모주 청약을 할 수 있다는 것이다. 당시 싱가포르인의 답변에 적잖이 당황스러웠지만 한편으로는 싱가포르에서 리츠 대중화가 얼마나 잘 되어 있는지 알 수 있었다.

현지인들은 또 도심 한복판에 위치한 '래플스시티', '선텍시티'같은 대형 쇼핑몰이 리츠에 담겨 있고, 이를 믿을 만한 회사들이 운용한다는 점을 강조했다. 일반인들도 리츠가 투자하는 대상과 이를 운용하는 회사를 쉽게 알 수 있다는 것이다.

이처럼 싱가포르에서 리츠는 일반 개인들이 투자할 수 있는 금융상품으로서 갖춰야 할 조건을 모두 갖추고 있었다. '접근성과 수익성, 안정성, 환금성(대형 부동산 자산 주식시장 상장)' 등을 구비하고 있었다. 대부분의 싱가포르인이 리츠에 대해 '잘 알고 있고 쉬운 금융상품'으로 인식하는 이유다.

최근 국내에서도 리츠 활성화가 필요하다는 목소리가 높아지면서 정부 역시 규제 완화에 나서고 있다. 한 가지 아쉬운 것은 리츠 활성화에 가장 중요한 일반 투자자들을 위한 노력이 부족하다는 점이다. 실제 정부가 그간 내놓은 정책들을 살펴보면 일반인에게 리츠를 알리기 위한 노력은 눈에 잘 띄지 않는다. 리츠 규제 완화에 대한 사회적인 공감대를 형성하기 위해서라도 투자자 관점에서 고민할 필요가 있다.

국토부와 금융당국 간의 소모적인 갈등

국토교통부와 금융위원회 등 정부 부처 간의 갈등도 리츠가 제대로 성장하지 못한 원인으로 지목된다. 지난 2001년에 도입된 리츠와 2004년부터 도입된 부동산펀드는 동일한 취지로 시작됐다. '부동산 간접투자상품을 활성화하고 부동산 시장 안정에 기여 하는 것'이 목적이다. 굳이 둘을 구분하자면 담당 부처가 다르다는 것. 리츠는 국토교통부, 부동산펀드는 금융위원회 소관이다.

그런데 리츠와 부동산펀드 관련 규제 등을 두고 국토부와 금융위는 사사건건 부딪히고 있다. 한 예로 지난 2016년 초 금융위는 부동산펀드 규제를 리츠 수준으로 완화하겠다고 밝히면서, 자산의 70%까지만 부동산에 투자할 수 있는 주식회사형 펀드에 대해 100%까지 부동산 투자를 할 수 있도록 허용했다. 리츠업계는 강하게 반발했다. 그간 리츠가 부동산펀드에 비해 경쟁력이 있다고 내세웠던 부분이 더 이상 특별하지 않게 되기 때문이다. 실제 이는 뒤늦게 도입된 부동산펀드에 대한 리츠 업계의 반발을 고려해 국토부와 금융위가 오래 전에 합의한 사항이기도 하다. 시간이 많이 흘러 잊었을 수도 있지만 국토부와 리츠업계에서 금융위가 약속을 어겼다고 반발한 것도 그 때문이다.

국토부와 금융위는 서로 간의 업무에 대해서도 비협조적인 모습을 보여왔다. 정부는 지난 2016년 7월 제10차 무역투자진흥회의를 통해 '투자활성화 대책'을 확정·발표하면서 리츠 관련 규제를 완화하겠다고 밝힌 바 있다. 골자는 리츠 투자 활성화를 위해 보험사의 지급여력비율$_{RBC}$ 산정 시 리츠 출자에 대한 신용위험계수를 낮추는 것이었다. 현재 부동산의 경우 RBC 산정 시 신용위험계수를 4~7.5%로 적용하지만 리츠는 12%로 적용한다.[44] 이와 관련해 금융위와 국토부는 보험사의 리츠 투자에 대한 신용위험계수를 합리적으로 조정하기로 하고 이를 발표까지 했다.[45]

하지만 수개월 동안 시간만 끌다 결국 관련 규제는 완화되지 않았다. 이미 정부 부처 간에 합의가 된 사항임에도 불구하고 금융당국이 뒤늦게 부정적인 입장을 나타냈기 때문이다. 또 지난 2017년 10월에 발표한 '가계부채종합대책'에서 추진하겠다고 밝힌 리츠 공모 활성화를 위한 제도 개선안도 당초 계획대로 진행되지 않았다. 리츠 주무부처인 국토부와 금융상품에 대한 감독 권한을 가지고 있는 금융위 간의 협의가 원활하게 이뤄지지 않아서다.

국토부와 금융위의 이 같은 갈등은 소모적이다. 정작 중요한 부동산 간접투자상품 시장 활성화에는 전혀 도움이 되지 않기 때문이다. 실제 정부 부처 간에 정책 비전에 대한 공유가 없고, 서로 협조가 되지 않다 보니 지금까지 리츠 도입 후 20여 년 동안 30여 차례나 법이 개정됐지만 큰 효과를 거두지 못하고 있다. 리츠는 실물 자산과 금융이 결합된 복합 상품이다. 리츠 시장의 성장을 위해서는 유관 기관들의 협력이 중요하다. 국토부와 금융위는 지금이라도 현실을 직시하고 달라진 태도를 보일 필요가 있다. 현재 국내 리츠와 부동산펀드 시장은 95% 이상이 사모 시장이다. 도입 취지와 달리 개인들이 투자할 수 있는 상품은 거의 없다. 지금은 정부 부처와 양 업계가 서로 규제가 심하다고 싸우는 것보다는 어떻게 하면 공모

---

44 부동산과 달리 리츠는 부동산이 아닌 리츠 회사의 주식에 투자하는 것으로 간주하기 때문에 주식과 같은 수준으로 적용한다.

45 당시 정부는 자산을 장기적으로 운용하는 보험회사가 임대주택에 적극 투자할 수 있도록 보험업감독업무 시행세칙을 개정해 리츠 출자에 대한 신용위험계수를 기존 12%에서 7.5%로 낮추겠다고 밝혔다.

시장을 활성화할 수 있을지에 대해 머리를 맞대고 고민할 시점이다.

위기의 리츠 업계, 해법은 '공모 상장 리츠'

사실 지난 몇 년간 리츠 업계는 위기였다. 표면적으로는 리츠 자산 규모가 매년 성장하고 있었지만 시간이 갈수록 부동산펀드에 밀리는 모습이 역력했다. 특히 지난 2015년 10월 자본시장법 개정 이후 사모펀드 운용사 등록이 쉬워지고 신규 자산운용사들이 속속 생겨나면서 부동산자산운용업계의 경쟁이 갈수록 치열해지고 있다. 리츠 자산관리회사들도 사모펀드 운용사를 설립해 상대적으로 투자자 모집이 수월한 부동산펀드를 적극 활용하려는 움직임을 보이고 있다. 마스턴투자운용과 제이알투자운용이 이미 사모펀드 운용사를 설립했으며, ARA코리아는 세빌스코리아로부터 세빌스인베스트먼트코리아를 인수했다. 이외 퍼시픽투자운용, 인트러스투자운용 등도 리츠와 부동산펀드 겸업 허가를 받고, 리츠보다 부동산펀드를 통한 자금 모집을 확대하는 추세다.

더 안타까운 것은 리츠업계 내의 자조적인 분위기였다. 부동산펀드에 비해 까다로운 규제, 투자자 모집의 어려움 등이 수년간 계속되면서 리츠 시장이 한계에 직면했다는 분위기가 팽배했다. 리츠 자산관리회사의 전문 운용역들도 처우가 좋은 부동산펀드 운용 회사나 다른 부동산금융 관련 회사로 자리를 옮기는 등 리츠 업계를 떠나가면서 인력 기반도 점차 약화됐다.

이처럼 갈수록 치열해지는 부동산자산운용업계의 경쟁 구도와 리츠 업계의 위기 속에서 리츠가 경쟁력을 가지기 위해서는 리츠업계가 근본으로 돌아가야 한다는 목소리가 높아지고 있다. 리츠가 새로운 성장동력을 마련하기 위해서는 애초 도입 취지대로 공모 상장 리츠 활성화가 필수적이고, 리츠업계도 공모 상장 리츠 활성화에 적극 나서야 한다는 것이 전문가들의 지적이다. 사실 몇 년 전만 하더라도 리츠 업계 전문가들조차 공모 상장 리츠 활성화 가능성에 대해 반신반의하는 분위기가 있었다. 하지만 최근 들어 확실히 기류가 변하고 있다. 정용선 한국리츠협회장도 지난 2017년 초 회장으로 취임하면서 리츠 대중화를 업계의 최우선 과제로 꼽았으며, 공모 상장 리츠 출시를 목적으로 설립되는 리츠 자산관리회사도 생겨나고 있다.

리츠 공모 상장 활성화는 전체 부동산자산운용 시장의 성장을 위해서도 꼭 필요한 부분이다. 실제 부동산자산운용시장이 발달한 나라의 경우 공모와 사모 시장이 서로 시너지를 내면서 균형 있게 성장했다. 현재 한국과 같이 시장에 천편일률적인 기관투자자들의 돈만 있는 것보다는 다양한 성격의 자금이 존재해야 부동산 거래도 활발하게 일어날 수 있고, 시장을 키우는 데 도움이 되기 때문이다. 정부가 정책적으로 리츠 시장을 키운 싱가포르의 예를 살펴보자. 싱가포르를 대표하는 부동산 개발회사이면서 리츠와 부동산펀드를 운용하고 있는 캐피탈랜드의 하이 리스크–하이 리턴을 추구하는 개발형 사업의 경우 주로 기관투자자들로부터 자금을 모아 사모 부동산펀드로 운용하고 있으며, 개발 후 안정적인 임대 수익을 올리는 것이 가능한 시점에 공모 상장 리츠에 매각해 시너지를 내고 있다.

특히 리츠는 사회 공익에 기여하는 측면도 있다. 소액 투자자들이 우량 부동산에 투자할 수 있는 기회를 제공하기 때문이다. 이를 통해 부동산 투기 차단 및 부동산 투자 패턴의 장기화를 유도하는 등 올바른 투자 문화 정착에도 기여할 수 있다. 또한 리츠는 부동산과 금융의 접목을 통해 부동산 산업의 발전과 투명화에도 도움을 줄 수 있다.

리츠가 발달한 나라들은 관련해서 다양한 비즈니스와 일자리가 창출되고 있으며, 부동산 투자 정보들이 투명하게 공개되어 있다. 리츠가 발달한 호주에서 부동산서비스업은 가장 유망한 산업으로 꼽힌다. 호주부동산협회PCA에 따르면 지난 2013~2014년 기준 부동산서비스업에서 직접적으로 창출되는 고용 인력은 116만 명에 달한다. 이는 '철광석의 나라'로 알려진 호주 광산업에서 고용하는 인력(25만 명)의 네 배를 웃돈다. 리츠업계 차원에서 이 같은 리츠의 장점을 적극 알려 이에 대한 보상으로 상장 시 세제 혜택 등 다양한 인센티브를 주는 방안을 요구할 필요가 있다.

실제 싱가포르의 경우 리츠 도입 초기에 리츠가 이익의 90% 이상을 배당할 시 모든 이익분에 대해 법인세를 면제해주는 택스 트랜스페어런시Tax Transparency를 도입해 시장 활성화를 도모했으며, 또한 리츠가 자산을 적극적으로 편입해 규모를 키울 수 있도록 2005년부터 2015년까지는 등록세를 면제해 주기도 했다. 아울러 투자자들의 관심을 유도하기 위해 리츠 투자 시에는 배당소득을 전면 공제해주기도 했다. 일본도 마찬가지다. 일본은 2003년부터 2013년까지 투자자를 끌어들이기 위해 배당소득세를 20%에서 10%로 감면해 주었으며, 2009년~2019년에는 리츠가 자산을 적극적으로 편입할 수 있도록 취등록세를 기존의 40% 수준으로 감면해주었다.

대형 금융기관의 참여가 가져올 긍정적인 변화

최근 리츠 시장에서 나타나고 있는 긍정적인 변화 중에 하나는 은행과 증권사 등 금융기관들이 리츠 자산관리회사를 만들고 있다는 점이다. 변화를 주도하고 있는 곳은 신한금융그룹이다. 신한금융지주는 지난 2017년 리츠 자산관리회사인 '신한리츠운용'을 설립했다. 신한리츠운용은 신한금융지주가 100% 출자하는 자회사로 자본금은 300억 원이다. 주요 금융지주 회사 중에서는 하나금융그룹과 KB금융그룹, 두 곳이 리츠 자산관리회사 업무를 하고 있지만 100% 자회사로 리츠 자산관리회사를 설립한 곳은 신한금융지주가 처음이었다. 하나금융과 KB금융은 모두 자회사인 부동산신탁회사를 통해 리츠 AMC 업무를 하고 있어 그간 공모 상장 리츠 출시에 적극적

인 움직임을 보이지 않았다.[46]

신한에 이어 NH농협금융그룹도 리츠 자산관리회사 설립을 추진하고 있다. NH농협금융은 2017년부터 태스크포스를 만들어 리츠 자산관리회사 설립을 준비했으며, 2018년 5월 국토교통부로부터 리츠 자산관리회사 '엔에이치농협 리츠운용주식회사' 예비인가를 받았다. 엔에이치농협리츠는 그룹이 보유하고 있는 막대한 자산과 외부 자산 등을 활용해 공모 상장 리츠 상품을 내놓을 것으로 예상된다. 또 우리은행도 지주회사 전환에 발맞춰 리츠 자산관리회사 설립에 나설 전망이다. 부동산자산운용 시장에서 경험이 풍부한 미래에셋자산운용도 리츠 자산관리회사 설립을 추진하고 있다.

대형 금융사의 잇따른 리츠 자산관리회사 설립은 리츠 시장 저변 확대에 도움이 될 것으로 보인다. 지난 2001년 국내에 리츠가 도입된 후 지금까지는 기관투자가들이 주로 투자하는 사모 리츠 중심으로 성장해왔으나 개인 고객들이 많은 은행은 개인투자자들을 위한 공모 리츠 상품을 출시에 주력할 것으로 예상되기 때문이다.

실제 신한리츠운용의 경우 공모 리츠 상품 출시를 최우선 목표로 세워두고 있다. 신한리츠운용은 판교 알파돔시티 6-4구역 오피스 빌딩과 용산 더 프라임타워를 기초자산으로 하는 신한알파리츠를 거래소에 상장시켰으며, 리테일과 물류센터 등을 기초자산으로

---

46 이에 앞서 금융위원회는 2017년 6월 말 금융지주회사도 리츠 AMC를 자회사로 편입할 수 있도록 했다.

하는 2호 공모 상장 리츠도 준비하고 있다.

특히 이들 대형 금융기관들은 리츠가 잘 발달된 해외 국가들의 성공 요인으로 꼽히는 앵커리츠를 표방하고 나서고 있다. 앵커리츠는 정부가 국내 리츠 시장의 발전을 위해 추구하는 모델이기도 하다. 신한금융그룹 계열의 신한리츠운용이 공모 상장을 추진하는 '신한알파리츠'는 신한리츠운용이 직접 105억 원을 출자해 신뢰도를 높였다. 또 엔에이치농협리츠운용도 앵커리츠를 표방하고 있다. 향후 금융기관뿐만 아니라 신세계나 롯데, 현대 등 우량 자산을 보유한 대형 유통회사들도 앵커리츠로 참여할 가능성이 있다.

참고로 싱가포르증권거래소에 상장된 싱가포르 최대(시가총액 기준)의 리테일 리츠인 '캐피탈랜드몰트러스트CMT'의 경우 모회사인 캐피탈랜드가 29.4%의 지분을 보유하고 있다. 또 싱가포르 최대 규

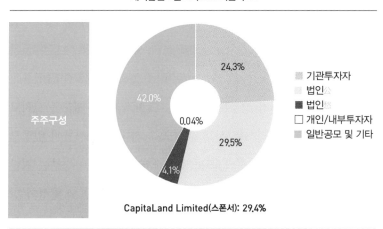

캐피탈랜드몰트러스트 지분 구조

주주구성

24.3%
42.0%
0.04%
29.5%
4.1%

■ 기관투자자
□ 법인公
■ 법인機
□ 개인/내부투자자
■ 일반공모 및 기타

CapitaLand Limited(스폰서): 29.4%

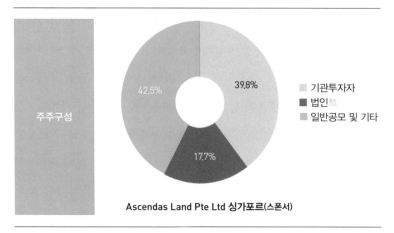

아센다스 리츠 지분 구조

주주구성

42.5% 39.8%

17.7%

■ 기관투자자
■ 법인悠
■ 일반공모 및 기타

Ascendas Land Pte Ltd 싱가포르(스폰서)

모의 산업단지 및 산업용 자산 특화 리츠인 '아센다스 리츠Ascendas
Real Estate Investment Trust'도 모회사가 17.7%의 지분을 보유하면서 스폰서
(앵커)로 참여하고 있다.

공모 리츠 활성화에 힘 싣는 정부

리츠업계 뿐만 아니라 정부도 과거와는 크게 달라진 태도를 보이고
있다. 정부는 그간 리츠를 정책 수단으로 접근하는 경향이 있었으
나 최근 리츠를 금융 상품으로 보기 시작했다. 한 예로 정부는 지난
2017년 10월 가계부채종합대책을 발표하면서 리츠 공모 활성화 방
안을 담았다. 국민들에게 아파트와 같은 실물자산에 직접 투자하는

것이 아닌 안정적인 배당 수익을 제공하는 부동산간접투자 상품에 투자할 수 있는 기회를 확대시켜주겠다는 의지를 보인 것이다.

앞서 언급한대로 CR리츠 설립 기준과 공모 규정을 강화했으며, 위탁리츠의 경우 공모를 하지 않아도 되는 요건인 연기금의 투자비율을 현재 30%에서 50%로 상향 조정해 리츠 상장을 유도하기로 했다.

그간 리츠 상장에 부정적이었던 한국거래소도 최근 리츠 상장 승인을 재개하기 시작했다. 리츠 상장 규정도 완화했다. 리스크가 낮고 안정적인 임대 수익을 올릴 수 있는 비개발·위탁관리형 리츠는 심사절차를 간소화해 상장 심사 기간을 현재 4~5개월에서 2~3개월까지 단축시켰다. 아울러 투자 리스크를 분산할 수 있는 모자리츠(리츠 여러 개를 묶은 리츠) 상장 요건도 완화했다. 현재 한국거래소 유가증권시장 상장 규정에 따르면 리츠는 상장 신청일 기준 총자산 중 부동산 비중이 100분의 70 이상이어야 하며 모자리츠가 '자리츠'의 지분을 소유할 경우 총자산의 100분의 20까지만 부동산으로 간주한다고 돼 있다. 이 규정대로라면 자리츠의 지분에 투자하는 모자리츠의 상장은 원천적으로 불가능하기 때문에 부동산개발투자 비중이 30% 이하인 비개발·위탁관리형 모자리츠에 대해 간주부동산 인정 한도를 폐지하기로 했다.

아울러 정부는 2018년 5월 퇴직연금의 리츠 투자를 허용했다. 그간 리츠와 유사한 부동산펀드는 퇴직연금 투자가 가능했지만 리츠는 금지되어 있었다. 정부는 한국거래소에 상장되어 있는 리츠의 경우 충분한 투자자 보호장치가 마련돼 있는 것으로 보고 확정급

여형(DB형)에 한해 퇴직연금의 투자를 허용하기로 했다. 2017년 말 기준 전체 퇴직연금 시장 규모 168조 원 중에서 DB형은 65.8%인 111조 원을 차지한다.

이처럼 정부의 정책도 리츠 공모 상장을 장려하고 리츠 투자를 활성화하는 방향으로 움직이고 있기 때문에 향후 공모 상장 리츠 시장 성장이 탄력을 받을 것이라는 기대감이 높아지고 있다.

삼성, 네이버, 스타벅스가 임대료 내는 부동산에 투자할 수 있는 기회가 생긴다

2018년 6월 삼성물산 서초사옥 매각에는 리츠자산관리회사인 신한리츠운용과 엔에이치농협리츠운용이 입찰에 참여해 눈길을 끌었다. 신한리츠운용과 엔에이치농협리츠운용은 삼성물산 서초사옥을 기초자산으로 공모 상장 리츠를 만들 계획이었다. 삼성물산 서초사옥은 신용도가 높은 삼성화재가 사용하고 있는 건물이다. 엔에이치농협리츠운용이나 신한리츠운용 둘 중 한 곳이 매입했다면 개인투자자들도 삼성그룹 계열사가 임차하는 우량 부동산에 투자할 수 있는 기회를 가질 수 있었을 것이다.

또 신한리츠운용이 1호 공모 상장 리츠로 만든 신한알파리츠의 판교 6-4구역 오피스 빌딩은 네이버와 '배틀그라운드'로 유명한 게임회사 블루홀이 임차인이다. 충성도 높은 고객이 많은 '무지'도 판교에서 처음으로 매장을 연다. 이처럼 앞으로는 개인투자자들이 이름만 들어도 알만한 대기업이나 스타벅스, 무지 등 친숙한 브랜드들이 사용하는 자산에 투자할 수 있는 기회가 늘어날 것으로 예상된다. 조만간 명동에 위치한 롯데백화점이나 스타필드와 같이 내가 자주 찾는 우량 자산에도 투자 할 수 있는 기회가 열리기를 기대해 본다.

리츠로
은퇴월급
만들기

1판 1쇄 인쇄 | 2018년 7월 20일
1판 1쇄 발행 | 2018년 7월 27일
1판 3쇄 발행 | 2018년 10월 2일

지은이 고병기
펴낸이 김기옥

경제경영팀장 모민원 기획 편집 변호이, 김광현
커뮤니케이션 플래너 박진모
경영지원 고광현, 임민진
제작 김형식

인쇄·제본 민언프린텍

펴낸곳 한스미디어(한즈미디어(주))
주소 121-839 서울특별시 마포구 양화로 11길 13(서교동, 강원빌딩 5층)
전화 02-707-0337 | 팩스 02-707-0198 | 홈페이지 www.hansmedia.com
출판신고번호 제 313-2003-227호 | 신고일자 2003년 6월 25일

ISBN 979-11-6007-276-1 13320